D1794732

開館は／閉館は何時ですか？

What time does it open / close?

개관은 / 폐관은 몇 시입니까 ?
ケグァヌン／ペェグァヌン ミョッ シイムミカ？

文中に○○○／×××と、青色で示してある場合は、どれか１つの単語を選んで話す例文です。

(満員の場合) いつなら空きがありますか？

When is the next available reservation (booking)?

예약 가능한 날은 언제인가요 ?
イェヤㇰ カヌンハン ナルン オンジェインガヨ？

例文の状況を説明・補足している日本語は（　）で括り、想定される相手からの質問などは［　］で示しています。

前にドライバーに交渉する)
までで6万ウォンでどうですか？

about sixty thousands Won to
rport?

공항까지 6 만원에 어떠세요 ?
コンハンカジ ユンマヌォネ オトセヨ？

数字 ▶P.236

例えば文中に「数字」などを入れて話す例文には、参照するページ数を記載しました。

세요 ?
ヨ？

数字 ▶P.236

50音順キーワード検索

い

凡例

50音キーワード／使う場面 …ページ数

話したい例文が一発で探せる50音順キーワード検索。思いついた言葉から、使う場面にあった例文が見つかります。

123 宿泊

145 飲食

地球の歩き方 トラベル会話

韓国語＋英語

가 ガ	갸 ギャ	거 ゴ	겨 ギョ
나 ナ	냐 ニャ	너 ノ	녀 ニョ
다 ダ	댜 デャ	더 ド	뎌 デョ
라 ラ	랴 リャ	러 ロ	려 リョ
마 マ	먀 ミャ	머 モ	며 ミョ
바 バ	뱌 ビャ	버 ボ	벼 ビョ
사 サ	샤 シャ	서 ソ	셔 ショ
아 ア	야 ヤ	어 オ	여 ヨ

地球の歩き方編集室

本書を活用するために

本書では、旅先での実用性を考え、文法どおりのいわゆる「正しい」文章よりも、「簡潔で確実に伝わる」文章を優先して編集しております。

また、会話の例文だけではなく、指さして使える「料理図鑑」や、記入して使える「ホテル予約シート」「飛行機／列車／バスチケット購入メモ」なども収録しました。例文といっしょにご活用ください。

旅先のシチュエーション別に色分けし、ひと目で分かる見やすいピクトを付けました。

どのページを開いていても、すぐに目的のページへとべるように、すべてのページにインデックスをつけました。

それぞれの旅のシチュエーションで役に立つ、旅のヒントや最新情報を各ページ下で紹介しています。

場所探しと予約

街角で道を尋ねる

ここは何という通りですか？
What's this street?
이 거리 이름은 뭐라고 하나요 ?
イ コリ イルムン ムォラゴ ハナヨ？

○○へはこの道であっていますか？
Is this the right way to ○○ ?
이 길이 ○○로 가는 길 맞나요 ?
イ キリ ○○ロ カヌン キル マンナヨ？

国立博物館にはどうやって行けばいいですか？
How can I get to the National Museum?
국립 박물관으로 가려면 어떻게 가야 하나요 ?
クンニプ パンムルグァヌロ カリョミョン オットケ カヤ ハナヨ？

最寄りの地下鉄駅はどこですか？
Where is the nearest subway (underground) station?
가장 가까이에 있는 지하철역은 어디입니까 ?
カジャン カカイエ インヌン ジハチョルヨグン オディイムミカ？

この住所に行きたいのですが
I'd like to go to this address.
이 주소지로 가고 싶습니다만
イ ジュソジロ カゴ シプスムミダマン

近くに郵便局は／銀行は／公衆トイレは／公衆電話はありますか？
Is there a post office / bank / public lavatory / pay phone near here?
근처에 우체국이 / 은행이 / 공중 화장실이 / 공중 전화가 있나요 ?
クンチョエ ウチェグギ／ウンヘイ／コンジュン ファジャンシリ／コンジュン ジョヌァガ インナヨ？

（地図を見せながら）現在位置を教えてください
Where am I on this map?
이곳의 현재 위치가 어디인지 가르쳐 주시겠습니까 ?
イゴセ ヒョンジェ ウィチガ オディインジ カルチョ ジュシゲッスムミカ？

歩いてどれくらいかかりますか？
How long does it take on foot?
걸어서 어느 정도 거리인가요 ?
コロソ オヌ ジョンド コリインガヨ？

観光案内所

観光案内所はどこですか？
Where is the tourist information center (centre)?
관광 안내소는 어디에 있습니까 ?
クァングァン アンネソヌン オディエ イッスムミカ？

すみません、無料の市街図をもらえますか？
Excuse me. May I have a free city map?
죄송합니다만 , 무료 시내 지도를 얻을 수 있을까요 ?
チェソンハムミダマン、ムリョ シネ ジドルル オドゥル ス イッスルカヨ？

この町の観光パンフレットはありますか？
Do you have sightseeing brochures of this town?
이 동네의 관광 팜플렛 있습니까 ?
イ トンネエ クァングァン パンプルレッ イッスムミカ？

地下鉄／バスの路線図はありますか？
Do you have subway (underground) / bus maps?
지하철 / 버스 노선도 있습니까 ?
チハチョル／ボス ノソンド イッスムミカ？

76

局番なしの 1330 をプッシュすると最寄りの観光案内所につながり、無料で観光案内サービスが受けられる。市外局番＋1330 でその地方の観光案内所につながる。

局番なしの 1330 をプッシュすると最寄りの観光案内所につながり、無料で観光案内サービスが受けられる。市外局番＋1330 でその地方の観光案内所につながる。

料理図鑑

ひゃ〜うまそ〜!!
何にしようかなー!!
ヤンニョムカルビに
プルコギ、ユッケ…

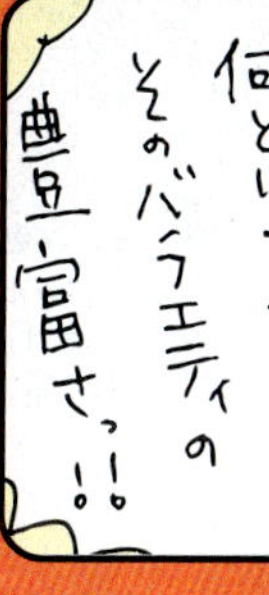

いや!
肉ばっかりじゃいかん。
韓国料理の良さは
何といっても
そのバラエティの
豊富さっ!!

肉はカルビ一人前だけ。
あとは
チヂミとカルビタン
冷麺に
テンジャンチゲね。

焼肉には自動的に
おかずが沢山
ついてくるんだって…
早く言ってよ…
ありゃ〜
ずいぶん腹へってんだなぁ〜

見せればOK!

今すぐ食べたい 料理図鑑

リピーターが増えるに従い、
韓国料理イコール焼肉という固定観念は徐々に薄れてきている。
安くてうまい庶民派料理などにも積極的にチャレンジしてみよう。

고기요리

肉料理

いわゆる焼肉以外にも、韓国にはさまざまな肉料理がある。最近のトレンドは安くてうまい豚や鶏。

양념갈비

ヤンニョムカルビ

骨付きのカルビ（肋骨周囲の肉）をヤンニョムというタレに漬け込んで炭火で焼く。韓国式焼肉の基本。

생갈비

センカルビ

味付けしていないカルビ。粗塩やゴマ油を付けていただく。葉に包むなどしないほうが、より楽しめる。

등　심

ドゥンシム

牛ロース肉。味付けしていないセンドゥンシムがポピュラー。脂っこさが少ないので隠れた人気。

안창（안창살）

アンチャン（アンチャンサル）

横隔膜を支える肉（ハラミ、サガリ）で、最近人気が出てきた。カルビよりも味がしっかりしている。

우　설

ウソル

牛タン。韓国では牛タン焼きはあまりポピュラーではなく、日本人がよく行く店や高級店にしかない。

육 회

ユッケ

牛赤身を細かく刻んで血をよく抜き、臭みをとってゴマ油で和えた刺身。生卵やナシなどと混ぜて食べる。

불고기

プルコギ

薄切りの牛肉をニンニクが効いた甘辛いタレに漬け込み、平たい鍋ですき焼きのようにして食べる。

곱창구이

コプチャングイ

ホルモン焼き。コプチャンは小腸だが、대창（テッチャン＝大腸）や양（ヤン＝胃＝ミノ）も人気。

돼지갈비

テジカルビ

豚の骨付きあばら肉を甘味が強いヤンニョム（漬けダレ）に漬け込んで焼く。ヤンニョムカルビの豚肉版。

삼겹살

サムギョプサル

骨なしの豚バラ肉を薄めに切り、カリカリに焼いて食べる。ハーブ漬けやワイン漬けにしたタイプが人気。

보 쌈

ポッサム

蒸した豚肉を甘めに味付けしたキムチや生野菜で包んで食べる。本来は家庭料理だが、専門店が増加中。

족 발

チョクパル

豚足をしょう油ベースの調味ダレでじっくりと煮込んだもの。食べるときは薄くスライスする。

닭갈비

タクカルビ

江原道の春川がルーツという鶏肉の甘辛炒め。安いので若者に人気がある。最後にご飯を入れてもうまい。

찌개・탕

チゲ・タン

チゲは鍋物、タンはじっくり煮込んだスープ。전골（チョンゴル）という薄鍋で軽く煮込む鍋物もある。

김치찌개
キムチチゲ

豚肉とキムチの鍋。よけいな味付けはしないので、キムチは具であり調味料でもある。元来は家庭料理。

부대찌개
プデチゲ

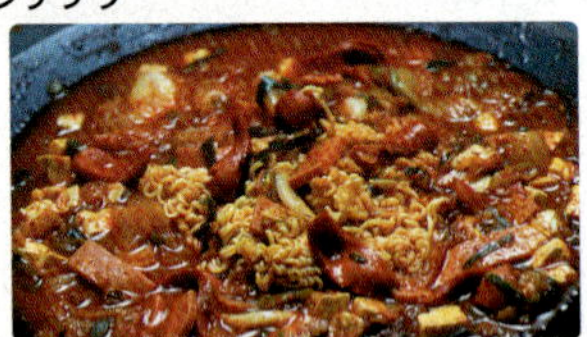

米軍放出のハムやソーセージを韓国式に辛く煮込んだのがルーツ。インスタントラーメンなども入れる。

된장찌개
テンジャンチゲ

具だくさん味噌汁。ダシは取らずに具を煮込んで味を出す。된장（テンジャン＝韓国ミソ）の匂いが独特。

순두부찌개
スンドゥブチゲ

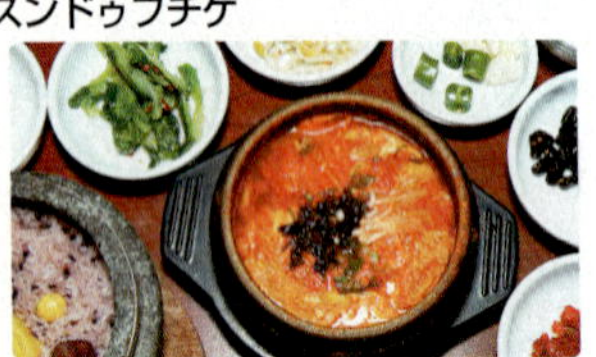

テンジャンチゲにおぼろ豆腐（豆乳がにがりで固まっただけの状態）を加えて煮込んだ鍋。専門店もある。

해물탕
ヘムルタン

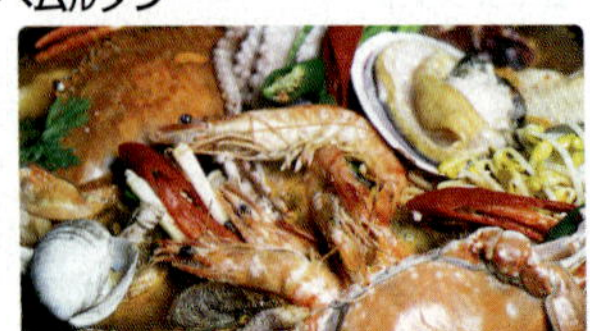

エビ、ワタリガニ、貝類など海産物が入った海鮮鍋。タデギというトウガラシとミソの調味料で辛くする。

설렁탕
ソルロンタン

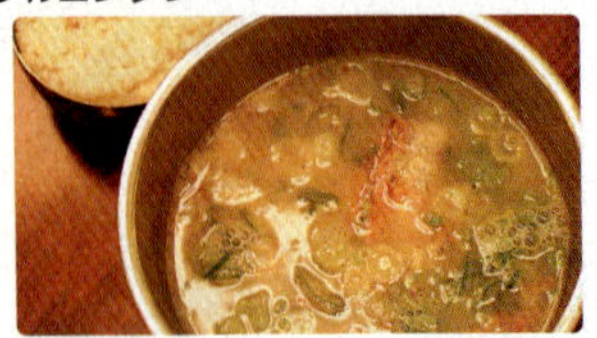

牛の骨や内臓、肉などを長時間煮込んだソウル名物のスープ。雪のように白いので漢字では雪濃湯。

삼계탕
サムゲタン

夏の暑い時期のスタミナ補給に抜群の人気を誇る。丸鶏の中にモチ米と朝鮮人参を1本詰めて煮込む。

밥・죽

パプ(ご飯)・チュク(粥)

韓国の主食は米。白米以外にも、最近の健康ブームから雑穀や赤米入りのご飯が人気となっている。

비빔밥

ピビㇺパㇷ゚

ご飯にナムル（各種の和え物）とコチュジャンを載せてかき混ぜる。熱した金属器を使うのは全州式。

돌솥비빔밥

トㇽソッピビㇺパㇷ゚

熱した石器の中でかき混ぜる石焼きピビㇺパㇷ゚。出てきたら手早くかき混ぜるのがおいしく食べるコツ。

콩나물국밥

コンナムㇽクㇰパㇷ゚

全州名物の大豆モヤシ入りクッパ。あっさりとした味で辛くはない。好みでタデギ（辛味調味料）を入れる。

김 밥

キㇺパㇷ゚

キㇺは海苔、キㇺパㇷ゚海苔巻きのこと。酢飯を使わないことや具に肉類が入ったりすることが日本と異なる。

전복죽

チョンボㇰジュㇰ

アワビの肝と米を炒め、お粥にした済州島の名物。口の中で磯の香りが広がる贅沢な一品。

쌈 밥

サㇺパㇷ゚

サニーレタスやエゴマの葉にご飯、おかず、ミソなどを載せて包んで食べる。最近では専門店も多い。

볶음밥

ポックㇺパㇷ゚

韓国式チャーハンで、味付けはかなり濃い。キムチ入りのキㇺチポックㇺパㇷ゚（김치볶음밥）が有名。

料理図鑑
緊急事態
基本会話
入出国
移動
観光
ショッピング
宿泊
飲食
通信
交流
ピンチ
日韓辞書
韓日辞書
文法
50音順検索

면·국수·분식

麺・クゥス・プンシク（軽食）

ミョン（麺）とクゥスは麺類のこと。一方、プンシクというのは小麦粉を素材とする軽食を指す。

물냉면

ムルネンミョン

平壌が本場なのでピョンヤンネンミョンともいう。肉スープと水キムチを合わせた冷たいスープを楽しむ。

비빔냉면

ピビムネンミョン

咸興（ハムン）が本場なのでハムンネンミョンともいう。やや甘味がある激辛のタレに麺をからめて食べる。

칼국수

カルクゥス

カルは刀。小麦粉を延ばして包丁で切った韓国式手打ちウドン。魚ダシのスープで煮込みウドンにする。

만두

マンドゥ

チンマンドゥは蒸しギョウザ、ムルマンドゥは水ギョウザ。ワンマンドゥというのは蒸かした豚まん。

파전(찌지미)

パジョン（チヂミ）

ネギのお好み焼き。チヂミという呼び方は南部式。海産物入りのヘムルパジョンは代表的な酒のつまみ。

떡볶이

トゥポッキ

細長く成形したうるち米のモチをコチュジャンベースの甘辛いタレで炒める。屋台や軽食店にある。

라　면

ラミョン

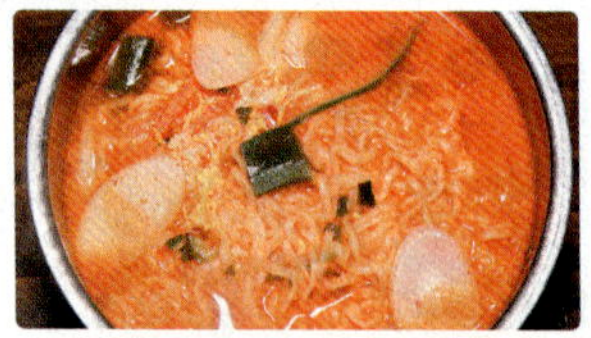

インスタントラーメンを調理したもの。卵や野菜、トック（うるち米のモチ）などが入っている。

한정식・밀반찬

韓定食・おかず

韓国料理のエッセンスが詰まっているのが韓定食。宮廷料理以外にも家庭風や現代風が楽しめる。

한정식(궁중식)

韓定食（宮廷風）

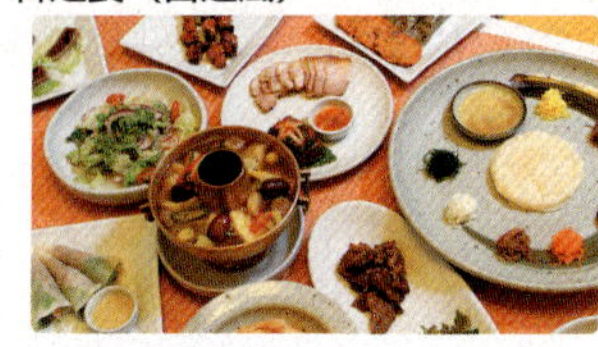

宮廷風料理は基本的には辛くない。各種の煮物や焼き物のほかに、神仙炉や九節板が付くのが特徴。

한정식(가정식)

韓定食（家庭風）

テンジャンチゲを主体にご飯と各種おかずをセットにしたコース。化学調味料不使用を看板にする店が多い。

배추김치

ペチュキムチ

白菜のキムチでキムチの基本。仕込む時期によりいろいろと味が変わり、秋漬けが一番うまいという。

물김치(동치미)

ムルキムチ（トンチミ）

ダイコンなどを浅漬けにしたものに米の粉を混ぜた水を合わせて数日寝かす。ほのかな酸味が特徴。

깍두기

カクトゥギ

ダイコンのキムチ。韓国のカクトゥギは大ぶりにカットしてあり、しっかりした歯ごたえが特徴。

무 침

ムチム

野菜を各種調味料で和えたもの。モヤシやトラジ（キキョウの根）のムチムはポピュラー。

묵

ムク

ソバやドングリなどのデンプンを固めのゼリー状にしたもの。しょう油などをかけて食べる。

屋台スナックとスイーツ

安く気軽につまめるのが屋台スナック。甘いものも屋台の定番。珍しい韓国スイーツも試してみよう。

오 뎅

オデン

屋台スナックの定番。酒のつまみではない。ネタは太い竹串に刺さった練りものであまり辛くない。

튀 김

ティギム

韓国式天ぷら。ネタは白身魚や各種の野菜など。衣が厚いのが特徴で、見た目はかなり大きい。

붕어빵

プンオパン

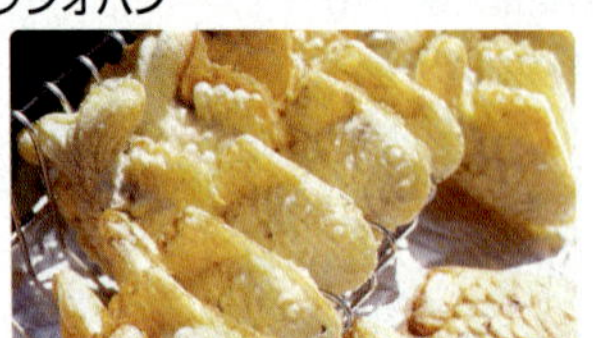

プンオはフナのことで、小型のたい焼き。日本のものより甘味が少なく、皮がもちもちしている。

호 떡

ホットック

中国の糖餅がルーツ。生地の中に黒砂糖を入れ、鉄板の上で薄く延ばして焼く。秋冬屋台の代表。

떡

トック

モチ類の総称。料理に入れるもののほかに、甘みを付けたりあんこを入れたりしたお菓子もある。

팔빙수

パッピンス

パッはあずきでピンスは氷水、つまりかき氷。夏場の喫茶店を代表するメニュー。ボリューム満点。

한 과

ハングァ

漢字は韓菓。油で揚げたユグァやヤッグァ、らくがんのようなタシクなどいろいろ。甘さは控えめ。

술・전통차

酒・伝統茶

李朝時代には儒教の影響で喫茶は禁止。代用にさまざまな飲み物を工夫し、今の伝統茶ができた。

동동주(막걸리)

トンドンジュ（マッコルリ）

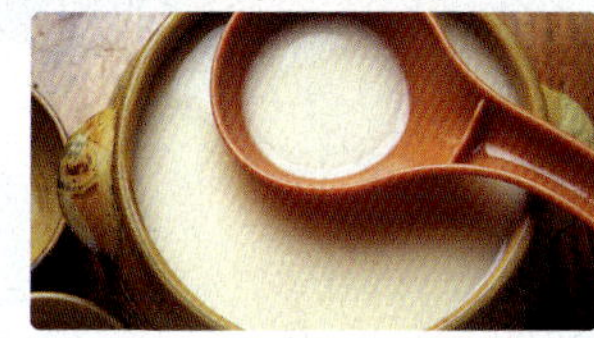

韓国風のどぶろく。ほのかな酸味と甘味があり、のど越しがよい。民俗酒場では定番。

소 주

ソジュ

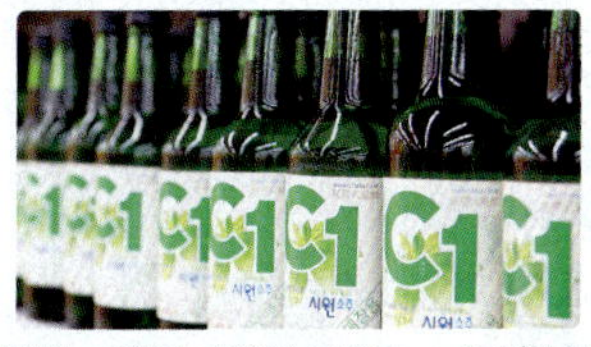

焼酎。韓国で普通に酒といえば焼酎のことで、焼肉でも宴会でも焼酎を飲む。ストレートを一気に。

맥 주

メㇰチュ

漢字では麦酒、つまりビール。OBやHiteといったメーカーがある。日本よりもライトな感じ。

오미자차

オミジャチャ（五味子茶）

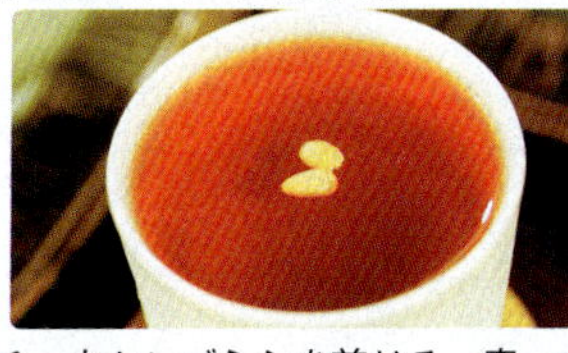

チョウセンゴミシを煎じる。真っ赤な色が美しく、甘酸っぱさの中にわずかに残る苦味が心地よい。

유자차

ユジャチャ（柚子茶）

ユズをハチミツや糖蜜に漬け込んだものをお湯で溶いて飲む。爽やかな香りと甘酸っぱさが人気。

식 혜

シッケ

米を麹で発酵させて甘みを出した飲み物。甘酒の一種だが、ごく薄く作るのでさっぱりとしている。

수정과

スジョングァ（水正菓）

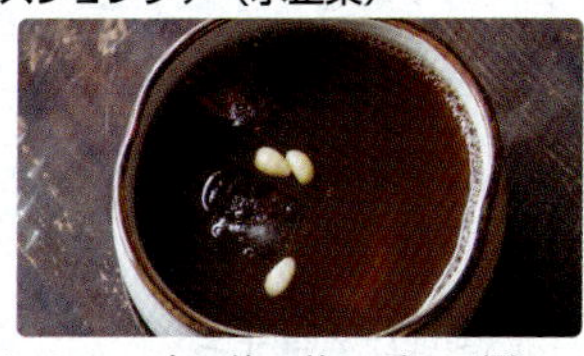

シナモン味の飲み物。香りが強いので好き嫌いが分かれるかも。焼肉や韓定食の食後によく出る。

困ったときのとっさのひとこと

比較的安全な韓国とはいえ、
トラブルに巻き込まれることはあり得る。
困ったときにひとこと、使える用語を覚えておこう。
日本語でもいいから大きな声で注意を引き、
まずは周りの人に気付いてもらうのがいいだろう。

やめて！

Stop it! / Stop!

그만둬!

クマンドォ！

原形の그만두다（クマンドゥダ）はやめる、中止するという意味。しつこく誘われたり、腕を引っ張られたりしたときに叫ぼう。頼んでいないサービスをやめてほしいときにも使える。

危ない！

Watch out!

위험해!

ウィホメ！

위험（ウィホム）は漢字で書くと「危険」。赤信号でも右折可など交通ルールが日本と異なったり、高速道路での運転が荒かったりするので、韓国では道路交通の危険に気を付けよう。

助けて！

Help!

도와주세요!

トワジュセヨ！

文字通り助けを求めるときに使う、最も基本的な用語だ。事件や事故などの大きな問題が発生した場合から、ホテルなどで小さなトラブルに遭ったときまで幅広く使える。

誰か来て！

Somebody help me!

누구없어요!

ヌグオプソヨ！

助けを求める人に対し、見て見ぬふりをして見捨てる韓国人はあまりいない。トラブルに巻き込まれたらとにかく周りの人を呼ぼう。親切な人が警察に通報してくれたりもする。

捕まえて！

Stop him / her!

잡아 주세요!

チャバジュセヨ！

屋内外でスリや置き引きの被害に遭ったら、とにかく大声を出して助けを呼ぼう。親切な人やパトロール中の警官、警備員が追いかけてくれるだろう。

具合が悪いです
I feel sick.

몸이 안 좋아요
モミ　アン　ジョワヨ

旅の疲れから体調を崩したり、気分が悪くなったときに、自分の調子がよくないことを伝える言葉。駅やバスターミナル、デパートには警備員がいるので遠慮せずに伝えよう。

救急車を呼んで！
Call an ambulance

구급차 좀 불러주세요！
クグッチャ　チョム　プルロジュセヨ

事件や事故に遭遇したら、周囲の人々に対して速やかに救護や警察の助けを求めよう。韓国の救急車・消防通報番号は日本と同じ119番だ。

緊急事態です！

Emergency!

긴급사태입니다!

キングㇷ゚サテイㇺミダ！

周囲に助けを求めるときのほか、警察や病院などの窓口で一刻も早く対応してもらいたいときにも使える。韓国人は世話好きなので、とにかく困っているということをアピールしよう。

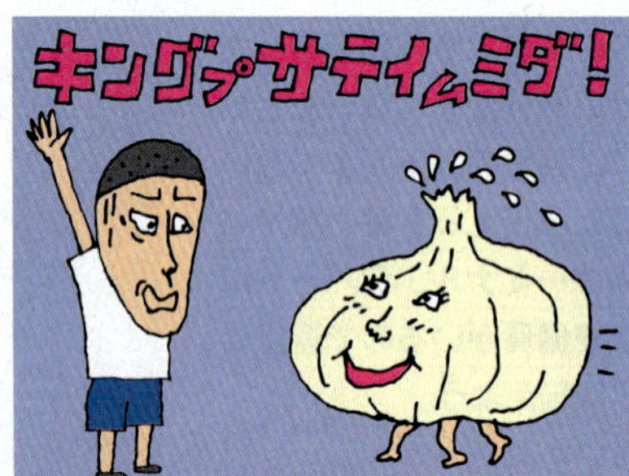

警察に電話して！

Call the police!

경찰에 연락해 주세요!

キョンチャレ　ヨルラㇰヘ　ジュセヨ

日本の110番に相当する番号は韓国では112番。平日7：00～22：00、土休日8：00～18：00は電話で日本語を話し続ければ緊急日本語通訳サービスが間に入ってくれる。

道に迷いました

I think I'm lost.

길을 잃어버렸어요

キルル　イロボリョッソヨ

町歩きをしていて道に迷ったとき、通りがかりの人などに伝えよう。観光地には要所要所に観光案内所があるので、無料の地図などをもらうこともできる。

ひとりにしてください

Leave me alone.

혼자있게 해주세요

ホンジャイッケ　ヘジュセヨ

何かと世話好きな韓国人。ときにはこちらの予定や都合を無視して好意を押しつけてくることもある。文化の差とはいえ、断るときは失礼にならないように留意しよう。

興味がありません

I'm not interested.

관심 없어요

クァンシㇺオㇷ゚ソヨ

市場でのしつこい勧誘や、客引きなどに対して、自分が関心を持っていないことを伝えるのに効果的。買う気がないときははっきりと言ったほうがよい。

あっちに行け！

Get away!

저리 가요!

チョリ　カヨ！

しつこい客引きやヤミガイドなどに対して、いくら断っても離れない場合に最後の決めゼリフとして使用しよう。韓国の場合、使う機会はそう多くないだろうが、とっておきのひと言として覚えておきたい。

基本会話

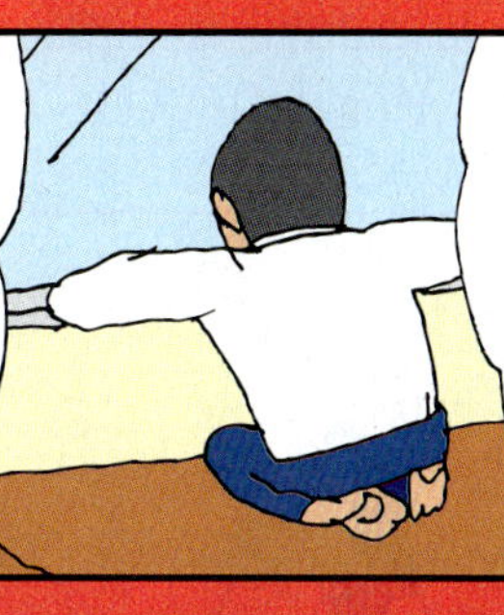

一ケ月遅れでやっととれた正月休み。チケットも安かったし、
ずっと来たかった韓国にはじめて来ました…。

…
それなのに…

ううっ…
旧正月でどこもかしこも休みだってーっ!!

注
韓国は旧正月を祝うのが習慣。旧正月中の旅行は避けるのが無難。

こんにちは

Hello.

안녕하세요

アンニョンハセヨ

1. **こんにちは／やあ**
   Hello. / Good afternoon. / Hi.
   안녕하세요
   アンニョンハセヨ
2. **おはようございます**
   Good morning.
   안녕하세요
   アンニョンハセヨ
3. **こんばんは**
   Good evening.
   안녕하세요
   アンニョンハセヨ
4. **おやすみなさい**
   Good night.
   안녕히주무세요
   アンニョンイジュムセヨ

さようなら

Good bye.

잘 가

チャルガ

1. **さようなら／バイバイ**
   Good bye. / Bye.
   잘가
   チャルガ
2. **またお会いしましょう**
   See you again..
   또 만나요
   トマンナヨ
3. **よい一日を**
   Have a nice day.
   좋은하루 되세요
   チョウンハル　デセヨ
4. **気を付けて**
   Take care.
   조심해
   チョシメ

ありがとう

Thank you.

고마워

コマウォ

ありがとうございます
1 Thank you very much.
고맙습니다
コマプスムミダ

どうもありがとう
2 Thanks a lot.
고마워요
コマウォヨ

どういたしまして
3 You're welcome. / Not at all.
천만에요
チョンマネヨ

こちらこそ
4 My pleasure.
저야말로
チョヤマルロ

すみません

Excuse me.

실례합니다

シルレハムミダ

失礼しました（お詫び）
1 Excuse me.
미안합니다
ミアナムミダ

ごめんなさい
2 I'm sorry.
죄송합니다
チェソンハムミダ

ちょっとすみません（呼びかけ）
3 Excuse me.
저기요
チョギヨ

気にしないで
4 Never mind.
신경쓰지마
シンギョンソジマ

はい／いいえ

Yes. / No.

예 / 아니오

イェ／アニオ

1 はい、そう思います
Yes, I think so.
예,그렇게 생각합니다
イェ、グロッケ　センガㇰハㇺミダ

2 いいえ、そうは思いません
No, I don't think so.
아니오,그렇게 생각하지 않습니다
アニオ、グロッケ　センガㇰハジ　アンスㇺミダ

3 わかりました
I understand.
알겠습니다
アルゲッスㇺミダ

4 わかりません
I don't understand.
모르겠어요
モルゲッソヨ

はじめまして

How do you do?

처음 뵙겠습니다

チョウㇺ　ベㇷ゚ケッスㇺミダ

1 お会いできてうれしいです
I'm glad to meet you.
만나뵙게 되어 반갑습니다
マンナベㇷ゚ケ　デオ　バンカㇷ゚スㇺミダ

2 私の名前は地球太郎です
My name is Chikyu Taro.
제 이름은 지큐타로입니다
チェイルムン　ジキュタロイㇺミダ

3 あなたのお名前は何ですか？
May I have your name?
당신 이름은 무엇입니까?
タンシンイルムン　ムオッシㇺミカ？

4 どこから来ましたか？
Where are you from?
어디서 오셨어요?
オディソ　オショッソヨ？

お願いします
Please.

부탁합니다
ブタㇰハㇺミダ

1. **コーヒーをください**
Coffee, please.
커피 주세요
コピ　ジュセヨ

2. **会計をお願いします**
Check, please.
계산해 주세요
ケサネ　ジュセヨ

3. **チケットを１枚ください**
One ticket, please.
티켓 한 장 주세요
ティケッ　ハン　ジャン　ジュセヨ

4. **チェックインをお願いします**
Check in, please.
체크인 부탁합니다
チェクイン　ブタㇰハㇺミダ

え？
Pardon?

네？
ネ？

1. **え？何ですか**
Pardon? / Excuse me? / Sorry?
네?뭐라고요
ネ？モラゴヨ

2. **もう一度言ってもらえますか？**
Could you say it again?
한 번 더 말씀해 주시겠어요?
ハン　ボン　ド　マルスメ　ジュシゲッソヨ

3. **聞き取れませんでした**
I couldn't catch you.
알아 들을 수 없었습니다
アラ　ドゥルル　ス　オプソッスㇺミダ

4. **もう少しゆっくり言ってもらえますか？**
Could you speak more slowly?
조금 더 천천히 말씀해 주시겠어요?
チョグㇺ　ド　チョンチョニ　マルスメ　ジュシゲッソヨ？

何時？

What time?

몇 시 ?

ミョッシ？

1 次の列車は何時発ですか？
What time will the next train leave?
다음 열차는 몇 시 출발 입니까?
タウム　ヨルチャヌン　ミョッ　シ　チュルバル　イムミカ？

2 何時に始まりますか？
What time does it start?
몇 시에 시작됩니까?
ミョッ　シエ　シジャクデムミカ？

3 何時まで開いていますか？
What time does it close?
몇 시까지 엽니까?
ミョッ　シカジ　ヨムミカ？

4 何時までにチェックインしなければなりませんか？
By what time should I check in?
몇 시까지 체크인하면 됩니까?
ミョッ　シカジ　チェクイン　ハミョンデムミカ？

いくらですか？

How much is it?

얼마입니까?

オルマイムミカ？

1 空港までいくらですか？
How much is it to the airport?
공항까지 얼마입니까?
コンハンカジ　オルマイムミカ？

2 手数料はいくらですか？
How much is the commission charge?
수수료는 얼마입니까?
ススリョヌン　オルマイムミカ？

3 全部でいくらですか？
How much is it altogether?
전부 얼마입니까?
チョンブ　オルマイムミカ？

4 一泊いくらですか？
How much is it for a night?
일박에 얼마입니까?
イルバゲ　オルマイムミカ？

どこですか？
Where?

어디예요?
オディイェヨ？

1 ここはどこですか？
Where am I now?
여기는 어디예요?
ヨギヌン　オディイェヨ？

2 どこで両替できますか？
Where can I exchange currencies?
환전은 어디서 합니까?
ファンジョヌン　オディソ　ハムミカ？

3 トイレはどこですか？
Where's the rest room?
화장실은 어디입니까?
ファジャンシルン　オディイムミカ？

4 最寄りの地下鉄駅はどこですか？
Where is the nearest subway (underground) station?
여기서 제일 가까운 지하철역은 어디입니까?
ヨギソ　ジェイル　ガカウン　ジハチョルヨグン　オディイムミカ？

何ですか？
What?

뭐예요?
モイェヨ？

1 これは何ですか？
What's this?
이건 뭐예요?
イゴン　モイェヨ？

2 この通りの名前は何ですか？
What's the name of this street?
이 길 이름은 무엇입니까?
イ　ギル　イルムン　ムオッシムミカ？

3 おすすめは何ですか？
What do you recommend?
무얼 추천해 주시겠어요?
ムオル　チュチョンヘ　ジュシゲッソヨ？

4 趣味は何ですか？
What's your hobby?
취미는 무엇입니까?
チミヌン　ムオッシムミカ？

図説 韓国の習慣と豆知識

目上の人が先

食事の際は目上の人が先に箸をつけてから皆がいただくのがマナー。

箸はおかず、スプーンは汁物

箸はおかずを食べるとき、スプーンはご飯や汁物を食べるときに使う。

器は持たない

器を持って食べるのはNG。特に汁物の器を口につけてすするのは不作法。

ぶっかけ飯はしない

スープにご飯を入れるのは構わないが、ご飯にスープをかけるのは×。

何でもマゼマゼ

ピビムパプやカレー、かき氷などもよく混ぜて味を均等にするのが韓国流。

麺はすすらないで

カルクッスやウドンなど麺料理を食べるときに音を立ててすするのは不作法。

酒はつぎ足さない

お酒をつぐときはグラスのお酒が完全になくなってからつぐ。

女性はお酌しない

一般的に、食事の席では女性が男性にお酌するのは不作法とされる。

見かけは似ているが、マナーも習慣も異なるのが日本と韓国。儒教文化の影響で上下関係に厳しいのも韓国の特徴。食事作法などは覚えておいて損はない。

酒をつぐときは手を添えて

お酒をつぐときや返杯を受けるときは右手で行い、左手をひじに添える。

目上の前で酒は控える

面と向かって飲むのは×。酒を飲むときは体を横に向けてそっと飲む。

酒は割らない

焼酎などの強い酒でも水やお茶で割らずに、そのままグラスで飲むのが習慣。

爆弾酒

ビアグラスにウィスキーのショットグラスを落とす。仲間うちで飲むときに。

目上の前でタバコは控える

年上の人の前での喫煙は不作法。女性の喫煙もあまりよく思われない。

ワリカンはしない

ワリカンの習慣はない。年上が全部おごるのが韓国式。デート代は男がもつ。

正座はしない

女性の場合はあぐらをかいたり、ひざを立てて座るのが普通。

敬老精神は高い

儒教精神が強く、地下鉄やバスで老人に席を譲らないと怒られることもある。

握手は左手を添えて

握手するときやお金を渡すときは右手を使い､左手をひじに添えてていねいに。

エスカレーターは左空け

関西式と同じで、エスカレーターは右側に立ち、左側を空ける。

お風呂は朝

韓国では朝風呂が習慣。サウナや銭湯も早朝が一番混雑し､夜早くに閉店する。

初対面でも深く聞く!?

初対面でも年齢や仕事、結婚しているかなどプライベートを尋ねるのは普通。

他人のものも自分のもの!?

親しい仲では持ちものは共有感覚なのが韓国式。置いてあるものは勝手に使う。

ふたりでもダブル

同性どうしでもダブルベッドやひとつの布団で寝るのは不自然ではない。

タクシーは外側が上座

降り口側の席が上座となる。ひとりの場合は助手席に座ることもある。

もてなしは果物

来客や団らんのときはお茶やお茶菓子でなく、コーヒーと果物が普通。

入出国

今日はソウルから国内線で釜山に出発!!
ここ仁川空港は入国のとき来たばっかりだからまあ「庭」みたいなもんだね。

しかし遅いっ!!

…でもたかが一、二時間の遅れでギャーギャー騒ぐなんて、国際人としてダサイよなっ!ハハハ…
旅慣れてくると多少の遅れは全く気にならないんだな〜

♪〜
注 国内線は仁川空港ではなく、金浦空港発着が基本。仁川〜金浦間はバスで40分かかるのでくれぐれも間違えないようにしよう。

入出国 使える10フレーズ これで完璧！

1 通路側の席をお願いします

통로 쪽 자리로 주세요
トンロ　チョㇰ　ジャリロ　ジュセヨ

An aisle seat, please.

2 15番搭乗口はどこですか？

15번 탑승구는 어디인가요?
シボボン　タㇷ゚スングヌン　オディインガヨ？

Where's gate fifteen?

3 毛布を貸してください！

모포 좀 주시겠어요
モポ　チョㇺ　ジュシゲッソヨ

May I have a blanket?

4 トランジットの待ち時間はどれくらいですか？

갈아타는데 걸리는 시간은 어느 정도인가요?
カラタヌンデ　コㇽリヌン　シガヌン　オヌ　ジョンドインガヨ

How long is the connecting time for transit?

5 ［旅行の目的は？］観光です

［여행 목적은?］ヨヘン　モㇰジョクン？
관광입니다
クァンガンイㇺミダ

［What's the purpose of your visit?］Sightseeing.

日本各地から韓国へは直行便で1～2時間。国内線感覚で行ける韓国だが、そこは外国。スリや置き引きなどに気を付け、気を引き締めて行動しよう。通常、入国審査で特に質問されることはないが、案内所などで質問する機会はあり得る。韓国では日本語がわかる係員も多いが、韓国語で簡単なやりとりができれば相手も好意的になるはず。

6 荷物が出てきません！

짐이 안 나와요!
チミ アン ナワヨ

I can't find my baggage (luggage)!

7 ［申告するものは？］ありません

［신고할 것은?］ シンゴハル コスン？
없습니다
オプスムミダ

［Anything to declare?］ I have nothing to declare.

8 これを両替してください

이거 환전해 주세요
イゴ ファンジョネ ジュセヨ

Exchange, please.

9 今晩のホテルの予約をお願いします

오늘 밤에 묵을 호텔 예약
부탁합니다
オヌル パメ ムグル ホテル イェヤク プタカムミダ

Could you reserve (book) a room for me?

10 市内へのバス乗り場はどこですか？

시내로 가려면 어느 버스
정류장에서 타야 하나요?
シネロ カリョミョン オヌ ボス ジョンリュジャンエソ タヤ ハナヨ？

Where can I get a bus for downtown?

チェックイン（搭乗手続き）

出発は何階ですか？ Which floor is for departures?	출발 라운지는 몇 층인가요？ チュルバル　ラウンジヌン　ミョッ　チュンインガヨ？
大韓航空のカウンターはどこですか？ Where's the counter for Korean Air Lines?	대한항공의 카운터는 어디예요？ テハンハンゴンエ　カウントヌン　オディイェヨ？
これはソウル行き（のカウンター）ですか？ Is this the counter for flights to Seoul?	여기가 서울행 (카운터) 예요？ ヨギガ　ソウルヘン　（カウント）　イェヨ？
あなたが列の最後ですか？ Are you the last in line (queue)?	여기가 줄의 마지막인가요？ ヨギガ　チュレ　マジマギンガヨ？
この列に並んでいますか？ Are you in this line (queue)?	이 줄에 서 계신 건가요？ イ　チュレ　ソ　ケシン　コンガヨ？
釜山までお願いします To Busan, please.	부산행으로 부탁합니다 プサンヘンウロ　プタカムミダ
今搭乗手続きはできますか？ May I check in now?	지금 탑승 수속을 할 수 있나요？ チグム　タプスン　スソグル　ハル　ス　インナヨ？
（パスポートと航空券は）これです Here they are.	여기 있습니다 ヨギ　イッスムミダ
窓側／通路側の席をお願いします A window / An aisle seat, please.	창 쪽 / 통로 쪽 자리로 주세요 チャン　チョク／トンロ　チョク　ジャリロ　ジュセヨ
禁煙席／喫煙席にしてください Non-smoking / Smoking, please.	금연석 / 흡연석으로 주세요 クミョンソグ／フビョンソグロ　ジュセヨ
この便は混んでいますか？ Is this flight full?	이 비행기는 자리가 다 찼나요？ イ　ピヘンギヌン　ジャリガ　タ　チャンナヨ？
前方／後方の席をお願いします A seat toward the front / back of the cabin, please.	앞쪽 / 뒷쪽 자리로 주세요 アプチョク／ティチョク　ジャリロ　ジュセヨ
私たちを隣合わせの席にしてください We'd like to sit together.	같은 쪽 자리로 주세요 カトゥン　チュク　ジャリロ　ジュセヨ
荷物はふたつです I have two pieces of baggage (luggage).	짐은 두 개입니다 チムン　トゥゲイムミダ

チェックイン時に預けられる荷物の量は、エコノミークラスが 20 kg以内、ビジネスクラスが 30 kg以内。オーバーすると超過料金を請求される。

荷物の超過料金はいくらですか？ How much is the excess baggage (luggage) charge?	짐의 중량 초과 요금은 얼마입니까？ チメ　ジュンリャン　チョグァ　ヨグムン　オルマイムミカ？
ちょっと待ってください、詰め替えます Wait a minute, I'll repack.	잠시만 기다려 주세요. 짐을 다시 싸겠습니다 チャムシマン　キダリョ　ジュセヨ、チムル　タシ　サゲッスムミダ
預ける荷物はありません I have no baggage (luggage) to check.	부칠 짐은 없습니다 プチル　ジムン　オプスムミダ
これは機内に持ち込めますか？ Can I carry this on the plane?	이것을 기내에 가지고 들어갈 수 있나요？ イゴスル　キネエ　カジゴ　トゥロガル　ス　インナヨ？
壊れ物が入っています It's fragile.	깨지기 쉬운 것이 들어 있습니다 ケジギ　シウン　コシ　トゥロイッスムミダ
荷物は済州まで行きますか？ Does the baggage (luggage) go to Jeju?	짐은 제주까지 갑니까？ チムン　ジェジュカジ　ガムミカ？
ネームタグをください May I have a baggage (luggage) tag?	수화물표 주세요 スファムルピョ　ジュセヨ
搭乗口は何番ですか？ What is the gate number?	탑승구는 몇 번입니까？ タプスングヌン　ミョッ　ポニムミカ？
搭乗開始は何時ですか？ What's the boarding time?	탑승 시작은 몇 시입니까？ タプスン　シジャグン　ミョッ　シイムミカ？
この便は定刻に出発しますか？ Is this flight on time?	이 비행기는 정시에 출발합니까？ イ　ピヘンギヌン　ジョンシエ　チュルバラムミカ？
どれくらい遅れていますか？ How long is it delayed?	얼마나 늦어지고 있는 건가요？ オルマナ　ヌゾジゴ　インヌン　コンガヨ？
出国後に買い物はできますか？ May I do some shopping after departure formalities?	출국 수속 뒤에 쇼핑을 할 수 있나요？ チュルグク　スソク　ティエ　ショピンウル　ハル　ス　インナヨ？
(セキュリティチェックで)これを到着空港で受け取りたい I'd like to get this on arrival.	이것은 도착 공항에서 받고 싶습니다 イゴスン　トチャク　コンハンエソ　パッコ　シプスムミダ
(この搭乗口は)ソウル行きですか？ Is this the gate for the flight to Seoul?	서울행입니까？ ソウルヘンイムミカ？

搭乗時間や搭乗ゲートはしばしば変更されるので、チェックインカウンターで搭乗券を受け取るときに必ず確認しておこう。

料理図鑑 緊急事態 基本会話 入出国 移動 観光 ショッピング 宿泊 飲食 通信 交流 ピンチ 日韓辞書 韓日辞書 文法 50音順検索

飛行機（機内）

私の席はどこですか？ Where's my seat?	제 자리는 어디입니까 ? チェ　ジャリヌン　オディイㇺミカ？
すみません、ここは私の席です Excuse me, but I think this is my seat.	죄송합니다만 , 여기는 제 자리인 것 같은데요 チェソンハㇺミダマン、 ヨギヌン　ジェ　ジャリイン　コッ　カトゥンデヨ
ごめんなさい、間違えました Sorry, my mistake.	죄송합니다 , 잘못 앉았습니다 チェソンハㇺミダ、 チャルモッ　アンジャッスㇺミダ
席を替えてもらえますか？ Can I change my seat?	자리 바꿔 주실 수 있겠습니까 ? チャリ　パクォ　ジュシル　ス　イッケッスㇺミカ？
あの席に移ってもいいですか？ May I move to that seat?	저 자리로 옮겨도 될까요 ? チョ　ジャリロ　オㇺギョド　トェルカヨ
すみません、通してください Excuse me.	좀 지나가겠습니다 チョㇺ　チナガゲッスㇺミダ
（通路に出たいとき）出してください Let me through, please.	좀 나가겠습니다 チョㇺ　ナガゲッスㇺミダ
ああ、どうぞ Sure.	예 , 그러세요 イェ、 クロセヨ
ちょっと待ってください Wait a moment, please.	잠시만요 チャㇺシマンヨ
コートを預かってください Could you take my coat?	코트 좀 걸어 주시겠어요 ? コトゥ　チョㇺ　コロ　ジュシゲッソヨ？
バッグが棚に入りません I can't put this on the rack.	짐이 짐칸에 안 들어갑니다 チミ　ジㇺカネ　アンドゥロガㇺミダ
バッグをここに置いてもいいですか？ May I leave my bag here?	짐을 여기에 둬도 괜찮겠습니까 ? チムㇽ　ヨギエ　トゥォド　ケンチャンゲッスㇺミカ？
毛布をもう１枚ください May I have another blanket?	모포 한 장 더 주시겠어요 モポ　ハン　ジャン　ト　ジュシゲッソヨ
枕をください May I have a pillow?	베개 좀 주시겠어요 ペゲ　チョㇺ　ジュシゲッソヨ

日韓線はフライト時間が短いので、入出国カードは早めに記入すること。記入方法は機内誌に説明がある。座席に見あたらないときは乗務員に持ってきてもらおう。

席を倒してもいいですか？

등받이를 뒤로 젖혀도 되겠습니까？
トゥンバジルル　トゥィロ　ジョッヒョド　トェゲッスムミカ？

May I recline my seat?

座席の背もたれを立ててください

등받이를 세워 주세요
トゥンバジルル　セウォ　ジュセヨ

Please put your seat back up.

日本語の新聞はありますか？

일본어 신문 있습니까？
イルボノ　シンムン　イッスムミカ？

Do you have Japanese newspapers?

空いているトイレはどこですか？

비어있는 화장실은 어디입니까？
ピオインヌン　ファジャンシルン　オディイムミカ？

Which restroom is vacant?

飲み物は何がありますか？

마실 것은 뭐가 있나요？
マシル　コスン　モガ　インナヨ？

What kind of drinks do you have?

ビールをください

맥주 주세요
メクチュ　ジュセヨ

Beer, please.

ウィスキーはありますか？

위스키 있습니까？
ウィスキ　イッスムミカ？

Do you have whiskey?

コーヒーのお代わりをください

커피 더 주세요
コピ　ト　ジュセヨ

More coffee, please.

氷を入れないでください

얼음은 넣지 말아 주세요
オルムン　ノッチ　マラ　ジュセヨ

No ice, thank you.

もう結構です

괜찮습니다
ケンチャンスムミダ

No, thank you.

まだ済んでいません

아직 도중입니다
アジク　トジュンイムミダ

I've not finished yet.

片付けてください

치워 주시겠어요
チウォ　ジュシゲッソヨ

Could you take this away?

食事は結構です

식사는 필요 없습니다
シクサヌン　ピリョ　オプスムミダ

No meal, thank you.

食事の時間に起こしてください

식사 때가 되면 깨워 주세요
シクサテガ　トェミョン　ケウォジュセヨ

Please wake me up at mealtime.

着陸態勢に入るとトイレが使用できなくなるので、食事が終わったら早めにトイレを済ませておいたほうがよい。食後はかなり混み合うので注意。

軽食をいただけますか？
May I have some snacks?
과자 좀 주시겠어요？
クァジャ ジョム ジュシゲッソヨ？

ビデオシステムの使い方を教えてください
Could you tell me how to use the video player?
비디오 사용법 좀 가르쳐 주시겠어요？
ビディオ サヨンポプ チョム カルチョ ジュシゲッソヨ？

イヤフォンが／読書灯が壊れています
The earphones don't / The reading light doesn't work.
이어폰이 / 독서등이 안됩니다
イオポニ／トクソドゥンイ アンドェムミダ

免税品の販売はありますか？
Are there duty-free goods?
면세품 판매합니까？
ミョンセプム パンメハムミカ？

具合が悪いです
I feel sick.
몸이 안 좋습니다
モミ アン ジョッスムミダ

酔い止めの薬はありますか？
Do you have some medicine for airsickness?
멀미약 있습니까？
モルミヤク イッスムミカ？

何時に到着しますか？
What time will we arrive?
몇 시에 도착합니까？
ミョッ シエ トチャカムミカ？

現地時間は何時ですか？
What is the local time?
현지 시간은 몇 시입니까？
ヒョンジ シガヌン ミョッ シイムミカ？

今アナウンスで何と言いましたか？
What did the announcement say?
지금 방송에서 뭐라고 했나요？
チグム パンソンエソ ムォラゴ ヘンナヨ？

現地の天気を教えてください
How's the local weather?
현지 날씨는 어떤가요？
ヒョンジ ナルシヌン オトンガヨ？

（入国カードの）記入の仕方を教えてください
Could you show me how to fill in this form?
어떻게 써야 하는지 가르쳐 주시겠어요？
オトッケ ソヤ ハヌンジ カルチョ ジュシゲッソヨ？

乗り継ぎ便に間に合いますか？
Can I catch my connecting flight?
갈아타는 비행기 시간에 맞출 수 있을까요？
カラタヌン ピヘンギ シガネ マッチュル ス イッスルカヨ？

預けたものを返してください
Please return my checked baggage (luggage).
맡겼던 물건을 돌려 주세요
マッキョットン ムルゴヌル トルリョ ジュセヨ

（食器、コップなどを）片付けてください
Could you take this away?
치워 주세요
チウォ ジュセヨ

フライト時間が短い日韓線では、酔いをさましている時間はないので、機内食サービス時のアルコール類は控え目にしたい。

トランジット（乗り継ぎ）

この空港にどれくらい停まりますか？
How long do we stay here?
이 공항에서 어느 정도 있어야 합니까？
イ　コンハンエソ　オヌ　ジョンド　イッソヤ　ハムミカ？

機内に残っていてもいいですか？
May I stay on the plane?
기내에 남아 있어도 되나요？
キネエ　ナマイッソド　トェナヨ？

待合室に免税品店はありますか？
Is there a duty free shop in the transit area?
대기실에 면세점이 있습니까？
テギシレ　ミョンセジョミ　イッスムミカ？

乗り継ぎカウンターはどこですか？
Where's the counter for the connecting flights?
갈아탈 비행기의 카운터는 어디입니까？
カラタル　ピヘンギエ　カウントヌン　オディイムミカ？

済州への乗り継ぎです
I'd like to take a connecting flight to Jeju.
제주행 연결편입니다
チェジュヘン　ヨンギョルピョニムミダ

搭乗手続きはどこでできますか？
Where can I check in?
탑승 수속은 어디서 해야 합니까？
タプスン　スソグン　オディソ　ヘヤ　ハムミカ？

予約は日本で確認してあります
I reconfirmed my flight in Japan.
일본에서 예약 확인했습니다
イルボネソ　イェヤク　ファギンヘッスムミダ

日本航空 214 便の搭乗口はどこですか？
Where's the boarding gate for Japan Airlines 214?
일본항공 214편 탑승구는 어디입니까？
イルボンハンゴン　イベッシプサピョン　タプスングヌン　オディイムミカ？

出発時刻に遅れはありませんか？
Is it on time?
출발 시각에 늦지 않았나요？
チュルバル　シガゲ　ヌッチ　アナンナヨ？

代わりの便を見つけてもらえますか？
Could you find me another flight?
다른 비행기편을 알아봐 주시겠습니까？
タルン　ピヘンギピョヌル　アラボァ　ジュシゲッスムミカ？

休憩／喫煙できる場所はありますか？
Is there a place to rest / smoking area?
휴식 / 흡연 할 수 있는 장소는 있습니까？
ヒュシク／フビョン　ハル　ス　インヌン　ジャンソヌン　イッスムミカ？

ホテルの予約をお願いします
Could you reserve (book) a room for me?
호텔 예약을 부탁합니다
ホテル　イェヤグル　プタカムミダ

手荷物一時預かり所はどこですか？
Where's the left baggage (luggage)?
짐 맡기는 곳은 어디입니까？
チム　マッキヌン　コスン　オディイムミカ？

乗り継ぎ便に間に合いませんでした
I missed my connecting flight.
연결편을 놓쳐 버렸습니다
ヨンギョルピョヌル　ノッチョ　ボリョッスムミダ

仁川国際空港のトランジットスペースはとても広い。休憩室はもちろん免税店や仮眠室もあるので、乗り継ぎ時間が長くても快適に過ごすことができる。

料理図鑑 緊急事態 基本会話 入出国 移動 観光 ショッピング 宿泊 飲食 通信 交流 ピンチ 日韓辞書 韓日辞書 文法 50音順検索

[今回の目的は？]
観光です／留学です
[What's the purpose of your visit?]
Sightseeing. / Study.

[이번 방문의 목적은 ?]
관광입니다 / 유학입니다
[イボン　パンムネ　モクチョグン？]
クァンガンイムミダ／ユハギムミダ

[滞在する期間は？]
3日間／1週間／1ヵ月です
[How long are you going to stay?]
For three days. / one week. / one month.

[체재 기간은 ?]
3 일 / 1 주일 / 한 달입니다
[チェゼ　キガヌン？]
サミル／イルチュイル／ハン　ダリムミダ

数字 ▶P.236

[滞在先は？]
マリオットホテル／友人宅です
[Where are you going to stay?]
At the Marriott Hotel. / my friend's.

[체재 장소는 ?]
메리어트 호텔 / 친구집입니다
[チェゼ　ジャンソヌン？]
メリオトゥ　ホテル／チングジビムミダ

[帰りの航空券は？]
はい、これです
[Do you have a return ticket?]
Here it is.

[귀국용 항공권은 ?]
여기 있습니다
[キグンニョ　ハンゴンクォヌン？]
ヨギ　イッスムミダ

[所持金は？]
現金が10万円です
[How much money do you have with you?]
One hundred and thousand yen in cash.

[소지금은 ?]
현금으로 10 만 엔입니다
[ソジグムン？]
ヒョングムロ　シムマンエンイムミダ

数字 ▶P.236

[あなたの職業は？]
エンジニア／プログラマーです
[What's your occupation?]
I'm an engineer. / a programmer.

[직업은 ?]
엔지니어 / 프로그래머입니다
[チゴブン？]
エンジニオ／プログレモイムミダ

どこで両替できますか？
Where can I exchange currencies?

환전하는 곳은 어디인가요 ?
ファンジョンハヌン　コスン　オディインガヨ？

トラベラーズチェックを扱っていますか？
Do you cash traveler's checks (cheques)?

여행자 수표 취급하나요 ?
ヨヘンジャ　スピョ　チグパナヨ？

手数料はいくらですか？
How much is the commission charge?

수수료는 얼마입니까 ?
ススリョヌン　オルマイムミカ？

これを韓国ウォンに両替してください
Please change these into Korean won.

한국 원으로 바꿔주세요
ハングク　ウォンヌロ　パクォジュセヨ

これを細かくしてください
Can you make change for this?

잔돈으로 바꿔 주시겠습니까 ?
チャンドヌロ　パクォ　ジュシゲッスムミカ？

これを全部1000ウォン札にしてください
All in thousand won bills, please.

모두 1000 원짜리 지폐로 바꿔 주세요
モドゥ　チョノォンチャリ　チペロ　パクォ　ジュセヨ

計算が違います
The amount is wrong.

계산이 틀린데요
ケサニ　トゥルリンデヨ

レシートをください
May I have a receipt?

영수증 주세요
ヨンスジュン　ジュセヨ

韓国の入国審査で質問されることはめったにない。入出国カードの記入ミスなどで質問される場合も、日本語を話す担当官がいることが多いので安心。

韓国の通貨

韓国の通貨単位はウォン（원）₩。補助通貨の単位はチョン（전）だが、貨幣としては流通しておらず、為替などの計算以外には用いられない。ウォンの紙幣は₩1万、₩5000、₩1000の3種類。硬貨は₩500、₩100、₩50、₩10、₩5、₩1の6種類あるが、インフレのため₩5と₩1硬貨は現在ほとんど流通していない。紙幣の図柄は₩1万がハングルを作った世宗（セジョン）王と韓国最大の木造建築といわれる景福宮の慶会楼、₩5000が儒者李珥（栗谷）と生家の江陵烏竹軒、₩1000が儒者李滉（退渓）と安東の陶山書院。硬貨の図柄は₩500が鶴、₩100が李舜臣将軍、₩50が稲穂、₩10が仏国寺多宝塔、₩5が亀甲船、₩1が国花のムクゲ。

1万ウォン（表）

5000ウォン（表）

1000ウォン（表）

1万ウォン（裏）

5000ウォン（裏）

1000ウォン（裏）

500ウォン（表）

500ウォン（裏）

100ウォン（表）

100ウォン（裏）

50ウォン（表）

50ウォン（裏）

10ウォン（表）

10ウォン（裏）

両替に便利な韓国語10

1. レート	시세 シセ
2. 手数料	수수료 ススリョ
3. 買取レート	살 때 시세 サル テ シセ
4. 販売レート	팔 때 시세 パル テ シセ
5. 両替所	환전소 ファンジョンソ
6. 銀行	은행 ウネン
7. 紙幣	지폐 チペ
8. 硬貨	동전 トンジョン
9. 100ウォン硬貨	백원 주화 ペグォン ジュファ
10. 1000ウォン紙幣	천원 지폐 チョノン チペ

荷物の受け取り

荷物の受け取り場所はどこですか？
Where can I get my baggage (luggage)?
짐은 어디서 찾아야 합니까？
チムン　オディソ　チャジャヤ　ハムミカ？

（搭乗券の半券を見せながら）どのターンテーブルですか？
Which turnstile?
어느 쪽에서 짐이 나오나요？
オヌ　チョゲソ　ジミ　ナオナヨ？

スーツケースが壊されました
My suitcase was damaged.
스트케이스가 부서졌습니다
ストゥケイスガ　プソジョッスムミダ

荷物紛失（ロストバゲージ）の窓口はどこですか？
Where is the 'Lost and Found' (lost property) office?
분실물 찾는 곳은 어디입니까？
プンシルムル　チャンヌン　コスン　オディイムミカ？

私の荷物が見つかりません
I can't find my baggage (luggage).
제 짐을 못 찾겠습니다
チェ　チムル　モッ　チャッケッスムミダ

キャスター付きのボストンバッグです
A Boston bag with casters.
바퀴 달린 보스턴백입니다
パクィ　タルリン　ポストンベギムミダ

布製の中型のバッグです
A medium size fabric bag.
천으로 된 중형 백입니다
チョヌロ　トェン　ジュンヒョン　ベギムミダ

手荷物引換証（クレームタグ）はこれです
Here's my claim tag.
수화물 교환증은 여기 있습니다
スファムル　キョファンジュンウン　ヨギ　イッスムミダ

調べてもらえますか？
Could you check it?
찾아봐 주시겠습니까？
チャジャボァ　ジュシゲッスムミカ？

弁償してください
Will you pay for the damage?
변상해 주세요
ピョンサンヘ　ジュセヨ

紛失証明書を作成してください
Could you make a report of the loss?
분실 증명서를 만들어 주세요
プンシル　ジュンミョンソルル　マンドゥロ　ジュセヨ

見つかったらホテルに連絡してください
Please call the hotel when you find it.
찾으면 호텔로 연락해 주세요
チャジュミョン　ホテルロ　ヨルラッケ　ジュセヨ

見つからなかったときは補償してください
I expect to be redressed if you can't find it.
못 찾았을 때에는 변상해 주세요
モッ　チャジャッスル　テエヌン　ピョンサンヘ　ジュセヨ

（日用品など）必要なものを購入したいのですが
I'd like to buy some personal effects.
필요한 것들을 사러 가고 싶습니다만
ピリョハン　コットゥル　サロ　カゴ　シプスムミダマン

最近、荷物を間違えて持っていかれるケースが増えている。スーツケースに目立つネームカードやワッペンを付けるなどして、簡単に識別できるようにしておこう。

カートはどこにありますか？
카트는 어디에 있습니까？
カトゥヌン　オディエ　イッスムミカ？
Where's a cart?

[何か申告するものは？]
ありません
[다른 신고할 것은？]
없습니다
[タルン　シンゴハル　ゴスン？]
オプスムミダ
[Anything to declare?]
I have nothing to declare.

[バッグの中身は何ですか？]
身の回り品です
[가방에 든 것은 무엇입니까？]
개인 용품입니다
[カバンエ　トゥン　コスン　ムオッシムミカ？]
ケイン　ヨンプミムミダ
[What's in your bag?]
Personal effects.

友人へのみやげです
친구에게 줄 선물입니다
チングエゲ　ジュル　ソムムリムミダ
It's a gift for my friend.

それは自分で使うものです
제가 쓸 물건입니다
チェガ　スル　ムルゴニムミダ
It's for my personal use.

日本円で１万円くらいです
일본 돈으로 만엔 정도입니다
イルボン　トヌロ　マンエン　ジョンドイムミダ
It's about ten thousand yen.

これは胃薬です／風邪薬です
이것은 위장약입니다 / 감기약입니다
イゴスン　ウィジャンヤギムミダ／カムギヤギムミダ
This is stomach / cold medicine.

お酒を３本持っています
술은 세 병 가지고 있습니다
スルン　セビョン　カジゴ　イッスムミダ
I have three bottles of liquor.

[持ち込み制限を超えています]
どうすればいいですか？
[반입제한이 초과됐습니다]
어떻게 해야 합니까？
[パニプジェハニ　チョガトェッスムミダ]
オトッケ　ヘヤ　ハムミカ？
[You have brought more than is allowed.]
What should I do?

いくら課税されますか？
과세금은 얼마입니까？
クァセグムン　オルマイムミカ？
How much should I pay?

[これは持ち込み禁止品です]
没収されるのですか？
[이것은 반입금지품입니다]
몰수 당하는 건가요？
[イゴスン　バニプクムジプミムミダ]
モルス　タンハヌン　コンガヨ？
[This item is prohibited.]
Will you take this away?

[ほかにありますか？]
これだけです
[다른 것은 없습니까？]
이걸로 전부입니다
[タルン　コスン　オプスムミカ？]
イゴルロ　ジョンブイムミダ
[Anything else?]
That's all.

これは私の物ではありません
이것은 제 것이 아닙니다
イゴスン　ジェゴシ　アニムミダ
It's not mine.

これは申告の必要はありますか？
이것은 신고해야 합니까？
イゴスン　シンゴヘヤ　ハムミカ？
Do I need to declare this?

税関で荷物をチェックされることは稀。税関職員に呼び止められないかぎり、税関を素通りして到着フロアに出てしまってかまわない。

観光案内所で

新羅ホテルへの行き方を教えてください
How do I get to the Silla Hotel?
신라 호텔로 가려면 어떻게 가야 하나요 ?
シルラ　ホテルロ　カリョミョン　オトッケ　カヤ　ハナヨ？

空港バスとタクシーではどちらが速い／便利ですか？
Which is faster/ more convenient, the airport limousine or taxi?
리무진 버스와 택시 , 어느 쪽이 빠른／편리한가요 ?
リムジン　ボスワ　テッシ、　オヌ　チョギ　パルン／ピョルリハンガヨ？

タクシー乗り場はどこですか？
Where's the taxi stand?
택시 정류장은 어디입니까 ?
テクシ　ジョンリュジャンウン　オディイムミカ？

タクシーを呼んでください
Could you get me a taxi?
택시 불러 주세요
テクシ　プルロ　ジュセヨ

電話はどこにありますか？
Where's a payphone?
공중전화는 어디에 있습니까 ?
コンジュンジョヌァヌン　オディエ　イッスムミカ？

空港バス／鉄道

市内へ行くのはどのバス／電車（地下鉄）ですか？
Which bus / train goes downtown?
시내로 가려면 어느 쪽 버스를 / 지하철을 타야 합니까 ?
シネロ　カリョミョン　オヌ　チョク　ポスルル／チハチョルル　タヤ　ハムミカ？

どこで待てばいいのですか？
Where should I wait?
어디서 기다리면 되나요 ?
オディソ　キダリミョン　ドェナヨ？

これはソウル駅に行きますか？
Does this stop at Seoul Station?
서울역에서 서나요 ?
ソウルヨゲソ　ソナヨ？

出発は何時ですか？
What time does this leave?
몇 시에 출발합니까 ?
ミョッ　シエ　チュルバラムミカ？

時間はどれくらいかかりますか？
How long does it take?
시간은 얼마나 걸리나요 ?
シガヌン　オルマナ　コルリナヨ？

切符はどこで買うのですか？
Where can I get a ticket?
표는 어디서 사면 되나요 ?
ピョヌン　オディソ　サミョン　トェナヨ？

明洞に着いたら教えてください
Please let me know when we arrive Myeong-dong.
명동에 도착하면 알려주세요
ミョンドンエ　トチャカミョン　アルリョジュセヨ

仁川や釜山金海、済州の各空港から市内へはエアポートバスが便利。路線は複雑だが、観光案内所で利用できるバスの番号と降りるバス停を教えてくれる。

タクシー

ロッテホテルまでお願いします
To the Lotte Hotel, please.
롯데 호텔로 가주세요
ロッテ ホテルロ カジュセヨ

ホテルまでいくらくらいかかりますか？
How much will it be to the hotel?
호텔까지 요금이 얼마 정도입니까？
ホテルカジ ヨグミ オルマ ジョンドイムミカ？

荷物をトランクに入れてください
Could you put my baggage (luggage) in the trunk (boot)?
짐을 트렁크에 넣어주세요
チムル トゥロンクエ ノオジュセヨ

最初にロッテホテル、次に新羅ホテルに行ってください
To the Lotte Hotel first, then the Silla Hotel, please.
먼저 롯데 호텔 , 그 다음에 신라 호텔에서 세워 주세요
モンジョ ロッテ ホテル、ク タウメ シルラ ホテレソ セウォ ジュセヨ

メーターを倒してください
Will you start the meter?
미터기를 눌러 주세요
ミトギルル ヌルロ ジュセヨ

ここで停めてください
Stop here, please.
여기서 세워 주세요
ヨギソ セウォ ジュセヨ

いくらですか？
How much is it?
얼마입니까？
オルマイムミカ？

国内線への乗り換え

国内線ターミナルに行くバスはどれですか？
Which bus is for the domestic terminal?
국내선 터미널로 가는 버스는 어느 것인가요？
クンネソン トミノルロ カヌン ポスヌン オヌ コッシンガヨ？

このバスは大韓航空の国内線ターミナルに行きますか？
Is this bus for the domestic terminal of Korean Air Lines?
이 버스는 대한항공 국내선 터미널로 가나요？
イ ポスヌン テハンハンゴン クンネソン トミノルロ カナヨ？

（搭乗券を見せながら）この便は何番ゲートから出ますか？
What's the gate number?
이 비행기는 몇 번 게이트입니까？
イ ピヘンギヌン ミョッポン ケイトゥイムミカ？

（搭乗券を見せながら）搭乗は何時から始まりますか？
What is the boarding time?
이 비행기의 탑승은 몇 시에 시작됩니까？
イ ピヘンギエ タプスンウン ミョッ シエ シジャクトェムミカ？

釜山行き、便名はKE1101です
To Busan, flight number KE1101.
부산행, KE1101 편입니다
プサンヘン、ケイイ イルイルコンイル ピョニムミダ

税関検査を抜けて空港ロビーに出ると「タクシー？」などと声をかけてくる人物がいるが、たいていは白タクの勧誘なので誘いには乗らないこと。トラブルの元になる。

ホテル予約（観光案内所）

観光案内所はどこですか？
Where's the tourist information center (centre)?
관광 안내소는 어디입니까 ?
クァンガン　アンネソヌン　オディイムミカ？

ホテルの予約はできますか？
May I reserve (book) a room?
호텔 예약할 수 있습니까 ?
ホテル　イェヤカル　ス　イッスムミカ？

中心街のホテルに泊まりたいのですが
I'd like a hotel downtown.
중심가에 있는 호텔에 묵었으면 합니다만
チュンシムガエ　インヌン　ホテルへ　ムゴッスミョン　ハムミダマン

できれば駅の近くのホテルがいいのですが
I'd like a hotel near the station.
가능하면 역에서 가까운 호텔이 좋겠는데요
カヌンハミョン　ヨゲソ　カカウン　ホテリ　ジョケッヌンデヨ

予算は10万ウォンくらいです
I'd like to pay about one hundred thousand won.
예산은 10 만원 정도입니다
イェサヌン　シムマノォン　ジョンドイムミダ

一番安いホテルはいくらですか？
How much is the cheapest room?
제일 싼 호텔은 얼마 정도입니까 ?
チェイル　サン　ホテルン　オルマ　ジョンドイムミカ？

もっと安いホテルはありますか？
Are there cheaper rooms?
더 싼 호텔은 없습니까 ?
ト　サン　ホテルン　オプスムミカ？

そのホテルにします
I'll take it.
그 호텔로 하겠습니다
ク　ホテルロ　ハゲッスムミダ

シングルルーム／ツインルームをお願いします
A single / twin room, please.
싱글룸 / 트윈룸으로 부탁합니다
シングルルム／トゥウィンルムロ　プタカムミダ

1泊します
For one night, please.
1 박입니다 .
イルバギムミダ

支払いはどうすればいいですか？
How shall I pay?
요금은 어떻게 하면 됩니까 ?
ヨグムン　オットケ　ハミョン　トェムミカ？

ホテルへはどうやって行けばいいですか？
How can I get to the hotel?
호텔까지 어떻게 가면 됩니까 ?
ホテルカジ　オトッケ　カミョン　トェムミカ？

ここからどれくらい時間がかかりますか？
How long does it take from here?
여기서 어느 정도 시간이 걸립니까 ?
ヨギソ　オヌ　チョンド　シガニ　コルリムミカ？

場所を地図で教えてください
Where's it on the map?
장소를 지도에서 가르쳐 주세요
チャンソルル　チドエソ　カルチョ　ジュセヨ

仁川空港や釜山金海空港、釜山港の到着ロビーには韓国観光公社の案内所がある。日本語や英語が通じ、ホテルを紹介してもらえることもあるので気軽に聞いてみよう。

荷物は自分で詰めました
I packed the baggage (luggage) myself.
짐은 제가 쌌습니다
チムン　チェガ　サッスムミダ

アシアナ航空のカウンターはどこですか？
Where's the counter for Asiana Airlines?
아시아나 항공의 카운터는 어디입니까？
アシアナ　ハンゴンエ　カウントヌン　オディイムミカ？

チェックインをお願いします
I'd like to check in.
체크인 부탁합니다
チェクイン　プタカムミダ

荷物はこれひとつです
I have one piece of baggage (luggage).
짐은 이것 하나입니다
チムン　イゴッ　ハナイムミダ

マイレージのカウントをお願いします
Please check my mileage point.
마일리지 체크 부탁합니다
マイルリジ　チェク　プタカムミダ

キャンセル待ちはできますか？
Can I get on the waiting list?
캔슬이 날 때까지 기다려도 될까요？
ケンスリ　ナル　テカジ　キダリョド　トェルカヨ？

この便は定刻どおりですか？
Is this flight on time?
이 비행기는 정시에 출발합니까？
イ　ピヘンギヌン　ジョンシエ　チュルバラムミカ？

付加価値税の払い戻し（タックスリファンド）

これが引換券です（市内免税店で商品を買って空港で受け取る場合）
Here's my claim check.
여기，인환권입니다
ヨギ、インファンクォニムミダ

タックスリファンドの窓口はどこですか？
Where is the tax refund counter?
텍스 리펀드 창구는 어디입니까？
テクス　リポンドゥ　チャングヌン　オディイムミカ？

（免税手続き窓口で）免税手続きをお願いします
Tax refund, please.
텍스 리펀드 처리 부탁합니다
テクス　リポンドゥ　チョリ　プタカムミダ

書類と商品はこれです
Here are the forms and items.
서류와 상품은 여기 있습니다
ソリュワ　サンプムン　ヨギ　イッスムミダ

（返金は）クレジットカードの口座にお願いします
Please refund the money to my credit card account.
리펀드는 크레디트 카드 구좌로 부탁합니다
リプォンドゥヌン　クレディトゥ　カドゥ　クジャロ　プタカムミダ

書類はどこに投函すればいいですか？
Where do I post the form?
서류는 어디에 넣으면 되나요？
ソリュヌン　オディエ　ノウミョン　トェナヨ？

税払い戻しを受けるには出国時に税関窓口で商品現物の提示が必須。機内預けにしたい場合はチェックインの前に税関窓口へ。釜山港では手続き不可なので注意。

入出国のイレカエ単語

空港で

出発 departure	출발 チュルバル
到着 arrival	도착 トチャク
航空券 air ticket	항공권 ハンゴングォン
搭乗券 boarding pass	탑승권 タプスングォン
機内持ち込み手荷物 hand-carried baggage	기내에 들고갈 수 있는 짐 キネエ　トゥルコカルス　インヌンジム
搭乗時刻 boarding time	탑승시간 タプスンシガン
手荷物受取所 baggage claim	짐 찾는 곳 チム　チャンヌン　コッ
ターンテーブル turntable	턴테이블 トゥンテイブル
手荷物引換証 claim tag	수하물 인환증 スファムル　インファンジュン
税関検査 costum inspection	세관검사 セグァンコムサ
入国審査 passport control	입국조사 イプクッジョサ
国籍 nationality	국적 クッジョク
検疫 quarantine	검역 コムヨク
手荷物預かり所 baggage room	짐 맡기는 곳 チム　マッキヌン　コッ
エレベーター elavator	엘리베이터 エルリベイト
タクシー乗り場 taxi stand	택시타는 곳 テクシ　タヌン　コッ

機内で

座席番号 seat number	좌석번호 ジャソクボノ
シートベルト seat belt	시트벨트 / 안전벨트 シトゥベルトゥ／アンジョンベルトゥ
呼び出しボタン call light	호출버튼 ホチュルボトゥン
トイレ rest room	화장실 ファジャンシル
(トイレ表示)使用中 occupied	사용중 サヨンジュン
(トイレ表示)空き vacant	비어있음 ビオイッソム
非常口 emergency exit	비상구 ピサング
毛布 blanket	모포 モポ
枕 pillow	베개 ペゲ
ヘッドフォン headphones	헤드폰 ヘドゥポン
到着時刻 arrival time	도착시간 トチャクシガン
現地時刻 local time	현지시간 ヒョンジシガン

移動

わお！
ソウル行きの長距離列車
のチケット売り場。
ずいぶん並んでるなー。
帰りのチケット、買っといた
方がいいかな…

いやいや、オイラはきままな
一人旅。
予約とか
整列とか
日本でやって
るようなことは
しない主義
なのさ。

……

本日の教訓。
「快適さ、主義より先に
買っておけ…」。
注
韓国の鉄道は、
ほぼ全席指定
週末午後などの便は
すぐ売り切れるので
手配は早めに。

移動
使える
10
これで完璧！
フレーズ

1 駅への行き方を教えてください

역으로 가려면 어떻게 가야 하죠?
ヨグロ　カリョミョン　オットケ　カヤ　ハジョ？

How do I get to the station?

2 バス停への行き方を教えてください

버스 정류장으로 가는 길을 가르쳐 주세요
ポス　ジョンリュジャンウロ　カヌン　キルル　カルチョ　ジュセヨ

How do I get to the bus station?

3 切符はどこで買うのですか？

승차권은 어디서 사야 합니까?
スンチャクォヌン　オディソ　サヤ　ハムミカ？

Where can I get a ticket?

4 慶州行きの片道切符を１枚ください

경주행 편도 승차권 한 장 주세요
キョンジュヘン　ピョンド　スンチャクォン　ハン　ジャン　ジュセヨ

One-way (Single) to Gyeongju, please.

5 次の列車は何時発ですか？

다음 열차는 몇 시에 출발합니까?
タウム　ヨルチャヌン　ミョッ　シエ　チュルバラムミカ？

What time will the next train leave?

ソウルや釜山での移動には地下鉄がわかりやすくて便利。駅には番号が振ってあり、切符も自販機で買えるので旅行者でも簡単に使いこなせる。路線バスを使うときは車内放送がない場合もあるので、あらかじめ行きたい場所をハングルでメモし、乗車時に運転手さんに伝えておくといいだろう。タクシーの使い方は日本とほぼ同様だ。

6 ここからどれくらい時間がかかりますか？

여기서 어느 정도 시간이 걸립니까?
ヨギソ　オヌ　チョンド　シガニ　コルリムミカ？

How long does it take from here?

7 これは釜山行きですか？

부산행입니까?
プサンヘンイムミカ？

Is this bound for Busan?

8 この席は空いていますか？

여기 빈자리인가요?
ヨギ　ピンジャリインガヨ？

May I sit here?

9 市内に着いたら教えてください

시내에 도착하면 알려주시겠어요?
シネエ　トチャカミョン　アルリョジュシゲッソヨ？

Please tell me when we arrive downtown.

10 タクシーを呼んでください

택시 불러주세요
テクシ　プルロジュセヨ

Could you get me a taxi?

徒歩（道／場所を尋ねる）

すみません、駅への行き方を教えてください Excuse me, but could you tell me the way to the station?	죄송합니다만 , 역으로 가려면 어느 쪽으로 가야 합니까 ? チェソンハムミダマン、ヨグロ カリョミョン オヌ チョグロ カヤ ハムミカ？
この住所へはどう行ったらいいでしょう？ How can I get to this address?	이 주소로 가려면 어디로 가야 하나요 ? イ チュソロ カリョミョン オディロ カヤ ハナヨ？
明洞に行くにはこの道でいいですか？ Is this the right way to the Myeong-dong?	명동으로 가려면 이 길로 가면 되나요 ? ミョンドンウロ カリョミョン イ キルロ カミョン トェナヨ？
これは仁寺洞通りですか？ Is this Insa-dong Street?	여기는 인사동길 인가요 ? ヨギヌン インサドン キリンガヨ？
この通りの名前は何ですか？ What's the name of this street?	이 길 이름은 무엇인가요 ? イ キル イルムン ムオッシンガヨ？
この通りはどこに出ますか？ Where does this road take me?	이 길을 지나면 어디로 나가게 되나요 ? イ キルル チナミョン オディロ ナガゲ トェナヨ？
この道は通り抜けられますか？ May I pass through this road?	이 길로 지나 갈 수 있나요 ? イ キルロ ジナ カル ス インナヨ
国立博物館は何ブロック先ですか？ How many blocks are there to the National Museum?	국립박물관은 여기서 몇 블럭 떨어져 있나요 ? クンニプパンムルグァヌン ヨギソ ミョッ ブルロク トロジョ インナヨ？
何か目印になるものはありますか？ Are there any landmarks?	뭔가 금방 알아볼 수 있는 표지판같은 게 있나요 ? ムォンガ クムバン アラボル ス インヌン ピョジパン カトゥン ゲ インナヨ？
歩いて市内まで行けますか？ Can I walk to the City?	걸어서 시내까지 갈 수 있나요 ? コロソ シネカジ カル ス インナヨ？
ここから景福宮まで徒歩で／タクシーでどれくらいかかりますか？ How long does it take from here to Gyeongbokgung on foot / by taxi?	여기서 경복궁까지 걸어서 / 택시로 얼마나 걸립니까 ? ヨギソ キョンボックンカジ コロソ／テクシロ オルマナ コルリムミカ？
景福宮までの近道はありますか？ Are there any shortcuts to Gyeongbokgung?	경복궁으로 가는 지름길이 있나요 ? キョンボックンウロ カヌン ジルムキリ インナヨ？
北はどの方向になりますか？ Which way is north?	북쪽은 어느 방향인가요 ? プクチョグン オヌ パンヒャンインガヨ？
真っすぐですか？／右ですか、左ですか？ Straight? / Right or left?	직진입니까 ? / 오른쪽입니까 , 왼쪽입니까 ? チクジンニムミカ？／オルンチョギムミカ、オェンチョギムミカ？

韓国の旧市街は裏路地だらけ。ソウルの仁寺洞などが典型的だが、人ひとりがやっと通れるくらいの路地の一番奥に店があったりする。行き止まりの路地も多い。

次の信号のあたりですか？
다음 신호등 근처입니까 ?
タウム　シンホドゥン　クンチョイムミカ？
Near the next signal?

2番目の角を曲がるのですね？
두 번째 길목으로 들어가면 되나요 ?
トゥ　ボンチェ　ギルモグロ　トゥロガミョン　トェナヨ？
Turn at the second corner?

この坂／階段を上がれば／下りればいいですか？
이 언덕 / 계단을 올라가 / 내려가면 되나요 ?
イ　オンドグ／ケダヌル　オルラガ／ネリョガミョン　トェナヨ？
Go up the slope? / Go up the stairs? / Go down the stairs?

大きな／小さな建物ですか？
큰 / 작은 건물입니까 ?
クン／チャグン　コンムリムミカ？
Is it big / small?

市庁のそばですか？
시청 옆입니까 ?
シチョン　ヨピンミカ？
Is it near the City Hall?

この近くにトイレはありますか？
이 근처에 화장실 있나요 ?
イ　クンチョエ　ファジャンシル　インナヨ？
Is there a restroom near here?

道に迷ってしまいました
길을 잃어 버렸습니다
キルル　イロ　ボリョッスムミダ
I think I'm lost.

(地図を見せて)
ここはどこですか？
여기가 어디인가요 ?
ヨギガ　オディインガヨ？
Where am I on this map?

この地図に印を付けてください
이 지도에 표시를 해 주세요
イ　チドエ　ピョシルル　へ　ジュセヨ
Please mark it on this map.

この地図で道を教えてください
이 지도상에서 길을 가르쳐 주세요
イ　チドサンエソ　キルル　カルチョ　ジュセヨ
Could you show me the way on this map?

市庁はこの地図でどこですか？
시청은 이 지도상의 어디에 있습니까 ?
シチョンウン　イ　チドサンエ　オディエ　イッスムミカ？
Where's the City Hall on this map?

地図を書いてもらえますか？
지도를 그려 주시겠습니까 ?
チドルル　クリョ　ジュシゲッスムミカ？
Could you draw a map?

ここでタクシーは拾えますか？
여기서 택시를 잡을 수 있나요 ?
ヨギソ　テクシルル　ジャブル　ス　インナヨ？
Can I get a taxi here?

歩いていける一番近い地下鉄駅はどこですか？
걸어서 갈 수 있는 , 가장 가까운 지하철역은 어디입니까 ?
コロソ　カル　ス　インヌン、カジャン　カカウン　ジハチョルヨグン　オディイムミカ？
Where's the nearest subway (underground) station within walking distance?

韓国では地番標識が少なく、地元民でも正確な住所を把握していないケースがある。住所から店などを探そうとするのは難しいので、〇〇の近くなどと伝えた方が早い。

鉄道／長距離バス／船 (切符を買う)

鉄道駅は／バスターミナルは／船乗り場はどこですか？
Where's the station / bus terminal / boarding gate?
철도역은 / 버스 터미널은 / 선착장은 어디인가요 ?
チョルドヨグン／ポス　トミナルン／ソンチャクジャンウン　オディインガヨ？

木浦行きの列車が出ている駅はどこですか？
Where can I catch a train to Mokpo?
목포행 열차를 탈 수 있는 역은 어디입니까 ?
モッポヘン　ヨルチャルル　タル　ス　インヌン　ヨグン　オディムミカ？

木浦行き列車の切符売り場を教えてください
Where can I get a ticket to Mokpo?
목포행 열차 승차권은 어디서 살 수 있나요 ?
モッポヘン　ヨルチャ　スンチャクォヌン　オディソ　サル　ス　インナヨ？

木浦までの片道／往復切符をください
One-way (Single) / Round-trip(Return) to Mokpo, please.
목포로 가는 편도 / 왕복 승차권을 주세요
モッポロ　カヌン　ピョンド／ワンボク　スンチャクォヌル　ジュセヨ

釜山まで KTX 特室、片道切符をください
One-way (Single) to Busan, first class on the KTX, please.
부산까지 가는 KTX 특실 , 편도 승차권 주세요
プサンカジ　カヌン　ケイテエクス　トゥクシル、ピョンド　スンチャクォン　ジュセヨ

割引切符はありますか？
Do you have discount tickets?
할인 승차권은 없나요 ?
ハリン　スンチャクォヌン　オムナヨ？

慶州まで安く行く方法はありますか？
How can I go to Gyeongju cheaper?
경주까지 저렴하게 가는 방법엔 어떤 것이 있나요 ?
キョンジュカジ　ジョリョムハゲ　カヌン　パンボベン　オトン　コシ　インナヨ？

券売機はどこですか？
Where's a ticket vender?
발권기는 어디에 있나요 ?
パルクォンギヌン　オディエ　インナヨ？

時刻表はありますか？
Is there a timetable?
시간표 있습니까 ?
シガンピョ　イッスムミカ？

予約の窓口はどこですか？
Where's the ticket office (travel center)?
예약 창구는 어디에 있나요 ?
イェヤク　チャングヌン　オディエ　インナヨ？

大邱行きを予約できますか？
May I reserve (book) a seat on a train leaving for Daegu?
대구행 예약 가능합니까 ?
テグヘン　イェヤク　カヌンハムミカ

明日 10 時 10 分発の列車の予約をお願いします
I'd like to reserve (book) a seat on the train leaving at ten past ten tomorrow.
내일 10 시 10 분에 출발하는 기차를 예약하고 싶습니다
ネイル　ヨルシ　シップネ　チュルバラヌン　キチャルル　イェヤカゴ　シプスムミダ
数字 ▶P.237

インターネットで予約済みです
I made a reservation (booking) via the Internet.
인터넷으로 예약을 했습니다
イントネッスロ　イェヤグル　ヘッスムミダ

もっと遅い／早い列車はありますか？
Are there any later / earlier trains?
더 느린 / 빠른 기차편은 없나요 ?
ト　ヌリン／パルン　キチャピョヌン　オムナヨ？

ソウルや釜山などの大きな駅には総合案内窓口がある。日本語が通じる場合もあるので、切符の買い方がわからないときに便利。また入場券は案内所で発売している。

それは釜山まで直行ですか？ Is it direct to Busan?	부산까지 직행입니까？ プサンカジ　ジッケンイムミカ？
慶州までの接続列車はありますか？ Is there a connecting train to Gyeongju?	경주까지 연결하는 환승 기차는 없나요？ キョンジュカジ　ヨンギョルハヌン　ファンスン　キチャヌン　オムナヨ？
乗り換えは必要ですか？ Do I need to change trains?	갈아타야 하나요？ カラタヤ　ハナヨ？
どこで乗り換えればいいですか？ Where should I transfer?	어디서 갈아타면 됩니까？ オディソ　カラタミョン　デムミカ？
途中下車はできますか？ Can I stopover?	도중에 내려도 되나요？ トジュンエ　ネリョド　トェナヨ？
終電は何時ですか？ What time does the last train leave?	마지막 기차는 몇 시입니까？ マジマㇰ　キチャヌン　ミョッシイムミカ？
帰りの切符は何日間有効ですか？ How long is the return ticket good for?	돌아가는 승차권은 며칠간 유효한가요？ トラガヌン　スンチャクォヌン　ミョチㇽガン　ユヒョハンガヨ？
特室／一般室をお願いします First / Standard class, please.	특실 / 일반실로 부탁합니다 トゥッシル／イルバンシルロ　プタカムミダ
予約を変更できますか？ Can I change my reservation (booking)?	예약을 변경할 수 있나요？ イェヤグㇽ　ピョンギョンハㇽ　ス　インナヨ？
13 時発に変更してもらえますか？ Could you change the reservation (booking) to one o'clock?	13 시 출발편으로 변경해 주시겠습니까？ シプサムシ　チュㇽバㇽピョヌロ　ピョンギョンへ　ジュシゲッスムミカ？
取消料はかかりますか？ Is there a cancellation charge?	취소료가 드나요？ チソリョガ　トゥナヨ？
乗り遅れてしまいました。払い戻しはできますか？ I missed the train. Can I get a refund?	기차를 놓쳐 버렸는데요 . 돈으로 돌려받을 수 있나요？ キチャルㇽ　ノッチョボリョッヌンデヨ。トヌロ　トルリョバドゥㇽ　ス　インナヨ？
KR パスで乗車できますか？ Can I use the KR Pass?	KR 패스로 승차할 수 있습니까？ ケイアールペスロ　スンチャハㇽ　ス　イッスムミカ？
あさってから使いたいのですが I'd like to use this from the day after tomorrow.	모레부터 이용하고 싶은데요 モレブト　イヨンハゴ　シプンデヨ

KR パスは韓国の鉄道が乗り放題（地下鉄と首都圏電鉄を除く）の切符。購入は韓国入国前に JR 九州系の旅行会社かインターネットなどで。入国後にパスと引き替える。

プラットホーム／ターミナル

麗水行きは何番線ですか？
여수행은 몇 번선입니까 ?
ヨスヘンウン　ミョッ　ポンソニムミカ？
Which line is for Yeosu?

これは慶州行きですか？
경주행인가요 ?
キョンジュヘンインガヨ？
Does this stop at Gyeongju?

この車両は慶州に行きますか？
이 차량은 경주로 가나요 ?
イ　チャリャンウン　キョンジュロ　カナヨ？
Does this car (coach) stop at Gyeongju?

全州へ行くにはどこで乗り換えるのですか？
전주행은 어디서 갈아타나요 ?
チョンジュヘンウン　オディソ　カラタナヨ？
Where should I change train to Jeongju?

定時に発車しますか？
정시에 출발하나요 ?
チョンシエ　チュルバラナヨ？
Does this leave on time?

乗り越してしまいました
내려야 할 역을 지나쳐 버렸습니다
ネリョヤ　ハル　ヨグル　チナチョ　ボリョッスムミダ
I missed my station.

車中／座席

ここに座ってもいいですか？
여기 앉아도 될까요 ?
ヨギ　アンジャド　トェルカヨ？
May I sit here?

ここは私の席です
여긴 제 자리입니다
ヨギン　チェ　チャリイムミダ
Excuse me, but this is my seat.

窓を開けてもいいですか？
창문을 열어도 될까요 ?
チャンムヌル　ヨロド　トェルカヨ？
May I open the window?

タバコを吸ってもいいですか？
담배 피워도 될까요 ?
タンベ　ピウォド　トェルカヨ？
May I smoke?

荷物を網棚に上げてください
짐을 트렁크에 넣어주세요
チムル　トゥロンクエ　ノオジュセヨ
Could you put the baggage (luggage) on the rack?

席を倒してもいいですか？
등받이를 뒤로 젖혀도 될까요 ?
トゥンバジルル　トゥィロ　ジョッヒョド　トェルカヨ？
May I recline my seat?

韓国では地方線区とソウルを結ぶ直通列車が多く設定されているため、支線に乗り換えるという習慣があまりない。KTX から在来線への乗り換え客も少ないようだ。

長距離バス（乗車時／車中／下車）

公州に着いたら教えてください
Please tell me when we arrive in Gongju.
공주에 도착하면 알려주시겠어요？
コンジュエ　トチャㇰカミョン　アルリョジュシゲッソヨ？

慶州で降りたいのですが
I'd like to get off at Gyeongju.
경주에서 내리고 싶은데요
キョンジュエソ　ネリゴ　シプンデヨ

ここで／次で降ります
I'm getting off here / at the next station.
여기서 / 다음에 내립니다
ヨギソ／タウメ　ネリㇺミダ

荷物をトランクに入れてください
Could you put my baggage (luggage) in the trunk (boot)?
짐을 트렁크에 넣어주세요
チㇺル　トゥロンクエ　ノオジュセヨ

ここに何分間停まりますか？
How long is the stop here?
여기서 얼마나 정차해 있습니까？
ヨギソ　オルマナ　チョンチャヘ　イッスㇺミカ？

どれが光州行きのバスですか？
Which bus goes to Gwangju?
어느 쪽이 광주행 버스입니까？
オヌ　チョギ　クァンジュヘン　ボスイㇺミカ？

トイレに行きたいです
I need to go to the restroom.
화장실에 가고 싶어요
ファジャンシレ　カゴ　シポヨ

バス酔いしたので、袋をください
I feel ill. Please give me a barf bag.
멀미가 나는데, 멀미 봉투를 주시겠어요？
モルミガ　ナヌンデ、モルミ　ポントゥルル　ジュシゲッソヨ？

暖房を／冷房を、弱めて／強めてください
Please turn down / up the heating / cooling.
히터를 / 에어컨을 , 약하게 / 강하게 해주세요
ヒトルル／エオコヌル　ヤッカゲ／カンハゲ　ヘジュセヨ

車内に忘れ物をしました
I left something on the train.
열차에 물건을 놓고 내렸습니다
ヨルチャエ　ムルゴヌル　ノッコ　ネリョッスㇺミダ

荷物を（トランクから）出してください
Would you take out my baggage (luggage)?
짐을 (트렁크에서) 꺼내주세요
チㇺル（トゥロンクエソ）コネジュセヨ

遺失物拾得所はどこですか？
Where's the 'Lost and Found' (lost-property) office?
분실물 찾는 곳은 어디입니까？
プンシルムル　チャンヌン　コスン　オディイㇺミカ？

次のバスは何時発ですか？
What time will the next bus leave?
다음 버스는 몇 시 출발입니까？
タウㇺ　ポスヌン　ミョッ　シ　チュルバリㇺミカ？

市外バスの場合、途中で小さな町を経由する場合が多い。行き先を事前に告げておけば到着時に知らせてくれる。ノンストップ便は직행（チッケン／直行）という。

料理図鑑　緊急事態　基本会話　入出国　移動　観光　ショッピング　宿泊　飲食　通信　交流　ピンチ　日韓辞書　韓日辞書　文法　50音順検索

レンタカー

料理図鑑
緊急事態
基本会話
入出国
移動
観光
ショッピング
宿泊
飲食
通信
交流
ピンチ
日韓辞書
韓日辞書
文法
50音順検索

レンタカー店での手続き

こんにちは　車を貸してください Hello. I'd like to rent (hire) a car.	안녕하세요 , 차를 빌리고 싶은데요 アンニョンハセヨ、 チャルル ピルリゴ シプンデヨ
日本で予約してあります　これがクーポンです I made reservations (bookings) from Japan. Here's my coupon.	일본에서 예약했습니다 . 여기 , 쿠폰이 있습니다 イルボネソ イェヤクヘッスムミダ。 ヨギ、 クポニ イッスムミダ
国際運転免許証を持っています I have an international driver's license.	국제 운전 면허증을 가지고 있습니다 クッチェ ウンジョン ミョンホチュンウル カジゴ イッスンミダ
車種はどんなものがありますか？ What kind of cars do you have?	차종은 어떤 것이 있나요 ? チャジョンウン オトン コシ インナヨ？
料金表を見せてください May I have a price list?	요금표를 보여 주세요 ヨグムピョルル ポヨ ジュセヨ
経済的な車／小型車／中型車をお願いします I'd like an economy / a compact / a midsize car.	저렴한 차 / 소형차 / 중형차로 부탁합니다 チョリョマン チャ／ソヒョンチャ／チュンヒョンチャロ プタカムミダ
マニュアル車／オートマティック車／スポーツカーをお願いします I'd like a manual / an automatic / a sports car.	메뉴얼차 / 오토매틱차 / 스포츠카로 부탁합니다 メニュオルチャ／オトメティクチャ／スポチュカロ プタカムミダ
すべての保険に入ります I'd like full insurance coverage.	모든 보험에 들겠습니다 モドゥン ポホメ トゥルゲッスムミダ
ここにキズが付いています Here's a scratch.	여기에 상처가 나있습니다 ヨギエ サンチョガ ナイッスムミダ
ライトが壊れているようです I think the light is broken.	라이트가 부서져 있는 것 같습니다 ライトゥガ プソジョ インヌン コッ カッスムミダ
クレジットカードでないと借りられませんか？ Do I need a credit card to rent (hire) a car?	크레디트 카드가 아니면 빌릴 수 없나요 ? クレディトゥ カドゥガ アニミョン ピルリル ス オムナヨ？
釜山で乗り捨てできますか？ Can I drop the car off in Busan?	부산에 차를 놔두고 갈 수 있나요 ? プサンエ チャルル ヌァドゥゴ カル ス インナヨ？
ガソリンを満タンにして返すのですか？ Do I need to fill up before returning it?	가솔린을 가득 채워서 돌려드려야 하나요 ? カソルリヌル カドゥク チェウォソ トルリョドゥリョヤ ハナヨ？

韓国で運転するには国際運転免許証が必要。レンタカーのシステムは日本と大差なく、日本の会社と提携している会社もある。空港にもレンタカーデスクは完備。

ドライブ／駐車

道路地図をください
도로 지도를 주시겠어요？
トロ　ジドルル　ジュシゲッソヨ？
May I have a road map?

高速道路にはどこから乗ればいいですか？
고속도로는 어디서 진입하면 됩니까？
コソクトロヌン　オディソ　ジニプパミョン　トェムミカ？
Where can I get on the expressway (the motorway)？

ここに駐車してもいいですか？
여기에 주차시켜도 됩니까？
ヨギエ　ジュチャシキョド　トェムミカ？
May I park the car here?

この近くに駐車場／ガソリンスタンドはありますか？
이 근처에 주차장 / 주유소 없나요？
イ　クンチョエ　ジュチャジャン／ジュユソ　オムナヨ？
Is there a parking lot (car park) / gas (petrol) station near here?

ガソリンスタンド

レギュラー満タンにしてください
레귤러로 가득 채워 주세요
レギュルロロ　カドゥク　チェウォ　ジュセヨ
Fill it up with regular, please.

2万ウォン分入れてください
2 만 원어치 넣어 주세요
イマヌォンオチ　ノオ　ジュセヨ
Twenty thousand Won worth, please.

（セルフサービスでの）給油方法を教えてください
급유하는 방법을 가르쳐 주세요
クビュハヌン　パンボブル　カルチョ　ジュセヨ
How do I use the pump?

車で市街地に入れますか？
차로 시내에 들어갈 수 있나요？
チャロ　シネエ　トゥロガル　ス　インナヨ？
May I drive into downtown?

トラブル／緊急連絡

事故を起こしてしまいました
사고를 내고 말았습니다
サゴルル　ネゴ　マラッスムミダ
I had an accident.

パンクしてしまいました
타이어 펑크입니다
タイオ　プォンクイムミダ
I have a flat tire.

故障してしまいました
고장나 버렸습니다
コジャンナ　ボリョッスムミダ
The car broke down.

下関～釜山の関釜フェリーや博多～釜山のカメリアラインでは乗用車の航送が可能。ただし、各種手続きが必要となるため、詳細は各社に問い合わせたほうがよい。

観光案内所など／地下鉄駅の構内

最寄りの地下鉄駅はどこですか？
Where is the nearest subway (underground) station?
여기서 가장 가까운 지하철역은 어디입니까？
ヨギソ カジャン カカウン チハチョルヨグン オディイムミカ？

地下鉄の路線図をください
May I have a subway (an underground) map?
지하철 노선도를 주시겠어요？
チハチョル ノソンドルル ジュシゲッソヨ？

景福宮の最寄り駅はどこですか？
Which station is the nearest to the Gyeongbokgung?
경복궁에서 가장 가까운 역은 어디입니까？
キョンボックンエソ カジャン カカウン ヨグン オディイムミカ？

仁寺洞に行くのは何号線ですか？
Which line is for Insa-dong?
인사동으로 갈려면 몇 호선을 타야 합니까？
インサドンウロ カリョミョン ミョッ ホソヌル タヤ ハムミカ？

明洞へ行くにはどこで乗り換えればいいですか？
Where should I change trains to get to Myeong-dong?
명동으로 가려면 어디서 갈아타야 합니까？
ミョンドンウロ カリョミョン オディソ ガラタヤ ハムミカ？

切符はどこで買えますか？
Where can I get a ticket?
승차권은 어디서 사야 하나요？
スンチャクォヌン オディソ サヤ ハナヨ？

東大門まで１枚ください
One for Dongdaemun, please.
동대문까지 한 장 주세요
トンデムンカジ ハン ジャン ジュセヨ

交通カードはありますか？
Are there Transportation card?
교통카드 있습니까？
キョトンカドゥ イッスムミカ？

交通カードを払い戻してください
Please refund Transportation card.
교통카드 환불해 주세요
キョトンカドゥ ファンブレ ジュセヨ

終電は何時ですか？
What time is the last train?
막차는 몇 시입니까？
マクチャヌン ミョッ シイムミカ？

龍山駅へ行きますか？
Does this stop at Yongsan?
용산역에 갑니까？
ヨンサンヨゲ カムミカ？

いくつ目の駅ですか？
How many stations to my stop?
몇 번째 역입니까？
ミョッ ポンチェ ヨギムミカ？

徳寿宮への出口はどれですか？
Which exit leads to Toksugung?
덕수궁으로 가는 출구는 어느 쪽입니까？
トクスグンウロ カヌン チュルグヌン オヌ チョギムミカ？

ソウルの交通カード（T money）は地下鉄のほかバスにも使えるICプリペイドカード。1乗車につき₩100の割引もある。購入は駅の窓口や取り扱いLG25（コンビニ）で。

市内バス／中距離バス

(案内所などで)路線図をください
노선도 주시겠어요 ?
ノソンド　ジュシゲッソヨ？
May I have a route map?

バスの中で切符は買えますか？
버스 안에서 승차권을 살 수 있나요 ?
ポス　アネソ　スンチャクォヌル　サル　ス　インナヨ？
Can I buy a ticket on the bus?

明洞行きは、何番のバスですか？
명동행은 몇 번 버스입니까 ?
ミョンドンヘンウン　ミョッ　ポン　ポスイムミカ？
Which bus goes to Myeong-dong?

清涼里行きのバス乗り場はどこですか？
청량리행 버스 정류장은 어디입니까 ?
チョンニャンニヘン　ポス　チョンリュジャンウン　オディイムミカ？
Where can I catch a bus for Cheongnyangni?

梨泰院に行くバスはありますか？
이태원으로 가는 버스가 있나요 ?
イテウォンウロ　カヌン　ポスガ　インナヨ？
Are there any buses bound for Itaewon?

狎鴎亭洞はあちら／こちらですか？
압구정동은 저쪽 / 이쪽입니까 ?
アプクジョンドンウン　ジョチョギ／イチョギムミカ？
Apgujeong-dong is that / this way?

このバスは、金浦空港に停まりますか？
이 버스는 김포공항에서 서나요 ?
イ　ポスヌン　キンポコンハンエソ　ソナヨ？
Does this bus stop at Gimpo airport?

水原までいくらですか？
수원까지 얼마입니까 ?
スウォンカジ　オルマイムミカ？
How much is it to Suwon?

降りるときの合図はどうすればいいですか？
내릴 때는 운전 기사에게 어떻게 알리면 되나요 ?
ネリル　テヌン　ウンジョン　キサエゲ　オットケ　アルリミョン　トェナヨ？
How do I get the driver to stop?

荷物を置かせてください
짐을 여기에 둬도 될까요 ?
チムル　ヨギエ　トゥォド　トェルカヨ？
May I put my baggage (luggage) here?

民俗村に着いたら教えてください
민속촌에 도착하면 알려주시겠어요 ?
ミンソクチョネ　トチャッカミョン　アルリョジュシゲッソヨ？
Please tell me when we get to the Folk village.

このバスは、今何通りを走っていますか？
이 버스는 지금 어디를 달리고 있나요 ?
イ　ポスヌン　チグム　オディルル　タルリゴ　インナヨ？
Where are we now?

降ります！
내립니다 !
ネリムミダ！
I'm getting off!

(降りるとき) すみません、通してください！
죄송합니다 , 내립니다
チェソンハムミダ、ネリムミダ
Let me through, please.

市内バスや中距離バスは先払いが基本。距離により運賃が異なる場合は、乗車時に行き先を告げて所定の運賃を支払う。おつりは出るが₩1万、₩5000紙幣は使えない。

料理図鑑 緊急事態 基本会話 入出国 移動 観光 ショッピング 宿泊 飲食 通信 交流 ピンチ 日韓辞書 韓日辞書 文法 50音順検索

タクシー

タクシー乗り場はどこですか？
택시 승차장은 어디입니까？
テクシ　スンチャジャンウン　オディイムミカ？
Where's the taxi stand?

タクシーはどこで拾えますか？
택시는 어디서 잡을 수 있나요？
テクシヌン　オディソ　チャブル　ス　インナヨ？
Where can I get a taxi?

30分後にタクシーを呼んでください
30 분 뒤에 택시를 불러 주세요
サムシップン　トゥィエ　テクシルル　プルロ　ジュセヨ
Please call a taxi in thirty minutes.
数字 ▶P.236

10時にお願いします
10 시에 부탁합니다
ヨルシエ　プタカムミダ
At ten, please.
時間 ▶P.237

明洞までお願いします
명동까지 가주세요
ミョンドンカジ　カジュセヨ
To Myeong-dong, please.

（地図などを指して）この住所／ここに行ってください
이 주소지 / 여기로 가주세요
イ　ジュソジ／ヨギロ　カジュセヨ
To this address / here, please.

空港までいくらかかりますか？
공항까지 얼마 정도 나오나요？
コンハンカジ　オルマ　ジョンド　ナオナヨ？
How much is it to the airport?

市内まで何分かかりますか？
시내까지 몇 분 정도 걸립니까？
シネカジ　ミョッ　プン　チョンド　コルリムミカ？
How long does it take to the City?

メーターを倒してください
미터기를 눌러 주세요
ミトギルル　ヌルロ　ジュセヨ
Will you start the meter?

車を1日チャーターしたいのですが
차를 하루 빌리고 싶은데요
チャルル　ハル　ピルリゴ　シプンデヨ
I'd like to charter a car for one day.

荷物をトランクに入れてください
짐을 트렁크에 넣어 주세요
チムル　トゥロンクエ　ノオ　ジュセヨ
Could you put my baggage (luggage) in the trunk (boot)?

できるだけ早くお願いします
가능한 한 서둘러 주세요
カヌンハン　ハン　ソドゥルロ　ジュセヨ
Hurry, please.

12時までに行ってください
12 시까지는 도착하게 가주세요
ヨルトゥシカジヌン　トチャカゲ　カジュセヨ
By twelve, please.
時間 ▶P.237

2ヵ所に停まっていただけますか？
두 곳에서 세워 주시겠습니까？
トゥ　ゴセソ　セウォ　ジュシゲッスムミカ？
Could you stop at two places?

韓国のタクシーには模範タクシーと一般タクシーがある。模範タクシーは黒塗りの高級車を使い、運転手への教育も行き届いている。料金はその分高めだが安心。

郵便局経由でお願いします

우체국 경유로 부탁합니다
ウチェグㇰ　キョンユロ　プタカㇺミダ

Via the post office, please.

ちょっと停まってください

잠시 세워 주세요
チャㇺシ　セウォ　ジュセヨ

Stop here, please.

すぐに戻ります

금방 돌아오겠습니다
クㇺバン　トラオゲッスㇺミダ

I'll be right back.

次の角を右／左に曲がってください

다음 코너에서 오른쪽 / 왼쪽으로 꺾어 주세요
タウㇺ　コヌォエソ　オルンチョㇰ／オェンチョグロ　コッコ ジュセヨ

Turn right / left at the next corner.

ゆっくり走ってください

천천히 가주세요
チョンチョニ　カジュセヨ

Could you drive slowly?

ここで停めてください

여기에 세워 주세요
ヨギエ　セウォ　ジュセヨ

Stop here, please.

いくらですか？

얼마입니까？
オㇽマイㇺミカ？

How much is it?

おつりが違います

거스름돈 금액이 틀린데요
コスルㇺトン　クメギ　トゥㇽリンデヨ

You gave me the wrong change.

場所が違います

장소가 틀린데요
チャンソガ　トゥㇽリンデヨ

You took me to the wrong place.

料金がメーターと違います

요금이 미터기에 나온 것과 다릅니다만
ヨグミ　ミトギエ　ナオン　コックァ　タルㇺミダマン

The fare is different from the meter.

渋滞を回避してください

막히지 않는 길로 가주세요
マッキジ　アンヌン　キㇽロ　カジュセヨ

Avoid the traffic jams, please.

違う方向に向かっていませんか？

다른 방향으로 가고 있는 것 아닌가요？
タルン　パンヒャンウロ　カゴ　インヌン　コッ　アニンガヨ？

Aren't you going in the wrong direction?

降りるから停めろ！

내릴거니까 세워요！
ネリㇽコニカ　セウォヨ！

Stop! Let me out!

お金は払いません！

요금은 못 드려요！
ヨグムン　モッ　トゥリョヨ！

I won't pay!

最近では一般タクシーのマナーも向上し、旅行者でも安心して乗れるようになった。ただし、地下鉄終電後は“売り手市場”となるため、何かとトラブルが絶えない。

飛行機

3月25日ソウル発済州行きをお願いします From Seoul to Jeju, on March twenty-fifth, please.	3 월 25 일 서울발 제주행으로 부탁합니다 サムォル　イシボイル　ソウルパル　ジェジュヘンウロ プタカムミダ
空席のある一番早い便をお願いします I'd like the earliest available flight.	자리가 남아 있는 , 가장 빠른 편으로 부탁합니다 チャリガ　ナマ　インヌン、カジャン　パルン　ピョヌロ プタカムミダ
午前便／午後便をお願いします Morning / Afternoon flight, please.	오전편 / 오후편으로 부탁합니다 オジョンピョヌ／オフピョヌロ　プタカムミダ
出発／到着は何時ですか？ What's the departure / the arrival time?	출발 / 도착은 몇 시입니까 ? チュルバル／トチャグン　ミョッ　シイムミカ？
料金はいくらですか？ How much is it?	얼마입니까 ? オルマイムミカ？
空席待ちします Can I get on the waiting list?	자리가 날 때까지 기다리겠습니다 チャリガ　ナルテカジ　キダリゲッスムミダ
何人くらい空席待ちしていますか？ How many people are on the waiting list?	몇 사람 정도 기다리고 있나요 ? ミョッ　サラム　ジョンド　キダリゴ　インナヨ？
予約を変更したいのですが I'd like to change my reservation (booking).	예약을 변경하고 싶습니다만 イェヤグル　ピョンギョンハゴ　シプスムミダマン
もう少し早い／遅い便はありますか？ Are there any earlier / later flights?	좀 더 빠른 / 느린 편은 없나요 ? チョム　ト　パルン／ヌリン　ピョヌン　オムナヨ？
出発の何時間前に空港に行けばいいですか？ How early should I get to the airport?	출발 시각 몇 시간 전까지 공항에 나가면 됩니까 ? チュルバル　シガク　ミョッ　シガン　ジョンカジ　コンハンエ ナガミョン　トェムミカ？
予約の再確認は必要ですか？ Do I need to reconfirm my flight?	예약의 재확인을 해야 하나요 ? イェヤゲ　ジェファギヌル　ヘヤ　ハナヨ？
学生ですが割引はないのですか？ Is there a student discount?	학생입니다만 , 할인은 없나요 ? ハクセンイムミダマン、ハリヌン　オムナヨ？
（旅行会社などで）格安航空券を扱っていますか？ Are there any discount air tickets?	디스카운트 항공권을 취급하고 있습니까 ? ディスカウントゥ　ハンゴンクォヌル　チュィグプパゴ イッスムミカ？
（フライト前日の連絡先は）〇〇ホテルです I'll stay at 〇〇 hotel.	연락처는 〇〇 호텔입니다 ヨンラクチョヌン　〇〇ホテリムミダ

韓国の国内線はソウルを拠点に済州や釜山などへ多くの便が就航している。ソウルの国内線空港は金浦空港なので、仁川空港発着の国内便は極めて少ないことに注意。

3番ゲートはどこですか？
3 번 게이트는 어디입니까 ?
サムボン　ゲイトゥヌン　オディイムミカ？
Where is gate three?

預ける荷物はふたつです
부칠 짐은 두 개입니다
プチル　チムン　トゥ　ゲイムミダ
I'd like to check two pieces of baggage (luggage).

この荷物は預けます
이 짐은 부치겠습니다
イ　チムン　プチゲッスムミダ
I'd like to check this baggage (luggage).

超過料金は取られますか？
초과 요금이 드나요 ?
チョグァ　ヨグミ　トゥナヨ？
Must I pay excess baggage (luggage) charges?

これは機内に持ち込めますか？
이것은 기내에 들고 탈 수 있나요 ?
イゴスン　キネエ　トゥルゴ　タル　ス　インナヨ？
Can I carry this on the plane?

これは壊れ物です
이것은 깨지는 물건입니다
イゴスン　ケジヌン　ムルゴニムミダ
This is fragile.

窓側／通路側の席をお願いします
창 쪽 / 통로 쪽 자리로 부탁합니다
チャン　チョク／トンロ　チョク　ジャリロ　プタカムミダ
A window / An aisle seat, please.

（機内食は）ベジタリアンでお願いします
기내식은 베지터리언으로 부탁합니다
キネシグン　ベジトリオヌロ　プタカムミダ
Vegetarian meal, please.

予約の再確認をお願いします
예약의 재확인을 부탁합니다
イェヤゲ　チェファギヌル　プタカムミダ
I'd like to reconfirm my flight.

（出発日を聞かれて）3月25日です
3 월 25 일입니다
サムォル　イシボイルイムミダ
March twenty-fifth.

月 ▶P.237

（フライトを聞かれて）済州発釜山行き OZ8102 便です
제주발 부산행 OZ8102 편입니다
チェジュバル　プサンヘン　オゼットゥ　パルイルコンイーピョムミダ
OZ8102, from Jeju to Busan.

（名前を聞かれて）地球太郎です
지큐 타로입니다
チキュ　タロイムミダ
My name is Taro Chikyu.

（予約が入っていないと言われて）もう一度確認してください
한 번 더 확인해 주세요
ハン　ボン　ト　ファギンへ　ジュセヨ
Please check it again.

予約を入れ直してください
예약을 다시 해 주세요
イェヤグル　タシ　へ　ジュセヨ
Please make a new reservation (booking).

韓国では電池類の機内持ち込みは厳しく制限されている。発見時は没収となるので、高価なカメラ用電池などはあらかじめ預ける荷物に入れておくように注意したい。

料理図鑑
緊急事態
基本会話
入出国
移動
観光
ショッピング
宿泊
飲食
通信
交流
ピンチ
日韓辞書
韓日辞書
文法
50音順検索

済州島行き１枚お願いします
One-way (Single) to Jeju Island, please.
제주도로 가는 표 한 장 주세요
チェジュドロ　カヌン　ピョ　ハン　ジャン　ジュセヨ

往復で何時間かかりますか？
How long does it take round trip?
왕복 몇 시간 걸리나요？
ワンボク　ミョッ　シガン　コルリナヨ？

次の船は何時ですか？
When is the next ship?
다음 배는 몇 시에 있나요？
タウム　ベヌン　ミョッ　シエ　インナヨ？

鬱陵島まで片道いくらですか？
How much is a one-way (single) trip to Ulleung-do?
울릉도행 편도는 얼마입니까？
ウルルンドヘン　ピョンドヌン　オルマイムミカ？

紅島までフェリーで行けますか？
Can I get to the Hong-do by ferry?
홍도까지 페리로 갈 수 있나요？
ホンドカジ　ペリロ　カル　ス　インナヨ？

１等／２等、寝台／座席室にしてください
First / second , berth / seat the cabin, please.
1 등 /2 등, 침대 / 좌석실로 해주세요
イルドゥン／イドゥン、チムデ／ジャソクシルロ　ヘジュセヨ

ひとり部屋はいくらですか？
How much is a single room?
독방은 얼마입니까？
トクパンウン　オルマイムミカ？

ふたり部屋に替えてください
Please change it to a room for two.
두 사람 방으로 바꿔주세요
トゥ　サラム　パンウロ　パクォジュセヨ

窓のある船室にしてください
I'd like a cabin with a window.
창이 있는 선실로 해주세요
チャンイ　インヌン　ソンシルロ　ヘジュセヨ

食事は付いていますか？
Meals included?
식사는 나오나요？
シクサヌン　ナオナヨ？

船乗り場はどこですか？
Where's the boarding gate?
선착장은 어디입니까？
ソンチャクジャンウン　オディイムミカ？

出港は何時ですか？
What's the departure time?
출항은 몇 시입니까？
チュランウン　ミョッ　シイムミカ？

乗船時間は何時ですか？
What is the boarding time?
승선은 몇 시입니까？
スンソヌン　ミョッ　シイムミカ？

船に酔いました薬をもらえますか？
I feel seasick. May I have some medicine?
배멀미가 납니다. 약 있습니까？
ペモルミガ　ナムミダ。　ヤク　イッスムミカ？

国内航路は仁川、木浦、釜山などから周辺島嶼や済州島へたくさんの便がある。航路の詳細は韓国の月刊時刻表に掲載されている。国際航路は日本以外では中国線が多い。

移動の イレカエ単語

道を尋ねる

右	right	오른	オルン
右側	on the right	오른쪽	オルンチョク
左	left	왼	オェン
左側	on the left	왼쪽	オェンチョク
前方	front	앞쪽	アプチョク
後方	rear	뒷쪽	トゥイッチョク
横	side	옆	ヨプ
こちら側	this side	이쪽	イチョク
向こう側	opposite side	저쪽	チョチョク
街の区画	block	블록	プルロク
通り	avenue / street / boulevard	거리／길	コリ／キル
路地	alley	골목	コルモク
歩道	sidewalk	보도	ポド
交差点	intersection	교차로	キョチャロ
十字路	crossroads	십자로／사거리	シプチャロ／サゴリ
踏切	railway crossing	건널목	コンノルモク
橋	bridge	다리	タリ
信号	traffic lights	신호	シノ
警察署	police station	경찰서	キョンチャルソ
教会	church	교회	キョフェ
大学	college / university	대학	テハク
商店街	shopping street / shopping center	상점가	サンジョムガ
広場	square	광장	クァンジャン
噴水	fountain	분수	プンス
競技場	stadium	경기장	キョンギジャン
市庁	city hall	시청	シチョン
市場	market place	시장	シジャン
海岸	beach / seacoast / seashore	해안	ヘアン
繁華街	downtown	번화가	ポヌァガ

乗り物／駅

タクシー乗り場 taxi stand	➡	택시타는 곳 テクシタヌン コッ
バス停 bus stop	➡	버스정류장 ポスジョンリュジャン
地下鉄駅 subway (underground) station	➡	지하철역 チハチョルヨク
鉄道駅 railway station	➡	철도역 チョルドヨク
バスターミナル bus terminal	➡	버스터미널 ポストミノル
チケット売り場 ticket office	➡	표 파는 곳 ピョ パヌン コッ
切符 ticket	➡	표 ピョ
（交通カードの）チャージ charging	➡	충전 チュンジョン
改札口 gate	➡	개찰구 ケチャルグ
精算所 excess fare window	➡	정산하는 곳 チョンサンハヌン コッ
案内所 information	➡	안내소 アンネソ
入口 entrance	➡	입구 イプグ
出口 exit	➡	출구 チュルグ
料金不足 short paid	➡	요금부족 ヨグムブジョク
始発電車 first train	➡	첫 차 チョッ チャ
終電 last train	➡	막 차 マク チャ
寝台車 sleeper	➡	침대차 チムデチャ
寝台券 berth ticket	➡	침대권 チムデクォン
～経由 via	➡	경유 キョンユ
手荷物一時預かり所 checkroom	➡	수하물 임시보관소 スハムル イムシボグァンソ
コインロッカー coin-operated locker	➡	코인로커/보관함 コインロコ／ポグァンハム
回送車 out-of-service car	➡	회송차 フェソンチャ
空車 vacant	➡	빈차 ピンチャ

レンタカー

走行距離無制限 free mileage	➡	주행거리무제한 チュヘンコリムジェハン
ガス欠 out of gas	➡	기름이 떨어지다 キルミ トロジダ
タイヤ交換 repair the tire	➡	타이어교환 タイオキョホァン
徐行 slow down	➡	서행 ソヘン
四輪駆動車 four-wheel-drive car	➡	사륜구동차 サリュンクドンチャ
ワゴン車 station wagon	➡	웨건차 ウェゴンチャ
（高速道路などの）料金所 tollgate	➡	요금내는 곳 ヨグムネヌン コッ

観光

남자
여자
やっとトイレ発見!!

丸いのは女っぽいから…
男はこっちだー!! たぶん…

よかった…。

!
注
「男・女」のハングルは覚えておこう。
紙が個室になくて入口に巨大ロールが設置されているところでは先にちぎって個室に向かうべし!

観光
使える
10
これで完璧！
フレーズ

1 ここは何という通りですか？

이 거리 이름이 뭐죠?
イ　コリ　イルミ　ムォジョ？

What's this street?

2 宗廟へはこの道であっていますか？

이 길이 종묘로 가는 길 맞나요?
イ　キリ　チョンミョロ　カヌン　キル　マンナヨ？

Is this the right way to Jongmyo?

3 観光案内所はどこですか？

관광 안내 센터는 어디에 있습니까?
クァングァン　アンネ　セントヌン　オディエ　イッスムミカ？

Where is the tourist information center (centre)?

4 無料の市街図をください

무료 시내 안내도를 주시겠어요?
ムリョ　シネ　アンネドルル　ジュシゲッソヨ？

Please give me a free city map.

5 国立博物館に行きたいのですが

국립 박물관에 가고 싶습니다만
クンニプ　パンムルグァネ　カゴ　シプスムミダマン

I'd like to visit the National Museums.

ソウルや釜山だけではなく、地方都市でも観光客が多く集まるスポットには観光案内所が設置されている。案内所では無料の地図や観光パンフレットなどがもらえるほか、観光地への行き方やおすすめスポットなどを教えてくれるので利用しない手はない。外国語が通じるかはケースバイケースだが、日本人が多い場所では日本語OKの案内所も多い。

6 地図で場所を教えてください

지도에서 장소를 가르쳐 주세요
チドエソ　ジャンソルル　カルチョ　ジュセヨ

Please show me on this map.

7 開館は／閉館は何時ですか？

개관은/폐관은 몇 시 입니까?
ケグァヌン／ペェグァヌン　ミョッ　シ　イムミカ？

What time does it open / close?

8 写真を撮っていただけますか？

사진 좀 찍어 주시겠습니까?
サジン　チョム　チゴ　ジュシゲッスムミカ？

Could you take a picture of us?

9 この服装で入れますか？

이 복장으로 들어갈 수 있나요?
イ　ポクジャンウロ　トゥロガル　ス　インナヨ？

Can I enter dressed like this?

10 チケット1枚ください

티켓 한 장 주세요
ティケッ　ハン　ジャン　ジュセヨ

One ticket, please.

場所探しと予約

街角で道を尋ねる

ここは何という通りですか？
What's this street?
이 거리 이름은 뭐라고 하나요 ?
イ コリ イルムン ムォラゴ ハナヨ？

○○へはこの道であっていますか？
Is this the right way to ○○ ?
이 길이 ○○로 가는 길 맞나요 ?
イ キリ ○○ロ カヌン キル マンナヨ？

国立博物館にはどうやって行けばいいですか？
How can I get to the National Museum?
국립 박물관으로 가려면 어떻게 가야 하나요 ?
クンニプ パンムルグァヌロ カリョミョン オットケ カヤ ハナヨ？

最寄りの地下鉄駅はどこですか？
Where is the nearest subway (underground) station?
가장 가까이에 있는 지하철역은 어디입니까 ?
カジャン カカイエ インヌン ジハチョルヨグン オディイムミカ？

この住所に行きたいのですが
I'd like to go to this address.
이 주소지로 가고 싶습니다만
イ ジュソジロ カゴ シプスムミダマン

近くに郵便局は／銀行は／公衆トイレは／公衆電話はありますか？
Is there a post office / bank / public lavatory / pay phone near here?
근처에 우체국이 / 은행이 / 공중 화장실이 / 공중 전화가 있나요 ?
クンチョエ ウチェグギ／ウンヘンイ／コンジュン ファジャンシリ／コンジュン ジョヌァガ インナヨ？

（地図を見せながら）現在位置を教えてください
Where am I on this map?
이곳의 현재 위치가 어디인지 가르쳐 주시겠습니까 ?
イゴセ ヒョンジェ ウィチガ オディインジ カルチョ ジュシゲッスムミカ？

歩いてどれくらいかかりますか？
How long does it take on foot?
걸어서 어느 정도 거리인가요 ?
コロソ オヌ ジョンド コリインガヨ？

観光案内所

観光案内所はどこですか？
Where is the tourist information center (centre)?
관광 안내소는 어디에 있습니까 ?
クァングァン アンネソヌン オディエ イッスムミカ？

すみません、無料の市街図をもらえますか？
Excuse me. May I have a free city map?
죄송합니다만 , 무료 시내 지도를 얻을 수 있을까요 ?
チェソンハムミダマン、ムリョ シネ ジドルル オドゥル ス イッスルカヨ？

この町の観光パンフレットはありますか？
Do you have sightseeing brochures of this town?
이 동네의 관광 팜플렛 있습니까 ?
イ トンネエ クァングァン パンプルレッ イッスムミカ？

地下鉄／バスの路線図はありますか？
Do you have subway (underground) / bus maps?
지하철 / 버스 노선도 있습니까 ?
チハチョル／ポス ノソンド イッスムミカ？

局番なしの 1330 をプッシュすると最寄りの観光案内所につながり、無料で観光案内サービスが受けられる。市外局番＋ 1330 でその地方の観光案内所につながる。

この町／郊外の見どころを教えてください

Please tell me the best places to visit in this town / the suburbs.

이 동네 / 교외의 가 볼만한 곳을 가르쳐 주세요

イ トンネ／キョオェエ カ ポルマンハン コスル カルチョ ジュセヨ

おすすめの場所はどこですか？

Which places do you recommend?

추천해주실만한 곳은 어디인가요 ?

チョチョンヘジュシルマンハン コスン オディインガヨ？

地図で場所を教えてください

Please draw it on this map.

지도상에서 장소를 가르쳐 주세요

チドサンエソ ジャンソルル カルチョ ジュセヨ

ここから歩いて行けますか？

Can I walk from here?

여기서 걸어서 갈 수 있나요 ?

ヨギソ コロソ カル ス インナヨ？

開館は／閉館は何時ですか？

What time does it open / close?

개관은 / 폐관은 몇 시입니까 ?

ケグァヌン／ペェグァヌン ミョッ シイムミカ？

休館日はいつですか？

What day are they closed?

휴관일은 언제입니까 ?

ヒュグァニルン オンジェイムミカ？

日帰りで行けるところを教えてください

Where can I go for a day trip?

당일로 다녀올 수 있는 곳을 가르쳐 주세요

タンイルロ タニョオル ス インヌン コッスル カルチョ ジュセヨ

遊覧船の乗り場はどこですか？

Where can I take the pleasure boat?

유람선 선착장은 어디입니까 ?

ユラムソン ソンチャクチャンウン オディイムミカ？

半日／1日ツアーはありますか？

Are there any half day / one day tours?

반나절 / 1 일 투어는 있나요 ?

パンナジョル／イリル トゥオヌン インナヨ？

電話で見学の予約を入れる

もしもし、見学の予約をしたいのですが

Hello, I'd like to make a reservation (booking) for a tour.

여보세요 , 견학 예약을 하고 싶은데요

ヨボセヨ、 キョンハク イェヤグル ハゴ シプンデヨ

7月30日にお願いします

I'd like to book for July thirtieth.

7 월 30 일로 부탁합니다

チルォル サムシビルロ プタカムミダ

数字 ▶P.236

（満員の場合）いつなら空きがありますか？

When is the next available reservation (booking)?

예약 가능한 날은 언제인가요 ?

イェヤク カヌンハン ナルン オンジェインガヨ？

何時に行けばいいですか？

What time should I be there?

몇 시에 가면 되나요 ?

ミョッ シエ カミョン トェナヨ？

韓国の博物館などの開館時間は一般的に3月から10月までは9：00～17：00、11月から2月までは9：00～16：00。入場終了は閉館一時間前が標準。

入場料／切符の購入

切符売り場はどこですか？
Where can I get a ticket?
표 파는 곳은 어디입니까 ?
ピョ　パヌン　コスン　オディイムミカ？

あなたが列の最後ですか？
Is this the end of the line (gueue)?
여기가 줄의 끝인가요 ?
ヨギガ　ジュレ　クッチンガヨ？

この列に並んでいますか？
Are you in this line (gueue)?
이 줄에 서 계신 건가요 ?
イ　チュレ　ソ　ゲシン　コンガヨ？

入場料はいくらですか？
How much is the admission fee?
입장료는 얼마입니까 ?
イプチャンリョヌン　オルマイムミカ？

学生割引はありますか？
Are there any student discounts?
학생 할인 되나요 ?
ハクセン　ハリン　トェナヨ？

国際学生証を持っています
I have an international student identification card.
국제 학생증을 가지고 있습니다
ククチェ　ハクセンチュンウル　カジゴ　イッスムミダ

学生／大人１枚お願いします
One student / adult, please.
학생 / 어른 1 장 주세요
ハクセン／オルン　ハンジャン　ジュセヨ

特別展は別料金ですか？
Does the special exhibition cost extra?
특별전은 별도 요금인가요 ?
トゥッピョルジョヌン　ビョルト　ヨグミンガヨ？

今日は何時まで開いていますか？
What time does it close today?
오늘은 몇 시까지 여나요 ?
オヌルン　ミョッ　シカジ　ヨナヨ？

最終入場時間は何時ですか？
When is the last entrance time?
마지막 입장 시간은 몇 시입니까 ?
マジマク　イプチャン　シガヌン　ミョッ　シイムミカ？

無料のパンフレットはありますか？
Do you have free brochures?
무료 팜플렛 있습니까 ?
ムリョ　パンプルレッ　イッスムミカ？

１枚いただけますか？
May I have one?
1 장 주시겠어요 ?
ハンジャン　ジュシゲッソヨ？

館内の案内図はありますか？
Do you have maps for the inside of the building?
관내 안내도 있습니까 ?
クァンネ　アンネド　イッスムミカ？

これは有料ですか？
Is there a charge?
이건 판매하는 건가요 ?
イゴン　パンメハヌン　コンガヨ？

韓国では博物館や公園の入場料金が相次いで値下げされている。なかには無料化されたところも。文化福祉政策の一環というが、旅行者にとってもありがたいことだ。

オーディオガイドを貸してください
오디오 가이드를 빌려주세요
オディオ　ガイドゥルル　ピルリョジュセヨ
Please lend me an audio guide.

日本語のものをお願いします
일본어로 된 것으로 부탁합니다
イルボノロ　トェン　コスロ　プタカムミダ
Japanese-language version, please.

使い方を教えてください
사용법을 가르쳐 주세요
サヨンボブル　カルチョ　ジュセヨ
How do I use this?

ガイドブックはありますか？
가이드북 있습니까 ?
ガイドゥブク　イッスムミカ？
Do you have guidebooks?

日本語／英語ガイドツアーはありますか？
일본어 / 영어 가이드 투어는 있습니까 ?
イルボノ／ヨンオ　ガイドゥ　トゥオヌン　イッスムミカ？
Are there any tours with Japanese-speaking / English-speaking guides?

それはいくらですか？
그건 얼마죠 ?
クゴン　オルマジョ？
How much is it?

スケジュールを教えてください
스케줄을 가르쳐 주세요
スケジュルル　カルチョ　ジュセヨ
Please tell me the schedule.

次回は何時からですか？
다음은 몇 시부터인가요 ?
タウムン　ミョッ　シブトインガヨ？
What time does the next one start?

時間はどれくらいかかりますか？
시간은 어느 정도 걸리나요 ?
シガヌン　オヌ　ジョンド　コルリナヨ？
How long does it take?

どこから出発ですか？
어디에서 출발합니까 ?
オディエソ　チュルバルハムミカ？
Where does it start?

パレード／ショーは何時からですか？
퍼레이드 / 쇼는 몇 시부터입니까 ?
ポレイドゥ／ショヌン　ミョッ　シブトイムミカ
What time does the parade / show start?

どこで見られますか？
어디에서 볼 수 있나요 ?
オディエソ　ポル　ス　インナヨ？
Where can I see it?

荷物を預けたいのですが
짐을 맡기고 싶습니다만
チムル　マッキゴ　シプスムミダマン
May I leave my bag here?

入口はどこですか？
입구는 어디입니까 ?
イプクヌン　オディイムミカ？
Where's the entrance?

外国人観光客が多い施設では外国語オーディオガイドを貸し出していたり、展示解説に日本語や英語が入っていたりするケースが多く、理解が深まる。

施設や敷地内で

高麗青磁はどこにありますか？

고려청자는 어디에 있나요？
コリョチョンジャヌン　オディエ　インナヨ？

Where's the celadon porcelains of Koryo Dynasty.

（ガイドブックなどを指さして）これはどこにありますか？

이건 어디에 있나요？
イゴン　オディエ　インナヨ？

Where's this?

これは誰の作品ですか？

이건 누구의 작품인가요？
イゴン　ヌグエ　ジャㇰプミンガヨ？

Whose work is this?

あれは何ですか？

저건 무엇인가요？
チョゴン　ムオッシンガヨ？

What's that?

この作品は何という名前ですか？

이 작품명은 뭔가요？
イ　ジャㇰプムミョンウン　ムォンガヨ？

What is this called?

（宮殿・城などで）この部屋は何といいますか？

이 방은 뭐라고 부르나요？
イ　パンウン　ムォラゴ　ブルナヨ？

What is this room called?

何年に造られましたか？

몇 년에 만들어졌나요？
ミョッ　ニョネ　マンドゥロジョンナヨ？

When was it built?

いつ頃の時代のものですか？

어느 시대의 것인가요？
オヌ　シデエ　コシンガヨ？

How old is this?

これは何世紀のものですか？

이것은 몇 세기의 것인가요？
イゴスン　ミョッ　セギエ　コシンガヨ？

What century is this from?

何様式ですか？

무슨 양식인가요？
ムスン　ヤンシギンガヨ？

What style is this?

誰が建てたのですか？

누가 지었나요？
ヌガ　ジオンナヨ？

Who built this?

これはどれくらいの高さ／広さですか？

이것은 어느 정도의 높이 / 넓이인가요？
イゴスン　オヌ　チョンドエ　ノピ／ノルビインガヨ？

How tall / large is this?

一番の見どころはどこですか？

가장 볼만한 곳은 어디인가요？
カジャン　ポルマンハン　コスン　オディインガヨ？

What is the single most important point?

順路はこちらですか？

다음 경로는 이쪽인가요？
タウム　キョンロヌン　イチョギンガヨ？

Is this the usual route?

世界遺産にも登録されたソウルの昌徳宮は日本語のほか英語、中国語、韓国語のツアーに参加してガイド付きで見学するシステム。ツアーには時間指定があるので注意。

料理図鑑　緊急事態　基本会話　入出国　移動　観光　ショッピング　宿泊　飲食　通信　交流　ピンチ　日韓辞書　韓日辞書　文法　50音順検索

階段はどこにありますか？
계단은 어디에 있나요？
ケダヌン　オディエ　インナヨ？
Where are the stairs?

（古い楼閣などで）
登ることはできますか？
올라가 볼 수 있나요？
オルラガ　ボル　ス　インナヨ？
May I go up?

（遺跡などで）
ここは入れますか？
들어가 볼 수 있나요？
トゥロガ　ボル　ス　インナヨ？
May I go in?

（展示品に）
触ってもいいですか？
만져봐도 되나요？
マンジョボァド　トェナヨ
May I touch it?

ミュージアムショップは
どこですか？
뮤지엄숍은 어디에 있나요？
ミュジオムショブン　オディエ　インナヨ？
Where is the museum shop?

カフェテリアはありますか？
카페테리아는 있나요？
カペテリアヌン　インナヨ？
Is there a cafeteria?

休憩できる場所はあります
か？
쉴 수 있는 곳이 있나요？
シュィル　ス　インヌン　コシ　インナヨ？
Is there a place to rest?

喫煙所はありますか？
흡연할 수 있는 곳이 있나요？
フビョンハル　ス　インヌン　コシ　インナヨ？
Is there a smoking area?

トイレはどこですか？
화장실은 어디인가요？
ファジャンシルン　オディインガヨ？
Where's the rest room?

どなたか（トイレに）
入ってますか？
누가 안에 계신가요？
ヌガ　アネ　ケシンガヨ？
Anybody?

出口はどこですか？
출구는 어디인가요？
チュルグヌン　オディインガヨ？
Where's the exit?

再入場できますか？
재입장할 수 있나요？
チェイプチャンハル　ス　インナヨ？
Can I reenter?

荷物を返してもらえますか？
맡긴 짐을 돌려 주시겠어요？
マッキン　チムル　トルリョ　ジュシゲッソヨ？
May I have my bag?

オーディオガイドは
どこで返せばいいですか？
오디오 가이드는 어디에 반납하면
되나요？
オディオ　ガイドゥヌン　オディエ　バンナパミョン
トェナヨ？
Where should I return the audio
guide?

韓国では公共施設の禁煙化が急速に進んでいる。博物館や美術館などはほぼ例外なく全館禁煙なので注意が必要。喫煙所は屋外に設置されているケースが多い。

写真やビデオの撮影

ここで写真を撮ってもいいですか？
May I take pictures here?
여기서 사진을 찍어도 될까요？
ヨギソ　サジヌル　チゴド　トェルカヨ？

ビデオ撮影してもいいですか？
May I use a video camera?
비디오 촬영을 해도 될까요？
ビディオ　チャリョンウル　ヘド　トェルカヨ？

写真撮影のポイントはどこですか？
Which spot is good for pictures?
사진 촬영하기 좋은 장소는 어디인가요？
サジン　チャリョンハギ　チョウン　ジャンソヌン　オディインガヨ？

フラッシュを焚いてもいいですか？
Can I use a flash?
플래시를 사용해도 될까요？
プルレシルル　サヨンヘド　トェルカヨ？

すみません、私たちの写真を撮ってもらえませんか？
Excuse me, can you take our picture?
죄송하지만，사진 좀 찍어 주시겠습니까？
チョェソンハジマン、サジン　チョム　チゴ　ジュシゲッスムミカ？

（カメラを手渡しながら）ここを押すだけです
Just press this.
여기를 누르기만 하면 됩니다
ヨギルル　ヌルギマン　ハミョン　トェンミダ

あの建物を入れてください
With that building, please.
저 건물을 같이 넣어주세요
チョ　コンムルル　カチ　ノオジュセヨ

もう１枚お願いします
Please take one more.
１장 더 부탁합니다
ハンジャン　ト　プタカムミダ

一緒に写りませんか？
Let's take a picture together.
같이 찍지 않으시겠어요？
カチ　チクチ　アヌシゲッソヨ？

あなたを撮ってもいいですか？
May I take your picture?
당신을 찍어도 되겠습니까？
タンシヌル　チゴド　トェゲッスムミカ？

写真をお撮りしましょうか？
Shall I take your picture?
사진 찍어 드릴까요？
サジン　チゴ　トゥリルカヨ？

じゃ、撮りま～す！
Say cheese!
자，찍습니다！
チャ、チクスムミダ！

笑って！
Smile!
웃어요！
ウッソヨ！

写真ができたら送ります
I'll send you a copy later.
사진이 나오면 보내 드리겠습니다
サジニ　ナオミョン　ポネ　ドゥリゲッスムミダ

ソウルでは南大門や東大門などの歴史的建造物の写真がきれいに撮れるスペースを整備して「フォトアイランド」と名前を付けている。順次増える予定だ。

住所を教えてください

주소를 가르쳐 주세요
チュソルル　カルチョ　ジュセヨ

Please tell me your address.

メールアドレスはありますか？

메일 주소 (어드레스) 있으세요 ?
メイル　ジュソ（オドゥレス）イッスセヨ？

Do you have an e-mail address?

どうもありがとう

감사합니다
カムサハムミダ

Thanks a lot.

写真の現像所はどこですか？

현상소는 어디에 있습니까 ?
ヒョンサンソヌン　オディエ　イッスムミカ？

Where is a photo shop?

現像をお願いします

현상해 주세요
ヒョンサンへ　ジュセヨ

Can you develop pictures?

いつできあがりますか？

언제 나오나요 ?
オンジェ　ナオナヨ？

When will it be ready?

焼き増しをお願いします

몇 장 더 뽑아주세요
ミョッ　チャン　ト　ポバジュセヨ

I'd like some additional copies.

フィルムはどこで売っていますか？

필름은 어디서 파나요 ?
ピルルムン　オディソ　パナヨ？

Where can I get films?

[36 枚] 撮りのフィルムを1本ください

[36 장] 짜리 필름 한 통 주세요
[ソルンヨソッチャン] チャリ　ピルルム　ハン　トン　ジュセヨ

A thirty-six-exposure roll, please.

数字 ▶P.236

電池をください

건전지 주세요
コンジョンジ　ジュセヨ

I'd like some batteries.

これ（コンパクトフラッシュなど）と同じものはありますか？

이것과 같은 것 있습니까 ?
イゴックァ　カトゥン　コッ　イッスムミカ？

Do you have the same thing as this?

カメラが壊れました

카메라가 고장났습니다
カメラガ　コジャンナッスムミダ

My camera has broken.

カメラ店はどこにありますか？

카메라점은 어디에 있나요 ?
カメラジョムン　オディエ　インナヨ？

Where is a camera store?

カメラを修理してもらえますか？

카메라를 수리할 수 있을까요 ?
カメラルル　スリハル　ス　イッスルカヨ？

Can I have this camera repaired?

軍事上や治安上の理由で地下鉄や地下街、鉄道駅や空港の無許可撮影は禁止。現在ではスナップ程度なら問題ないが、1眼レフなどで本格的に撮っていると制止される。

記念品やみやげを買う

絵ハガキはありますか？
Do you have postcards?
그림엽서 있습니까？
クリムヨプソ　イッスムミカ？

この美術館のオリジナルグッズはありますか？
Are there any original goods from this museum?
이 미술관의 고유 상품 있나요？
イ　ミスルグァネ　コユ　サンプム　インナヨ？

この美術館の展示作品集はありますか？
Are there gallery catalogs?
이 미술관의 전시작품집 있나요？
イ　ミスルグァネ　ジョンシジャクプムジプ　インナヨ？

韓国画の画集はありますか？
Are there any books of Korean traditional paintings?
한국화의 화집 있나요？
ハングクファエ　ファジプ　インナヨ？

新羅金冠のレプリカはありますか？
Are there any replicas of the gold crown of Silla?
신라금관의 레플리카 있나요？
シルラクムグァネ　レプルリカ　インナヨ？

この土地の名産品は何ですか？
What is the specialty of this region?
이 지역의 명산품은 무엇인가요？
イ　チヨゲ　ミョンサンプムン　ムオッシンガヨ？

おすすめは何ですか？
What do you recommend?
권해주실만한 것은 무엇인가요？
クォネジュシルマナン　コスン　ムオッシンガヨ？

人気のみやげは何ですか？
What's a popular souvenir?
인기 있는 기념품은 무엇인가요？
インキ　インヌン　キニョンプムン　ムオッシンガヨ？

何でできていますか？
What is this made of?
무엇으로 만들어진 것인가요？
ムオッスロ　マンドゥロジン　コッシンガヨ？

どうやって使うのですか？
Please tell me how to use this.
어떻게 쓰는 건가요？
オットケ　スヌン　コンガヨ？

手に取ってもいいですか？
May I hold it?
만져봐도 될까요？
マンジョボァド　トェルカヨ？

これは日本に持ち帰れますか？
Can I take this back to Japan?
일본에 가져가는데 문제는 없나요？
イルボネ　カジョガヌンデ　ムンジェヌン　オムナヨ？

いくらですか？
How much?
얼마입니까？
オルマイムミカ？

これにします
I'll take this.
이걸로 주세요
イゴルロ　ジュセヨ

ミュージアムショップにはみやげもののほか、一般書店では販売していない画集や絵ハガキ、展示カタログなどが販売されている。興味があれば立ち寄ってみよう。

きつく断る

あっちに行ってください！
저리 가세요 !
チョリ　カセヨ！
Go away!

ついて来ないで！
따라오지 말아요 !
タラオジ　マラヨ！
Stay away!

要りません！
필요 없어요 !
ピリョ　オプソヨ！
I don't need it.

やめてください！
그만 하세요 !
クマン　ハセヨ！
Stop it!

ほかをあたってください！
딴데 가보세요 !
タンデ　カボセヨ！
Ask somebody else!

優しく断る／応対する

お金を持っていません
돈이 없어요
トニ　オプソヨ
I don't have money.

韓国語がわかりません（と言いながら逃げる）
한국말 못해요
ハングンマル　モッテヨ
I don't understand Korean.

それさっき買いました
그거 좀전에 샀어요
クゴ　チョムジョネ　サッソヨ
I just bought one.

もう持っています
가지고 있어요
カジゴ　イッソヨ
I already have one.

明日買うつもりです
내일 살게요
ネイル　サルケヨ
Maybe tomorrow.

ごめんなさい、さようなら
미안합니다, 안녕히 (계세요)
ミアンハムミダ、アンニョンヒ（ケセヨ）
You'll have to excuse me. Goodbye.

仕方ないなあ
할 수 없군요
ハル　ス　オプクニョ
You win.

韓国旅行ではしつこい物売りに出会うことはあまりないが、ソウルの南大門市場や梨泰院では客引きがしつこいという声を聞く。いらないときははっきり断ろう。

劇場／映画館の場所探しと予約

この町の催し物の情報誌はありますか？
Are there any informational magazines of the events in this town?
이 동네의 볼거리를 안내한 정보지가 있나요 ?
イ　ドンネエ　ポルコリルル　アンネハン　ジョンボジカ　インナヨ？

無料の情報紙（フリーペーパー）はありますか？
Are there any free papers?
무료 정보지 있습니까 ?
ムリョ　ジョンボジ　イッスムミカ？

この近くに『シネ21』を売っている店はありますか？
Which store can I get "Cine21"?
근처에 '씨네 21' 을 팔고 있는 가게 있나요 ?
クンチョエ　'シネイシビル' ルル　パルゴ　インヌン　カゲ　インナヨ？

今人気がある芝居は何ですか？
What play is popular now?
지금 인기 있는 연극은 무엇인가요 ?
チグム　インキ　インヌン　ヨンググン　ムオシンガヨ？

主演は／演出は誰ですか？
Who's starring in that? / Who directed (produced) that?
주연은 / 연출은 누구인가요 ?
チュヨヌン／ヨンチュルン　ヌグインガヨ？

コンサートに行きたいのですが何かありますか？
I'd like to go to a concert. Do you know of any?
콘서트에 가고 싶습니다만 , 어떤 것이 있나요 ?
コンソトゥエ　カゴ　シプスムミダマン、オトン　コシ　インナヨ？

今晩／明日、韓国伝統舞踊が鑑賞できるところはありますか？
Where can I enjoy a Korean traditional dance performance tonight / tomorrow?
오늘 밤 / 내일 한국전통무용을 감상할 수 있는 곳이 있나요 ?
オヌル　パム／ネイル、ハングクジョントンムヨンウル　カムサンハル　ス　インヌン　コシ　インナヨ？

野外コンサートはありますか？
Are there any outdoor concerts?
야외 콘서트는 있나요 ?
ヤウェ　コンソトゥヌン　インナヨ？

演目は何ですか？
What is the program?
프로그램 내용은 어떤 것인가요 ?
プログレム　ネヨンウン　オトン　コシンガヨ？

劇場の場所はどこですか？
Where's the theater (theatre)?
극장은 어디에 있습니까 ?
ククチャンウン　オディエ　イッスムミカ？

貞洞劇場では今何を上演していますか？
What's playing at the Jeong-dong Theater?
정동극장에서는 지금 무엇을 상연하고 있습니까 ?
チョンドンククジャンエソヌン　ジグム　ムオッスル　サンヨンハゴ　イッスムミカ？

どの劇場が比較的空いていますか？
Which theater (theatre) is less crowded?
어느 극장이 비교적 한산한가요 ?
オヌ　ククチャンイ　ピギョジョク　ハンサンハンガヨ？

今一番人気の映画は何ですか？
What is the most popular movie now?
지금 가장 인기 있는 영화는 무엇인가요 ?
チグム　カジャン　インキ　インヌン　ヨンファヌン　ムオシンガヨ？

どの映画館で観られますか？
Which movie theater (cinema) can I see that?
어느 극장에서 상영하고 있나요 ?
オヌ　ククチャンエソ　サンヨンハゴ　インナヨ？

催し物情報は大型書店のプレイガイドなどで入手できる。韓国語がある程度できれば映画雑誌などからも拾える。外国人向けのショーなどはコンシェルジュに聞こう。

チケットはどこで買えますか？
티켓은 어디서 사면 되나요 ?
ティケスン　オディソ　サミョン　トェナヨ？
Where can I get a ticket?

チケットを安く買える店はありますか？
티켓을 싸게 살 수 있는 곳이 있나요 ?
ティケスル　サゲ　サル　ス　インヌン　コシ　インナヨ？
Where can I get a ticket cheaper?

今晩のチケットを取れるでしょうか？
오늘 밤의 티켓을 구할 수 있을까요 ?
オヌル　パメ　ティケスル　クハル　ス　イッスルカヨ？
Are there any seats for tonight?

伝統音楽／ジャズのライブが聴ける店はありますか？
전통음악 / 재즈 라이브를 들을 수 있는 가게가 있나요 ?
チョントンウマク／チェズ　ライブルル　トゥルル　ス　インヌン　カゲガ　インナヨ？
Where can I enjoy traditional music / jazz live?

おすすめの店を教えてください
권해주실만한 가게는 어디인가요 ?
クォネジュシルマナン　カゲヌン　オディインガヨ？
Would you recommend?

本格的な伝統舞踊が観られる店を教えてください
정식 전통무용을 볼 수 있는 가게를 가르쳐 주세요
チョンシクジョントンムヨンウル　ボル　ス　インヌン　カゲルル　カルチョ　ジュセヨ
Where can I enjoy an authentic traditional dance performance?

何時頃店に行くのがいいですか？
몇 시쯤에 가게로 가면 됩니까 ?
ミョッ　シチュメ　カゲロ　カミョン　トェンミカ？
What time shall I go?

食事もそこでできますか？
거기서 식사도 할 수 있나요 ?
コギソ　シクサド　ハル　ス　インナヨ？
Can I also have a meal there?

ショー／ミュージカル鑑賞ツアーはありますか？
쇼 / 뮤지컬 감상 투어는 있습니까 ?
ショ／ミュジコル　カムサン　トゥオヌン　イッスムミカ？
Are there any show / musical tours?

（鑑賞ツアーでは）どんなショーが観られますか？
그것은 어떤 쇼죠 ?
クゴスン　オトン　ショジョ？
What kind of shows can I see?

何時開始ですか？
몇 시에 시작합니까 ?
ミョッ　シエ　シジャカムミカ？
What time does it start?

食事付きですか？
식사 포함인가요 ?
シクサ　ポハミンガヨ？
Is it with a meal?

この服装でも大丈夫ですか？
이 복장으로도 괜찮습니까 ?
イ　ポクチャンウロド　ケンチャンスムミカ？
Can I go dressed like this?

劇場見学のツアーはありますか？
극장견학의 투어는 있습니까 ?
ククチャンキョンハゲ　トゥオヌン　イッスムミカ？
Are there any backstage tours of the theater (theatre)?

韓国は日本と同様、演劇やコンサートに堅苦しいドレスコードはない。ただ、格式高い会場では短パンやTシャツといったあまりにもラフな格好では浮いてしまうだろう。

劇場／映画館で切符を購入

劇場の切符売り場

『ナンタ』を観たいのですが今晩の席は取れますか？ I'd like to see "NANTA". Are there any seats for tonight?	「난타」를 보고 싶은데요 , 오늘밤 자리가 있을까요 ? 「ナンタ」ルル　ポゴ　シプンデヨ、オヌルパム ジャリガ　イッスルカヨ？
当日券はありますか？ Are there any day tickets?	당일권 있습니까 ? タンイルクォン　イッスムミカ？
いつの席ならありますか？ When is the next available booking?	언제쯤이면 자리가 날까요 ? オンジェチュミミョン　ジャリガ　ナルカヨ？
もっと安い席はありますか？ Any cheaper seats?	더 싼 자리 있나요 ? ト　サン　ジャリ　インナヨ？
それにします I'll take it.	그걸로 주세요 クゴルロ　ジュセヨ
（コンシェルジュなどに）予約をお願いします Could you make a reservation (book a seat) for me?	예약해 주시겠습니까 ? イェヤケ　ジュシゲッスムミカ？
ほかのミュージカルで今日観られるものはありますか？ Are there any other musicals I can see today?	다른 뮤지컬 중에 오늘 볼 수 있는 게 있을까요 ? タルン　ミュジクォル　ジュンエ　オヌル　ポル　ス　インヌン　ゲ　イッスルカヨ？
一番安い／高い席はいくらですか？ How much is the cheapest / most expensive seat?	제일 싼 / 비싼 자리는 얼마입니까 ? チェイル　サン／ピサン　ジャリヌン　オルマイムミカ？
立ち見席はありますか？ Are there any standing room tickets?	서서 보는 표는 있습니까 ? ソソ　ポヌン　ピョヌン　イッスムミカ？
なるべく前の席をお願いします Preferably near the front row, please.	되도록 앞자리로 부탁합니다 トェドロク　アプチャリロ　プタカムミダ
端の席は避けてください I'd like a middle seat.	바깥쪽 자리는 피해 주세요 パカッチョク　ジャリヌン　ピヘ　ジュセヨ
どちらの席が観やすいでしょうか？ Which seat is better?	어느 쪽 자리가 더 좋은가요 ? オヌ　チョク　ジャリガ　ト　ジョウンガヨ？
開場／開演／終演時間は何時ですか？ What time do the doors open? What time does the show start / end?	개장 / 개연 / 종연 시간은 몇 시입니까 ? ケジャン／ケヨン／チョンヨン　シガヌン ミョッ　シイムミカ？

韓国では若年層を中心に演劇の人気は意外に強い。なかでも『ナンタ』などの外国人でも楽しめるセリフなしのノンバーバルパフォーマンスはかなりおすすめ。

映画館の切符売り場

チケットはここで買えますか？
티켓은 여기서 파나요 ?
ティケスン ヨギソ パナヨ？
Can I get a ticket here?

今すぐ入れますか？
지금 바로 들어갈 수 있나요 ?
チグム パロ トゥロガル ス インナヨ？
Can I enter now?

上演何分前から入れますか？
상영하기 몇 분 전에 들어갈 수 있나요 ?
サンヨンハギ ミョッ プン ジョネ トゥロガル ス インナヨ？
How early can I enter?

次回は何時からですか？
다음 상영은 몇 시부터입니까 ?
タウム サンヨンウン ミョッ シブトイムミカ？
What time is the next show?

何時の回がありますか？
상영 시간 스케줄은 어떻게 되나요 ?
サンヨン シガン スケジュルン オットケ トェナヨ？
Please tell me the time schedule.

最終回は何時ですか？
최종회는 몇 시인가요 ?
チェジョンホェヌン ミョ シインガヨ？
When is the last show?

この映画は何語ですか？
이 영화 언어는 뭔가요 ?
イ ヨンファ オノヌン ムォンガヨ？
What language is this movie in?

英語の字幕はありますか？
영어 자막이 나오나요 ?
ヨンオ ジャマギ ナオナヨ？
Are there any English subtitles?

上映時間は何時間ですか？
상영 시간은 몇 시간인가요 ?
サンヨン シガヌン ミョッ シガンインガヨ？
How long is this movie?

自由席はありますか？
자유석인가요 ?
チャユソギンガヨ？
Are there any non-reserved seats?

指定席はありますか？
지정석인가요 ?
チジョンソギンガヨ？
Are there any reserved seats?

いくらですか？
얼마입니까 ?
オルマイムミカ？
How much?

大人2枚、子供1枚お願いします
어른 2 장 , 어린이 1 장 주세요
オルン トゥジャン、オリニ ハンジャン ジュセヨ
Two adults and one child, please.

数字 ▶P.236

韓国の映画館は指定席が基本で、立ち見は原則としてない。シネコンなどでは窓口に座席表端末があって、空いている中で好きな席を選ぶようになっている。

劇場／映画館／ナイトスポットで

クロークはどこですか？ Where is the cloakroom?	클록룸은 어디입니까？ クルロㇰルムン　オディイムミカ？
（コートを）お願いします Would you check my coat?	코트를 걸어 주시겠습니까？ コトゥルル　コロ　ジュシゲッスムミカ？
日本語／英語のイヤフォンガイドはありますか？ Are there any Japanese / English earphone guides?	일본어 / 영어 이어폰 가이드가 있습니까？ イルボノ／ヨンオ　イオポン　ガイドゥガ　イッスムミカ？
この席はどこですか？ Where's this seat?	이 자리는 어디입니까？ イ　ジャリヌン　オディイムミカ？
（開演に遅れた場合）すみません、今から入れますか？ Sorry, I'm late. May I enter now?	죄송합니다만，지금 들어갈 수 있을까요？ チェソンハムミダマン、チグム　トゥロガル　ス　イッスルカヨ？
この席は空いていますか？ Is this seat vacant?	여기，빈자리인가요？ ヨギ、ピンジャリインガヨ？
プログラムはどこで売っていますか？ Where can I get a program?	프로그램은 어디서 팔고 있습니까？ プログレムン　オディソ　パルゴ　イッスムミカ？
休憩は何分間ですか？ How long is the break?	휴식 시간은 몇 분 정도입니까？ ヒュシㇰ　シガヌン　ミョッ　プン　チョンドイムミカ？
売店はありますか？ Is there a snack bar?	매점 있습니까？ メジョム　イッスムミカ？
（映画館の）観客席で食べてもいいですか？ May I bring food to the theater?	안에서 먹어도 괜찮나요？ アネソ　モゴド　クェンチャンナヨ？
トイレは／喫煙所はどこですか？ Where's the rest room / smoking area?	화장실은 / 흡연장은 어디입니까？ ファジャンシルン／フビョンジャンウン　オディイムミカ？

クラブ／ディスコ／ライブハウスなど

この近くにクラブはありますか？ Is there a club near here?	이 근처에 클럽 있습니까？ イ　クンチョエ　クルロㇷ゚　イッスムミカ？
どんなジャンルの音楽の店ですか？ What kind of music do they play?	어떤 장르의 음악이 연주되나요？ オトン　ジャンルエ　ウマギ　ヨンジュドェナヨ？

韓国ではディスコのことを「나이트클럽／ナイトゥクルロㇷ゚」という。雰囲気は昔の大箱ディスコに似ている。“ブッキング”という独特なシステムが存在する。

周辺は危ないエリアではないですか？ Is it a safe area?	주변은 안전한 장소인가요？ チュビョヌン　アンジョンハン　ジャンソインガヨ？
何時から／何時まで開いていますか？ What time does it open / close?	여기는 몇 시부터 / 몇 시까지 열려있나요？ ヨギヌン　ミョッ　シブト／ミョッ　シカジ　ヨルリョインナヨ？
入場料はいくらですか？ How much is the admission fee?	입장료는 얼마인가요？ イプチャンリョヌン　オルマインガヨ？
どこで飲み物を買えばいいですか？ Where can I get a drink?	음료수는 어디서 파나요？ ウムリョスヌン　オディソ　パナヨ？
飲み物代は別ですか？ Are drinks extra?	음료수는 별도 요금인가요？ ウムリョスヌン　ピョルト　ヨグミンガヨ？
ソフトドリンクはありますか？ Are there any soft drinks?	소프트 드링크 있습니까？ ソプトゥ　ドゥリンク　イッスムミカ？
テーブルチャージはいくらですか？ How much is the cover charge?	테이블 차지는 얼마입니까？ テイブル　チャジヌン　オルマイムミカ？
これは何という曲ですか？ What is this tune?	이게 무슨 곡이죠？ イゲ　ムスン　コギジョ？

カジノ

年齢制限はありますか？ Is there any age limit?	연령 제한이 있나요？ ヨルリョン　ジェハニ　インナヨ？
1万ウォン分のチップをください Ten thousand won worth of chips, please.	만원을 칩으로 바꿔 주세요 マヌォヌル　チブロ　パクォ　ジュセヨ
ルーレットをやってみたいのですがやり方を教えてください I'd like to play roulette. Please show me how to play.	룰렛을 하고 싶은데요, 하는 방법을 가르쳐 주세요 ルルレッスル　ハゴ　シプンデヨ、ハヌン　パンボブル　カルチョ　ジュセヨ
賭けます／続けます／降ります I'll bet. / I'll continue. / I'm out.	걸겠습니다 / 계속 하겠습니다 / 그만 두겠습니다 コルゲッスムミダ／ケソク　ハゲッスムミダ／クマン　トゥゲッスムミダ
チップを換金してください Please change these chips.	칩을 환전해 주세요 チブル　ファンジョネ　ジュセヨ

ディスコの“ブッキング”とは店員経由で他席の客を指名して同席させるナンパシステム。指名されたらとりあえずは同席しなければならない。同席後に退席するのは可。

エステ／マッサージ体験

店探しと予約

汗蒸幕／エステ／マッサージに行きたいのですがおすすめの店を教えてください
I'd like to go to a Hanjungmak sauna / an esthetic salon / get a massage. Which place do you recommend?
한증막에 가고 / 에스테틱을 받고 / 마사지를 받고 싶은데요, 전문점을 추천해 주세요
ハンジュンマゲ カゴ／エステティグル パッコ／マサジルル パッコ シプンデヨ、チョンムンジョムル チュジョネ ジュセヨ

日本語／英語が通じる店がいいです
I'd like a place understands Japanese / English.
일본어 / 영어가 통하는 곳이 좋겠습니다
イルボノ／ヨンオガ トンハヌン コシ ジョッケッスムミダ

地元の人が行く店がいいです
I'd like to go where the locals go.
이곳 사람들이 잘가는 곳이 좋겠습니다
イゴッ サラムドゥリ ジャルガヌン コシ ジョッケッスムミダ

この近くの店がいいです
I'd like a place that's near here.
이 근처의 가게가 좋겠습니다
イ クンチョエ カゲガ ジョッケッスムミダ

フェイシャルエステ／ネイルケアができるお店を探しています
Where can I have a facial beauty treatment / nail care?
페이셜 트리트먼트 / 네일 케어를 받을 수 있는 가게를 찾고 있습니다
ペイショル トゥリトゥモントゥ／ネイル ケオルル パドゥル ス インヌン カゲルル チャッコ イッスムミダ

何時から何時まで営業していますか？
What are their business hours?
몇 시부터 몇 시까지 영업하고 있나요？
ミョッ シブト ミョッ シカジ ヨンオプパゴ インナヨ？

料金はいくらですか？
How much is it?
요금은 얼마입니까？
ヨグムン オルマイムミカ？

予約は必要ですか？
Do I need a reservation (booking)?
예약이 필요한가요？
イェヤギ ピリョハンガヨ？

2名で予約をお願いします
I'd like to make a reservation (booking) for two.
2 명 예약을 부탁합니다
トゥミョン イェヤグル プタカムミダ
数字 ▶P.236

午後7時にお願いします
For seven p.m.
오후 7 시로 해 주세요
オフ イルゴプシロ ヘ ジュセヨ
時間 ▶P.237

明日の夜は空きがありますか？
Is a reservation (booking) available for tomorrow night?
내일 밤은 비어있나요？
ネイル パムン ピオインナヨ？

行き方を教えてください
How do I get there?
가는 길을 가르쳐 주시겠어요？
カヌン キルル カルチョ ジュシゲッソヨ？

タクシーを呼んでください
Please get me a taxi.
택시 불러 주시겠어요？
テクシ プルロ ジュシゲッソヨ？

韓国サウナは大別して2種類ある。コースが主体で、高級な施設が売り物の汗蒸幕と、着衣でサウナに入る、若い世代を中心に人気の庶民的なチムジルバンだ。

店に行く

予約した○○（名前）です This is ○○ .	예약한 ○○입니다 イェヤカン ○○イムミダ
どんなコースがありますか？ What kind of courses do you have?	어떤 코스가 있나요？ オトン コスガ インナヨ？
コース表を見せてください May I see a menu?	코스표를 보여 주세요 コスピョルル ポヨ ジュセヨ
おすすめのコースはどれですか？ Which course do you recommend?	권해주실만한 코스는 어느 것인가요？ クォネジュシルマナン コスヌン オヌ コシンガヨ？
全身／肩／足裏マッサージをお願いします I'll take the whole body / shoulder / sole massage.	전신 / 어깨 / 발바닥 마사지를 해 주세요 チョンシン／オケ／パルパダク マサジルル ヘ ジュセヨ 体の呼び名 ▶P.219
30分／1時間コースをお願いします I'd like a thirty minutes / one hour course.	30 분 / 1 시간 코스로 해 주세요 サムシププン／ハンシガン コスロ ヘ ジュセヨ 時間 ▶P.237
どこで着替えればいいですか？ Where can I change my clothes?	어디서 옷을 갈아입으면 되나요？ オディソ オッスル カライブミョン トェナヨ？
ロッカー（更衣室）はありますか？ Is there a dressing room?	로커룸 있나요？ ロクォルム インナヨ？
仰向け／うつぶせですか？ Face up / downward?	앞으로 누우면 / 엎드리면 되나요？ アプロ ヌウミョン／オプトゥリミョン トェナヨ？
肩が／首が／足が／腕が凝っています The shoulders / neck / legs / arms is stiff.	어깨가 / 목이 / 발이 / 팔이 뭉쳐 있습니다 オケガ／モギ／バリ／パリ ムンチョ イッスムミダ 体の呼び名 ▶P.219
気持ちいい（ちょうどいい）／痛いです It's good. / It hurts.	딱 좋아요 / 아파요 タク ジョアヨ／アパヨ
もっと強く／弱くお願いします Stronger / Softer, please.	좀 더 세게 / 약하게 해 주세요 チョム ト セゲ／ヤカゲ ヘ ジュセヨ
（水が）冷たすぎます／（お湯が）熱すぎます It's too cold / hot.	차가워요 / 뜨거워요 チャガウォヨ／トゥゴウォヨ

チムジルバンではあかすりやマッサージ、ネイルケアなどがオプションで可能だが、日本語や英語は通じない。しかし、地元向け施設なのでボられることはまずない。

現地発着ツアー

ツアーの予約をする

観光ツアーに参加したい
I'd like to take a sightseeing tour.
관광 투어에 참가하고 싶어요
クァングァン　トゥオエ　チャムガハゴ　シポヨ

「DMZ」に行くツアーはありますか？
Are there any tours to the DMZ?
「DMZ」를 보러 가는 투어 있습니까？
「ディエムズィ」ルル　ポロ　カヌン　トゥオ　イッスムミカ？

ツアーのパンフレットをください
May I have a brochure of the tour?
투어 팜플렛을 주시겠어요？
トゥオ　パンプルレッスル　ジュシゲッソヨ？

申し込みはここでできますか？
Can I make a reservation (booking) here?
참가 신청은 여기서 할 수 있나요？
チャムガ　シンチョンウン　ヨギソ　ハル　ス　インナヨ？

人気が高いツアーはどれですか？
Which tour is popular?
인기있는 투어는 어느 것인가요？
インキインヌン　トゥオヌン　オヌ　コシンガヨ？

それはどこを回りますか？
What places do we visit?
그건 어디를 돌아보는 건가요？
クゴン　オディルル　トラボヌン　コンガヨ？

（ツアーに）博物館は含まれていますか？
Is the museum included?
고고학 박물관도 포함되어 있습니까？
コゴハク　パンムルグァンド　ポハムデオ　イッスムミカ？

日本語／英語ガイド付きですか？
Is it with a Japanese-speaking / an English-speaking guide?
일본어 / 영어 가이드가 따라 오나요？
イルボノ／ヨンオ　ガイドゥガ　タラ　オナヨ？

今日参加できるものはどれですか？
Which tour can I join today?
오늘 참가 가능한 것은 어느 것인가요？
オヌル　チャムガ　カヌンハン　コッスン　オヌ　コシンガヨ？

何時に出発／帰着ですか？
When does it start? / When will it be over?
몇 시에 출발 / 도착 하나요？
ミョッ　シエ　チュルバル／トチャク　ハナヨ？

出発地／帰着地はどこですか？
Where does the tour start? / Where will it be over?
출발지 / 도착지는 어디인가요？
チュルバルジ／トチャクジヌン　オディインガヨ？

半日／日帰り／午前中／午後のツアーはありますか？
Are there any half a day / one day / morning / afternoon tours?
반나절 / 당일 / 오전 / 오후 코스의 투어는 있습니까？
パンナジョル／タンイル／オジョン／オフ　コスエ　トゥオヌン　イッスムミカ？

料金はいくらですか？
How much is it?
요금은 얼마입니까？
ヨグムン　オルマイムミカ？

板門店へはツアーでしか行けない。服装制限などがあるので注意。最近では、板門店以外にも都羅山駅など DMZ 周辺観光ツアーがたくさん出ており、個人参加も可能。

朝／昼／夕食付きですか？
Is breakfast / lunch / dinner included?
아침 / 점심 / 저녁 식사 포함인가요 ?
アチム／チョムシム／チョニョク　シクサ　ポハミンガヨ？

もっと安いツアーはありますか？
Are there any cheaper tours?
더 저렴한 투어 있습니까 ?
ト　ジョリョムハン　トゥオ　イッスムミカ？

このツアーに申し込みをお願いします
I'd like to take this tour.
이 투어 신청을 하고 싶습니다
イ　トゥオ　シンチョンウル　ハゴ　シプスムミダ

料金は前払いですか？
Should I pay in advance?
요금은 미리 내야 하나요 ?
ヨグムン　ミリ　ネヤ　ハナヨ？

ツアーをキャンセルしたいのですが
I'd like to cancel the reservation (booking).
투어 참가를 취소하고 싶은데요
トゥオ　チャムガルル　チソハゴ　シプンデヨ

ツアーの出発時刻に遅れてしまいました
I'm late for the tour.
투어 출발시간에 지각하고 말았습니다
トゥオ　チュルバルシガネ　ジガクカゴ　マラッスムミダ

ツアーに参加して

あれは何ですか？
What's that?
저건 뭐에요 ?
チョゴン　ムォイェヨ？

ここにどれくらい停まりますか？
How long do we stay here?
여기에 어느 정도 머물러 있습니까 ?
ヨギエ　オヌ　ジョンド　モムルロ　イッスムミカ？

バスに何時に戻ればいいですか？
When should I return to the bus?
버스로 몇시까지 돌아와야 합니까 ?
ポスロ　ミョッ　シカジ　トラワヤ　ハムニカ？

この席の人がまだ戻ってきていません
The man in this seat isn't back yet.
여기 자리 사람이 아직 돌아오지 않았어요
ヨギ　チャリ　サラミ　アジク　トラオジ　アナッソヨ

トイレに行く時間はありますか？
Is there any time to go to a rest room?
화장실 다녀올 시간은 있나요 ?
ファジャンシル　タニョオル　シガヌン　インナヨ？

次はどこへ行くのですか？
Where are we going next?
다음은 어디로 가나요 ?
タウムン　オディロ　カナヨ？

（ガイドに）ありがとう、楽しかったです
Thank you. I had a good time.
감사합니다 , 즐거웠어요
カムサハムニダ、チュルゴウォッソヨ

最近ではみやげもの店を連れ回すようなツアーは少なくなった。少人数の場合はどこを回るかその場で相談して決められるタイプもあるので問い合わせてみよう。

チケットショップなどで

サッカー／野球の試合が観たいのですが
축구 / 야구 경기를 보고 싶은데요
チュック／ヤグ　キョンギルル　ポゴ　シプンデヨ
I'd like to watch a soccer (football)/ baseball game.

チケットはここで買えますか？
티겟은 어디서 파나요 ?
ティケスン　オディソ　パナヨ？
Can I get a ticket here?

今日試合はありますか？
오늘 하는 시합 있나요 ?
オヌル　ハヌン　シハプ　インナヨ？
Are there any games today?

2、3日中に好ゲームはありますか？
2, 3 일 안으로 재미있는 시합 있나요 ?
イ、サミル　アヌロ　ジェミインヌン　シハプ　インナヨ？
Are there any good games in the next few days?

それはどこのチームの試合ですか？
그건 어느 팀의 시합인가요 ?
クゴン　オヌ　ティメ　シハビンガヨ？
What teams are playing?

Kリーグの試合はいつありますか？
K 리그의 시합은 언제 있나요 ?
ケイリグ　シハブン　オンジェ　インナヨ？
When are there any K-league match?

チケットはまだ手に入りますか？
티켓은 아직 남아있나요 ?
ティケスン　アジク　ナマインナヨ？
Can I get a ticket?

どのスタジアムですか？
어느 경기장인가요 ?
オヌ　キョンギジャンインガヨ？
Which stadium?

行き方を教えてください
가는 길을 가르쳐 주세요
カヌン　キルル　カルチョ　ジュセヨ
How do I get there?

何時から始まりますか？
몇 시에 시작됩니까 ?
ミョッ　シエ　シジャクトェンミカ？
What time will it start?

チケットを2枚ください
티켓 2 장 주세요
ティケッ　トゥジャン　ジュセヨ
Two tickets, please.

数字 ▶P.236

料金はいくらですか？
요금은 얼마입니까 ?
ヨグムン　オルマイムミカ？
How much is it?

メインスタンド／バックスタンドの席をお願いします
메인스탠드 / 백스탠드 자리로 주세요
メインステンドゥ／ペクステンドゥ　ジャリロ　ジュセヨ
I'd like a seat in the grandstand / behind the back stop.

1984年に立ち上げたスーパー・リーグを基礎に、1994年からJリーグを参考にして地域密着型のリーグに発展させたのがサッカーのKリーグ。2005年現在13チーム。

Kリーグのチケットは手に入りますか？

K 리그의 티켓 남아있나요？
ケイリグエ　ティケッ　ナマインナヨ？

Can I get an K-league ticket?

チケットはどこで買えますか？

티켓은 어디서 파나요？
ティケスン　オディソ　パナヨ？

Where can I get a ticket?

野球に関する情報が欲しいのですが

야구에 관한 정보를 알고 싶은데요
ヤグエ　クァナン　ジョンボルル　アルゴ　シプンデヨ

I'd like information on baseball.

Kリーググッズはどこで売っていますか？

K 리그 상품은 어디서 파나요？
ケイリグ　サンプムン　オディソ　パナヨ？

Where can I get K-league goods?

チケットの払い戻しはできますか？

티켓을 무를 수 있을까요？
ティケスル　ムルル　ス　イッスルカヨ？

Do you refund tickets?

スタジアムにて

当日券はどこで買えますか？

당일권은 어디서 파나요？
タンイルクォヌン　オディソ　パナヨ？

Where can I get a day ticket?

この番号の席はどこですか？

이 번호의 자리는 어디인가요？
イ　ボノエ　ジャリヌン　オディインガヨ？

Where's this seat?

○○はスターティングメンバーに入っていますか？

○○는 스타팅 멤버에 들어있나요？
○○ヌン　スタティン　メンボエ　トゥロインナヨ？

Is ○○ in the starting lineup?

どのチームが好きですか？

어느 팀을 좋아하시나요？
オヌ　ティムル　ジョアハシナヨ？

Which team do you like?

どの選手のファンですか？

어느 선수의 팬이신가요？
オヌ　ソンスエ　ペニシムガヨ？

Which player do you like?

私は○○のファンです

저는 ○○의 팬입니다
チョヌン　○○エ　ペニムミダ

I'm a big fan of ○○ .

今どのチームがリーグのトップですか？

지금 어느 팀이 리그 1 위인가요？
チグム　オヌ　ティミ　リグ　イルィインガヨ？

Which team is at the top of its league now?

今日はどちらが勝つと思いますか？

오늘은 어느 쪽이 이길 거라고 생각하세요？
オヌルン　オヌ　チョギ　イギル　コラゴ　センガクカセヨ？

Who do you think will win today?

韓国プロ野球は1982年結成で、2004年現在8球団。1リーグ制で130試合ほど行なったあと、2～4位のプレイオフ勝者と1位チームが韓国シリーズを戦う。

料理図鑑
緊急事態
基本会話
入出国
移動
観光
ショッピング
宿泊
飲食
通信
交流
ピンチ
日韓辞書
韓日辞書
文法
50音順検索

スキーをする

初心者用のゲレンデはありますか？
Are there any ski runs for beginners?
초보자용 겔렌데 있나요？
チョボジャヨン　ゲルレンデ　インナヨ？

景色のよいスキー場はありますか？
Are there any good ski areas with a nice view?
경치 좋은 스키장 있나요？
キョンチ　ジョウン　スキジャン　インナヨ？

ゲレンデマップをください
May I have a ski run map?
겔렌데 지도를 주시겠어요？
ゲルレンデ　ジドルル　ジュシゲッソヨ？

リフトはどこですか？
Where's the ski lift?
리프트는 어디에 있나요？
リプトゥヌン　オディエ　インナヨ？

リフトの１日券は／回数券はどこで買えますか？
Where can I get a one-day pass / coupon for the lift?
리프트의 1 일권은 / 회수권은 어디서 파나요？
リプトゥエ　イリルクォヌン／ホェスクォヌン　オディソ　パナヨ？

リフト券を大人２枚ください
I'd like lift tickets for two adults.
리프트 어른 2 장 주세요
リプトゥ　オルン　トゥジャン　ジュセヨ

数字 ▶P.236

リフトは何時に止まりますか？
What time does the ski lift stop?
리프트는 몇 시에 끝나나요？
リプトゥヌン　ミョッ　シエ　クッナナヨ？

スキー板を間違えられました
Somebody took my ski.
누군가가 제 스키를 바꿔 가져간 것 같습니다
ヌグンガガ　チェ　スキルル　パクォ　カジョガン　コッ　カッスムミダ

ケガをしました　パトロールを呼んでください
I was injured. Please call the patrol.
다쳤습니다 . 패트를 좀 불러주세요
タチョッスムミダ。ペトゥロル　ジョム　ブルロジュセヨ

ダイビングをする

ダイビングは初めてです
This is my first time.
다이빙은 처음입니다
タイビンウン　チョウミムミダ

体験ダイビングコースに参加したいのですが
I'd like to take a trial diving lesson.
체험 다이빙 코스에 참가하고 싶습니다만
チェホム　ダイビン　コスエ　チャムガハゴ　シプスムミダマン

１ダイブいくらですか？
How much is one dive?
1 다이브에 얼마입니까？
ウォンダイブエ　オルマイムミカ？

韓国でスキーのメッカといえば江原道。『冬のソナタ』で有名になった龍平リゾート（ドラゴンバレー）や雪嶽山周辺にはスキー場がたくさんあり、内外の観光客でにぎわう。

おすすめのダイビングスポットはどこですか？
What diving spot do you recommend ?

추천해 주시실만한 장소는 어디인가요？
チュチョンへ　ジュシルマナン　ジャンソヌン　オディインガヨ？

ゴルフをする

近くによいゴルフコースはありますか？
Is there a good golf course near here?

가까운 곳에 괜찮은 코스가 있나요？
カカウン　コセ　ケンチャヌン　コスガ　インナヨ？

予約をお願いします
I'd like to make a reservation (booking).

예약해 주세요
イェヤケ　ジュセヨ

用具を借りられますか？
Can I rent golf gear?

용구를 빌릴 수 있나요？
ヨングルル　ピルリル　ス　インナヨ？

靴を／クラブを持っていません
I don't have golf shoes / clubs.

구두를 / 클럽을 가지고 있지 않아요
クドゥルル／クルロブル　カジゴ　イッジ　アナヨ

クラブを借りたいのですが
I'd like to rent some clubs.

클럽을 빌리고 싶은데요
クルロブル　ピルリゴ　シプンデヨ

私のベストスコアは 98 です
My best score is ninety-eight.

제 베스트 스코어는 98 입니다
チェ　ベストゥ　スコオヌン　クシプパリムミダ

テニスをする

テニスをしたいのですが
I'd like to play tennis.

테니스를 하고 싶은데요
テニスルル　ハゴ　シプンデヨ

コートの予約はどこでできますか？
Where can I reserve (book) a tennis court?

코트 예약은 어디서 하면 되나요？
コトゥ　イェヤグン　オディソ　ハミョン　トェナヨ？

1 時間いくらですか？
How much is it for one hour?

1 시간에 얼마인가요？
ハンシガネ　オルマインガヨ？

ラケットは借りられますか？
Can I rent a racket?

라켓은 빌릴 수 있나요？
ラケスン　ピルリル　ス　インナヨ？

靴はこれでもいいですか？
Can I play with these shoes?

신발은 이 걸로도 괜찮을까요？
シンバルン　イゴルロド　ケンチャヌルカヨ？

スポーツで有名なのが済州島。ゴルフ場をはじめ、乗馬やダイビングなどを気軽に楽しめる。ゴルフは風が強いので飛距離が伸びて得をした気分になるのだとか。

観光ポイント

美術館 art gallery / museum	미술관 ミスルグァン
博物館 museum	박물관 パンムルグァン
城 castle	성 ソン
宮殿 palace	궁전 クンジョン
教会／（仏教の）寺 church / buddist temple	교회 / 절 キョフェ／チョル
旧跡／史跡 historic spot	사적 サジョク
遺跡 ruins	유적 ユジョク
王陵 king's tomb	왕릉 ワンヌン
景勝地 scenic spot	경승지 キョンスンジ
展望台 observatory	전망대 チョンマンデ
動物園 zoo	동물원 トンムルウォン
植物園 botanical garden	식물원 シンムルウォン
水族館 aquarium	수족관 スジョクグァン
墓地 cemetery	묘지 ミョジ
記念碑 monument	기념비 キニョムビ
行事 event	행사 ヘンサ
祭 festival	축제 チュクジェ
ロープウェイ ropeway	로프웨이 / 케이블카 ロプウェイ／ケイブルカ
海 sea	바다 パダ
湾 bay	만 マン
半島 peninsula	반도 パンド
岬 cape	갑 カプ
島 island	섬 ソム
山 mountain	산 サン
川 river	강 カン
火山 volcano	화산 ファサン
滝 waterfall	폭포 ポクポ
洞窟 cave	동굴 トングル
渓谷 valley	계곡 ケエゴク

湖 lake	호수 ホス
森 forest	숲 スプ
海岸 seacoast / beach /seashore	해변 ヘビョン
高原 highland	고원 コウォン
日帰り旅行 day excursion	당일여행 タンイルヨヘン
予約 reservation / booking	예약 イェヤㇰ
旅行代理店 travel agency	여행대리점 ヨヘンデリジョム
手数料 commission	수수료 ススリョ
通訳 interpreter	통역 トンヨㇰ
入場料 admission fee	입장료 イㇷ゚ジャンリョ
大人 adult	어른 オルン
子供 child	어린이 オリニ
撮影禁止 No Photographs	촬영금지 チャリョンクムジ
フラッシュ禁止 No Flashbulbs	플래시금지 プルレシクムジ
現像 development	현상 ヒョンサン
電池 battery	전지 チョンジ

劇場／映画館で

指定席 reserved seat	지정석 チジョンソㇰ
劇場 theater	극장 クㇰジャン
音楽堂 concert hall	음악당 ウマㇰダン
演劇 play	연극 ヨングㇰ
映画館 movie theater	영화관 ヨンファグァン
クラシック音楽 classical music	클래식음악 クルレシㇰウマㇰ
民俗音楽 folk music	민속음악 ミンソㇰウマㇰ
民俗舞踊 folk dance	민속무용 ミンソㇰムヨン
民俗遊戯 folk performance	민속놀이 ミンソㇰノリ
サーカス circus	서커스 ソカス
ミュージカル musical	뮤지컬 ミュジコル
切符売り場 ticket office	표 파는 곳 ピョパヌン　ゴッ
キャンセル待ち standby	캔슬대기 ケンスルテギ
上演／公演 performance	상연 / 공연 サンヨン／コンヨン
舞台 stage	무대 ムデ

前売券 advance ticket	예매권 イェメグォン
マチネ（昼興行） matinee	아티네 / 주간흥행 マティネ／チュガンフンヘン
ソワレ（夜興行） soiree	수아레 / 야간흥행 スアレ／ヤガンフンヘン
立見席 standing room	입석 イプソク
特別席 loge	특별석 トゥクビョルソク
平土間（1階正面） parquet / pit	일층정면 イルチュンジョンミョン
2階正面席 dress circle	이층정면석 イチュンジョンミョンソク
指揮者 conductor	지휘자 チフィジャ
ジャズ jazz	재즈 チェジュ
題名 title	타이틀 タイトゥル
キャバレー cabaret	카바레 カバレ
ナイトクラブ night club	나이트클럽 ナイトゥクルロプ
席料 cover charge	자리세 チャリセ
入場料 entrance fee / admission fee	입장료 イプジャンリョ
カジノ casino	카지노 カジノ
親（ディーラー） dearer	딜러 ティルロ

スポーツ

ゴルフ場 golf course	골프장 コルプジャン
プール swimming pool	풀 プル
テニスコート tennis court	테니스코트 テニスコトゥ
釣り fishing	낚시 ナッシ
サイクリング cycling	사이클링 サイクルリン
サーフィン surfing	서핑 ソピン
乗馬 horseback riding	승마 スンマ
スキー skiing	스키 スキ
スケート skating	스케이트 スケイトゥ
フットボール football	풋볼 プッボル
サッカー soccer / football	축구 チュッグ
野球 baseball	야구 ヤグ
バスケットボール basketball	농구 ノング
ラグビー rugby football / rugger	럭비 ロクビ
ウインドサーフィン windsurfing	윈드서핑 ウィンドゥソピン

ショッピング

韓国海苔のおみやげなんて ノンカロリーでヘルシーだから 女の子にも喜ばれるしさ

しかも、韓国の女の子にも 「あら、力持ち♡ たくましくてステキ…♡」 なんつって…♡

しかも これがまた 激安でさ、こんなウマイ 話って あるかね!

注 千枚を超えるような大量の海苔は、個人消費分とは見なされず課税対象になるので注意。

ショッピング
使える
10
これで完璧！
フレーズ

1

（店に入ってから聞くという前提で）どれがここの特産品ですか？

어느 것이 이 지역
특산품인가요？

オヌ　ゴシ　イ　チヨㇰ　トゥㇰサンプミンガヨ？

What are the specialty products of this region?

2

○○を探しています

○○를 찾고 있습니다

○○ルㇽ　チャッコ　イッスㇺミダ

I'm looking for ○○ .

3

それを見せてください

저거 좀 보여 주세요

チョゴ　チョㇺ　ポヨ　ジュセヨ

Please show me that one.

4

見ているだけです

그냥 보는 것뿐입니다

クニャン　ポヌン　コップニㇺミダ

I'm just looking.

5

これはいくらですか？

이거 얼마예요？

イゴ　オㇽマエヨ？

How much is this?

ソウルの東大門市場や南大門市場は外国人にも知られたショッピングスポットだが、定価販売に慣れた日本人にとって悩みの種なのが値段表示のない店が多いこと。まず「言い値」を聞いて、そのあとに値段交渉に入るわけだが、そうした駆け引きが苦手な人は最初からスーパーマーケットやデパートへ行ったほうが気持ちよくショッピングできるだろう。

6 まけてもらえませんか？

깎아 주세요
カッカ　ジュセヨ

Can you lower the price?

7 これにします

이걸로 주세요
イゴルロ　ジュセヨ

I'll take this one.

8 このクレジットカードは使えますか？

이 크레디트 카드로 되나요 ?
イ　クレディトゥ　カドゥロ　トェナヨ？

Is this credit card OK?

9 免税の手続きをお願いできますか？

면세 처리를 해 주시겠어요 ?
ミョンセ　チョリルル　ヘ　ジュシゲッソヨ？

Could you fill out the duty-free form for me?

10 返品します

반품하겠습니다
パンプムハゲッスムミダ

I'd like to return this.

店を探す

このあたりにデパートは／スーパーマーケットはありますか？
Is there a department store /supermarket around here?
이 근처에 백화점이 / 슈퍼마켓이 있나요 ?
イ　クンチョエ　ペックァジョミ／シュポマケシ　インナヨ？

このカメラ用の電池を買いたいのですが
I'd like to get batteries for this camera.
이 카메라용 건전지를 사고 싶습니다만
イ　カメラヨン　コンジョンジルル　サゴ　シプスムミダマン

日本語の通じるお店はありますか？
Which store understands Japanese?
일본어가 통하는 가게 있습니까 ?
イルボノガ　トンハヌン　カゲ　イッスムミカ？

同じものなら、どこの店で買うのがお得ですか？
Which store sells this cheaper?
같은 물건이면 , 어느 가게에서 사는 것이 쌀까요 ?
カトゥン　ムルゴニミョン、オヌ　カゲエソ　サヌン　コッシ サルカヨ？

店の名前をここに書いてください
Please write the store's name here.
가게 이름을 여기에 적어주세요
カゲ　イルムル　ヨギエ　チョゴジュセヨ

この土地の特産品は何ですか？
What are the specialty products of this region?
이 지역 특산품은 무엇인가요 ?
イ　チヨク　トゥクサンプムン　ムオッシンガヨ？

人気のみやげは何ですか？
What's the popular souvenir for this area?
선물로 인기 있는 것은 무엇인가요 ?
ソンムルロ　インキ　インヌン　コスン　ムオッシンガヨ？

ボーイフレンド／母／家族／友達へのみやげを探しています
I'm looking for a gift for my boyfriend / mother / family / friend.
남자 친구 / 어머니 / 가족 / 친구 줄 선물을 찾고 있습니다
ナムジャ　チング／オモニ／カジョク／チングエゲ ジュル ソンムルル　チャッコ　イッスムミダ

予算はひとつ／全部で 10 万ウォンくらいです
I wish to spend about hundred and thousands won or less each / altogether.
예산은 하나 / 전부해서 10 만원 정도입니다
イェサヌン　ハナ／チョンブヘソ　シムマヌォン　チョンドイムミダ

それはどこで買えますか？
Where can I get that?
그것은 어디서 파나요 ?
クゴッスン　オディソ　パナヨ？

ここでお酒を／タバコを売っていますか？
Do you have alcohol / cigarettes?
여기서 술을 / 담배를 파나요 ?
ヨギソ　スルル／タンベルル　パナヨ？

地元の人に人気の店を教えてください
Which store is popular with the locals?
현지분들에게 인기 있는 가게를 가르쳐 주세요
ヒョンジプンドゥレゲ　インキ　インヌン　カゲルル　カルチョ　ジュセヨ

陶磁器の工房を訪ねたいのですが
I'd like to visit a pottery studio.
도자기 공방을 방문하고 싶습니다만
トジャギ　コンバンウル　パンムンハゴ　シプスムミダマン

服を／靴をオーダーメイドしたいのですが
I'd like a custom made dress/shoes.
옷을 / 구두를 오더메이드하고 싶습니다만
オスル／クドゥルル　オダメイドゥハゴ　シプスムミダマン

韓国のフィルムは ISO100 か 200 が標準で、400 以上のフィルムは一般に見かけない。高感度フィルムを愛用している人は日本から持参したほうがいい。

おすすめの店を教えてください

괜찮은 가게를 가르쳐 주세요
ケンチャヌン カゲルル カルチョ ジュセヨ

Which store do you recommend?

何時から／何時まで開いていますか？

몇 시부터 / 몇 시까지 여나요 ?
ミョッ シブト／ミョッ シカジ ヨナヨ？

What time does it open / close?

休業日はいつですか？

쉬는 날은 언제인가요 ?
シュィヌン ナルン オンジェインガヨ？

What day is the store closed?

今日は／明日は開いていますか？

오늘은 / 내일은 문 엽니까 ?
オヌルン／ネイルン ムン ヨムミカ？

Is it open today / tomorrow?

夜遅くまで開いている店はありますか？

밤 늦게까지 여는 가게는 있나요 ?
パム ヌッケカジ ヨヌン カゲヌン インナヨ？

Which store is open till late at night?

（ガイドブックなどを見せて）この店はどこですか？

이 가게는 어디에 있나요 ?
イ カゲヌン オディエ インナヨ？

Where's this store?

どうやって行くのですか？

어떻게 가면 되나요 ?
オットケ カミョン トェナヨ？

How can I get there?

ここからどれくらいかかりますか？

여기서 얼마나 걸리나요 ?
ヨギソ オルマナ コルリナヨ？

How long does it take from here?

地図で場所を教えてください

지도상에서 장소를 가르쳐 주세요
チドサンエソ ジャンソルル カルチョ ジュセヨ

Where's it on this map?

アウトレットの店はありますか？

아울렛 가게는 있나요 ?
アウルレッ カゲヌン インナヨ？

Is there an outlet store?

（日用品や生鮮食品などの）市場は開かれていますか？

시장은 여나요 ?
シジャンウン ヨナヨ？

Is the shopping market open?

何曜日に開催されていますか？

무슨 요일에 개최되나요 ?
ムスン ヨイレ ケチョェドェナヨ？

What day are they open?

何時に行くといいですか？

몇 시에 가면 되나요 ?
ミョッ シエ カミョン トェナヨ？

What time should I go?

今、バーゲンをしているところはどこですか？

지금 , 바겐 세일을 하고 있는 곳은 어디인가요 ?
チグム、バゲン セイルル ハゴ インヌン コッスン オディインガヨ？

Where are they having a sale now?

ソウルや釜山などの大都市ではアメリカ型の巨大ディスカウントスーパーが人気。キムチや海苔のほか、総菜類や五穀米なども人気みやげ。価格もデパ地下より安い。

品物を探す

アクセサリー売り場はどこですか？
Where's the accessories department?
액세서리 판매장은 어디인가요 ?
エクセソリ　パンメジャンウン　オディインガヨ？

エスカレーター／エレベーターはありますか？
Is there an escalator / elevator (lift)?
에스컬레이터 / 엘리베이터가 있나요 ?
エスコルレイト／エルリベイトガ　インナヨ？

日本語を話せる人はいますか？
Does anyone here speak Japanese?
일본어를 할 수 있는 사람이 있나요 ?
イルボノルル　ハル　ス　インヌン　サラミ　インナヨ？

ちょっと見ているだけです
I'm just looking.
그냥 보는 거예요
クニャン　ポヌン　コイェヨ

自分で見て回ります
I'd like to look around by myself.
제가 혼자서 돌아보고 싶어요
チェガ　ホンジャソ　トラボゴ　シポヨ

スカーフを探しています
I'm looking for scarf.
스카프를 찾고 있어요
スカプルル　チャッコ　イッソヨ

それを見せてもらえますか？
Show me that, please.
저거 좀 보여 주시겠어요 ?
チョゴ　チョム　ポヨ　ジュシゲッソヨ？

ショーウィンドウにある青いスカーフを見せてもらえますか？
Can you show me that blue scarf in the window?
쇼윈도에 있는 파란 스카프를 보여 주시겠어요 ?
ショウィンドエ　インヌン　パラン　スカプルル　ポヨ　ジュシゲッソヨ？
色 ▶P.238

棚の上にあるカバンを見せてもらえますか？
Can I see the bag on the shelf?
선반 위에 있는 가방을 보여 주시겠어요 ?
ソンバン　ウィエ　インヌン　カバンウル　ポヨ　ジュシゲッソヨ？

手に取ってみてもいいですか？
May I hold it?
손에 들고 봐도 될까요 ?
ソネ　トゥルゴ　ポァド　トェルカヨ？

試聴できますか？
Can I listen to this?
들어볼 수 있나요 ?
トゥロボル　ス　インナヨ？

中身は見られますか？
May I look inside?
안을 볼 수 있나요 ?
アヌル　ポル　ス　インナヨ？

キズがないかどうか、確認させてもらえますか？
May I check if there are any defects?
상처가 없는지 , 확인해 주시겠어요 ?
サンチョガ　オムヌンジ、ファギンへ　ジュシゲッソヨ？

これと同じものはありますか？
Do you have another one like this?
이것과 같은 것은 없나요 ?
イゴックァ　カトゥン　コッスン　オムナヨ？

韓国の免税店はセールイベントが盛ん。季節ごとのバーゲンのほか、日本の連休に合わせたセールや、カード会社と連係した行事など。詳細はウエブなどで確認しよう。

ほかのデザインはありますか？
다른 디자인은 없나요？
タルン　ディザイヌン　オムナヨ？
Do you have other styles?

ほかに何色がありますか？
이 외에 몇 가지 색깔이 있나요？
イ　ウェエ　ミョッ　カジ　セッカリ　インナヨ？
Are there other colors?

茶色系はありますか？
갈색 계통은 있나요？
カルセク　ケトンウン　インナヨ？
Do you have a brown one?

最新モデルはどれですか？
최신 모델은 어느 것인가요？
チェシン　モデルン　オヌ　コッシンガヨ？
Which is the newest one?

今こちらで流行しているのはどれですか？
지금 여기서 유행하고 있는 건 어느 건가요？
チグム　ヨギソ　ユヘンハゴ　インヌン　コン　オヌ　コンガヨ？
Which is now in fashion here?

もう少し大きい／小さいものはありますか？
좀 더 큰 / 작은 것은 없나요？
チョム　ト　クン／ジャグン　コッスン　オムナヨ？
Do you have a little larger / smaller one?

さっきのものをもう１回見せてください
조금 전 거 한 번 더 보여 주세요
チョグム　チョン　コ　ハン　ボン　ト　ボヨ　ジュセヨ
Can I see that again?

バーゲン品はありますか？
세일 상품은 있나요？
セイル　サンプムン　インナヨ？
Do you have sale items?

これは韓国製ですか？
이것은 한국제인가요？
イゴスン　ハングッチェインガヨ？
Is this made in Korea?

素材は何ですか？
소재는 뭐예요？
ソジェヌン　ムォエヨ？
What is this made of?

水洗いできますか？
물로 씻을 수 있나요？
ムルロ　シスル　ス　インナヨ？
Can I wash this in water?

私に合うサイズはありますか？
제게 맞는 사이즈가 있을까요？
チェゲ　マンヌン　サイズガ　イッスルカヨ？
Do you have this in my size?

サイズを測ってもらえますか？
사이즈를 재 주시겠어요？
サイジュルル　チェ　ジュシゲッソヨ？
Could you measure me?

試着できますか？
입어 볼 수 있나요？
イボ　ポル　ス　インナヨ？
May I try this on?

ソウルの東大門市場にあるようなファッションビルでは試着室がない場合もある。その場合は体を隠す大きなスカート形をした覆いのようなものを貸してくれる。

品物を探す

大き／小さ／長／短すぎます It's too large / small/ long / short.	너무 커요 / 작아요 / 길어요 / 짧아요 ノム コヨ／ チャガヨ／キロヨ／チャルバヨ
これと同じサイズで幅広の靴はありますか？ Do you have a wider one in this size?	이것과 같은 사이즈로 , 폭이 넓은 구두 있나요 ? イゴックァ カトゥン サイジュロ、ポギ ノルブン クドゥ インナヨ？
もっとヒールの高い／低い靴はありますか？ Do you have any shoes with a higher / lower heels?	힐이 더 높은 / 낮은 구두 있나요 ? ヒリ ト ノプン／ナズン クドゥ インナヨ？
ぴったりです This is just my size.	딱 맞네요 タク マンネヨ
丈を詰めてもらえますか？ Do you make alterations?	길이를 잘라 주시겠어요 ? キリルル チャルラ ジュシゲッソヨ？
時間はどれくらいかかりますか？ How long does it take?	시간은 어느 정도 걸리나요 ? シガヌン オヌ チョンド コルリナヨ？
デザインが／色が気に入りません It's not my style / color.	디자인이 / 색상이 맘에 안들어요 ディザイニ／セクサンイ マメ アンドゥロヨ
私の好みに合いません It's not my taste.	맘에 안드네요 マメ アンドゥネヨ
これは私に似合わないと思います This doesn't fit me.	이건 제게 안 어울리네요 イゴン チェゲ アン オウルリネヨ
ちょっと考えてみます Let me think it over.	조금 생각해 보겠습니다 チョグム センガケ ポゲッスムミダ
ほかも見てみます I'd like to look around some more.	다른 것도 좀 보고 오겠습니다 タルン コット チョム ポゴ オゲッスムミダ
ごめんなさい、出直します Excuse me. I'll come back later.	죄송해요 , 다시 올게요 チェソンヘヨ、タシ オルケヨ
これにします I'll take this one.	이걸로 할게요 イゴルロ ハルケヨ
すみません、やっぱりこれにします Excuse me, but I'll take this.	죄송한데요 , 역시 이걸로 할게요 チョェソンハンデヨ、ヨクシ イゴルロ ハルケヨ

ソウルにもアウトレット市場がある。カジュアル服なら文井洞（8号線文井）や木洞（5号線木洞）、毛皮なら九老公団（1号線加里峰）など。ただし規模は小さめ。

新しいのを出してください
새 걸로 주세요
セ ゴルロ ジュセヨ
Could you bring me a new one?

これと同じものをあとふたつください
이것과 같은 걸로 두 개 더 주세요
イゴックァ カトゥン コルロ トゥ ゲ ト ジュセヨ
I'll take two more of these.

これを取り置きしておいてもらえますか？
이것을 여기에 맡겨도 될까요？
イゴッスル ヨギエ マッキョド トェルカヨ？
Could you put this on hold?

食料品を買う

これは量り売りですか？
이것은 달아서 파나요？
イゴスン タラソ パナヨ？
Is this sold by volume?

100グラムいくらですか？
100 그램에 얼마인가요？
ペックレメ オルマインガヨ？
How much is a 100 grams?

数字 ▶P.236

500グラムください
500 그램 주세요
オベックレム ジュセヨ
Five hundred grams, please.

この地方のキムチは／お酒はどれですか？
이 지방의 김치는 / 술은 뭔가요？
イ チバンエ キムチヌン／スルン ムォンガヨ？
Which is the local kimchi / liquor?

これは1箱何個入りですか？
이것은 한 박스에 몇 개 들어있나요？
イゴスン ハン バクスエ ミョッ ケ トゥロインナヨ？
How many in one box?

ばら売りはできますか？
낱개 판매는 안 될까요？
ナッケ パンメヌン アン ドェルカヨ？
Can you sell them separately?

このまま食べられますか？
이대로 먹을 수 있나요？
イデロ モグル ス インナヨ？
Can I eat as it is?

ふたつください
두 개 주세요
トゥ ゲ ジュセヨ
I'll take two.

数字 ▶P.236

どれくらい日持ちしますか？
어느 정도 보관할 수 있나요？
オヌ チョンド ポグァナル ス インナヨ？
How long will it stay fresh?

賞味期限はいつまでですか？
유통 기간은 언제까지 인가요？
ユトン キガヌン オンジェカジ インガヨ？
When is it best-eaten by?

スーパーマーケットやデパ地下では味付けカルビなどの肉類を売っているが、検疫の問題で肉類は日本へ持ち帰ることはできない。日本の税関で没収となるので注意が必要。

料理図鑑
緊急事態
基本会話
入出国
移動
観光
ショッピング
宿泊
飲食
通信
交流
ピンチ
日韓辞書
韓日辞書
文法
50音順検索

オーダーメイドをする

服の／靴のオーダーメイドをお願いします
I'd like a custom made dress / shoes.
옷을 / 구두를 오더메이드하겠습니다
オッスル／クドゥルル　オドメイドゥ　ハゲッスムミダ

見本はありますか？
Do you have any samples?
견본은 있나요 ?
キョンボヌン　インナヨ？

（見本を示して）これと同じデザインでお願いします
I'd like the same as this.
이것과 같은 디자인으로 해 주세요
イゴックァ　カットゥン　ディザイヌロ　ヘ　ジュセヨ

仕上がりまでどれくらいかかりますか？
How long will it take?
다 되려면 어느 정도 걸리나요 ?
タ　トェリョミョン　オヌ　チョンド　コルリナヨ？

○○日までにできあがりますか？
Will it be ready by ○○ ?
○○일까지 다 될까요 ?
○○イルカジ　タ　トェルカヨ？

月 ▶P.237

ホテルに届けていただけますか？
Can I have it delivered to the hotel?
호텔로 보내 주시겠어요 ?
ホテルロ　ポネ　ジュシゲッソヨ？

配達代はいくらですか？
How much is the delivery charge?
배달료는 얼마인가요 ?
ペダルリョヌン　オルマインガヨ？

この素材がいいですね
I'd like this material.
이 소재가 좋네요
イ　ソジェガ　ジョンネヨ

素材はこれ、色はこれにします
I'd like this material and this color.
소재는 이걸로 , 색깔은 이걸로 해 주세요
ソジェヌン　イゴルロ、セッカルン　イゴルロ　ヘ　ジュセヨ

色 ▶P.238

仮縫いは必要ですか？
Do I need a fitting?
가봉이 필요한가요 ?
カボンイ　ピリョハンガヨ？

ここが少し緩いです／きついです
It's a little loose / tight here.
이곳이 조금 헐렁하네요 / 끼네요
イゴシ　チョグム　ホルロンハネヨ／キネヨ

もう少し長く／短くしてください
I'd like this a little longer / shorter.
약간 더 길게 / 짧게 해 주세요
ヤッカン　ト　キルゲ／チャルケ　ヘ　ジュセヨ

ちょうどいいです／希望どおりです！
This is my size. /Perfect!
딱 좋네요
タク　チョンネヨ

オーダーメイド品を日本へ郵送依頼した場合は荷物に「別送品」と書き、日本の税関で「別送品申告書」２通の提出が必要。手続きしないと課税される場合がある。

サイズ比較表

レディスウェア

日　本	S	M	M～L	L	XL	—	—	—
	7	9	10	13	15	17	19	20
韓　国	S/44	M/55	M/66	L/77	XL/88	—	—	—
アメリカ	—	6	8	10	12	14	16	18
ヨーロッパ大陸	—	36	38	40	42	44	46	48

メンズシャツ

日　本	36	37	38	39	40	41	42	43	—
韓　国	14	14.5	15	15.5	16	16.5	17	17.5	18
アメリカ	14	14.5	15	15.5	16	16.5	17	17.5	18
ヨーロッパ大陸	36	37	38	39	40	41	42	43	44

メンズウェア

日　本	S		M	L	XL
韓　国	S /34	S /36	M /38,40	L /42,44	XL /46,48
アメリカ	S /36	S /38	M /42	L /46	XL /50
ヨーロッパ大陸	S /36	S /38	M /42	L /46	XL /50

レディスシューズ

日　本	22	22.5	23	23.5	24	24.5	25	26	26.5
韓　国	220	225	230	235	240	245	250	260	265
アメリカ	5	5 1/2	6	6 1/2	7	7 1/2	8	8 1/2	9
ヨーロッパ大陸	35	36	36	37	37	38	38	39	39

メンズシューズ

日　本	24	24.5	25	25.5	26	26.5	27	27.5	28
韓　国	240	245	250	255	260	265	270	275	280
アメリカ	6	6 1/2	7	7 1/2	8	8 1/2	9	9 1/2	10
ヨーロッパ大陸	39	—	40	—	41	—	42	—	43

Column

韓国での免税手続き

韓国ではほぼすべての消費行為に10%の付加価値税（VAT）が内税方式で　掛けられている。しかし、外国人旅行者が指定店で購入し手続きすれば、税金の一部が還付される制度がある。

VAT還付手続き取り扱い店には英語で「TAX FREE SHOPPING」と書かれた統一ロゴが表示してある。還付手続きは指定店での購入金額の合計が₩3万以上の場合に可能。ただし、1品目の単価は関係ないので、たとえば、₩1万のキムチと₩2万5000の服を買って合計すれば手続き対象となる。

購入後はレシートを持って店内の手続きカウンター（商品券売り場などが多い）へ行き、リファウドチェックという書類を作成してもらう。その後、帰国時に空港などでチェックと商品現物を税関に提示し確認印を受ければ手続き完了。チェックを空港のカウンターに提示して現金で還付してもらうなり、振り込み依頼をするなりすればOKだ。税関確認印があれば成田か関空で帰国後の払い戻し手続きも可能。

韓国では高級品などには10～30%の物品税が掛けられている。輸入高級品には高率の関税も加わるので、日本製商品を日本より安く買えることはまずない。

値切る／支払い

会計はどこですか？
Where's the cashier?
계산대는 어디인가요？
ケサンデヌン　オディインガヨ？

これをください
I'll take this.
이거 주세요
イゴ　ジュセヨ

何日かかりますか？
How long will it take?
며칠 걸리나요？
ミョチル　コルリナヨ？

全部でいくらですか？
How much is it altogether?
전부 얼마인가요？
チョンブ　オルマインガヨ？

少し安くしてもらえませんか？
Can you reduce the price a little?
조금 싸게 해 주시겠어요？
チョグム　サゲ　ヘ　ジュシゲッソヨ？

お願いします！
Please!
부탁해요！
プタケヨ！

もうひとつ買ったら安くしてもらえますか？
Will you make it cheaper if I take one more?
하나 더 사면 싸게 해 주시겠어요？
ハナ　ト　サミョン　サゲ　ヘ　ジュシゲッソヨ？

3つ買うから安くしてください
Will you make it cheaper if I take three?
3 개 살테니까 싸게 해 주세요
セゲ　サルテニカ　サゲ　ヘ　ジュセヨ

数字 ▶P.236

ここがほつれているので、安くしてください
It's frayed here. Please make it cheaper.
여기가 헤져 있으니까，싸게 해 주세요
ヨギガ　ヘジョ　イッスニカ、サゲ　ヘ　ジュセヨ

よそではもっと安かったです
It was cheaper elsewhere.
다른 곳에서는 더 쌌어요
タルン　コセソヌン　ト　サッソヨ

5万ウォンにしてもらえませんか？
Could you make it fifty thousands won?
5 만원으로 해 주시겠어요？
オマヌォンウロ　ヘ　ジュシゲッソヨ？

よそでは○○ウォンでした
It was ○○ won elsewhere.
다른 곳에서는 ○○원였어요
タルン　コッセソヌン　○○ウォニョッソヨ

数字 ▶P.236

わかりました もう要りません
Then, no thank you.
알았어요，필요 없어요
アラッソヨ、ピリョ　オプソヨ

じゃあ、安くしますか？
Then, will you lower the price?
그럼，싸게 해 주시는 거죠？
クロム、サゲ　ヘ　ジュシヌン　ゴジョ？

市場では値段交渉が可能だが、もともとの言い値がそれほど高いわけではない。1～2割引いてもらえればいいほうで、東南アジアのように半額になることはない。

お話になりません No deal.	말도 안돼요 マルド　アンドェヨ
買うつもりでしたが その値段ではちょっと… I was going to buy it, but not at that price.	살 생각이었는데 , 그 가격에는 좀… サル　センガギオッヌンデ　ク　カギョゲヌン　チョム・・・
おまけを付けてください Please include a token gift.	덤을 끼워 주세요 トムル　キウォ　ジュセヨ
その半額でどうですか？ How about half the sum?	그 반가격에 어때요 ? ク　パンカギョゲ　オテヨ？
端数をまけてもらえますか？ Please round off the price.	자잘한 금액은 깎아 주세요 チャジャラン　クメグン　カッカ　ジュセヨ
では、〇〇ウォンで いいですね？ Then,　〇〇 won OK?	그럼 , 〇〇원으로 오케이 ? クロム、〇〇ウォヌロ　オケイ？ 数字 ▶P.236
ありがとう！いい人だ！ Thanks! How nice of you!	감사합니다 ! 좋은 분이시네요 ! カムサハムミダ！チョウン　プニシネヨ！
現金で／クレジットカードで 支払います I'll pay in cash / by credit card.	현금으로 / 크레디트 카드로 지급하겠어요 ヒョングムロ／クレディトゥ　カドゥロ　チクプハゲッソヨ
このカード／日本円は 使えますか？ Do you accept this card / Japanese yen?	이 카드 / 일본 엔화로 지급해도 될까요 ? イ　カドゥ／イルボン　エンファロ　チクプヘド トェルカヨ？
トラベラーズチェックで 支払えますか？ Do you take traveler's checks (cheques)?	여행자 수표로 지급할 수 있나요 ? ヨヘンジャ　スピョロ　チクプハル　ス　インナヨ？
3万ウォンと、残りを日本円 で払えますか？ Can I pay thirty thousands won and the rest in Japanese yen?	3 만원과 , 나머지는 일본 엔화로 지급해 도 될까요 ? サムマヌォングァ、ナモジヌン　イルボン　エンファロ　チク プヘド　トェルカヨ？
2回払いにして もらえますか？ Could you make it for two installments on my credit card?	2 회 분할로 해 주세요 イフェ　プナルロ　ヘ　ジュセヨ
このクーポンは使えますか？ Can I use this coupon?	이 쿠폰은 사용할 수 있나요 ? イ　クポヌン　サヨンハル　ス　インナヨ？
計算が間違っていませんか？ Isn't this amount right?	계산이 틀린 것 아닌가요 ? ケサニ　トゥルリン　コッ　アニンガヨ？

韓国ではクレジットカードが普及している。小さな露店では無理だが、デパートやスーパーマーケット、一般的な路面店などたいていの店で日本のカードが使えるので便利。

値切る／支払い

割引クーポンのぶんは計算してもらっていますか？ Is the coupon included in the total?	할인 쿠폰 분은 계산하셨나요？ ハリン　クポン　ブヌン　ケサンハションナヨ？
もう一度計算してみてください Please calculate it again.	한 번 더 계산해 주세요 ハン　ボン　ト　ケサネ　ジュセヨ
おつりが違います You gave me the wrong change.	잔돈의 금액이 틀린데요 チャンドネ　クメギ　トゥルリンデヨ
私は1万ウォン渡しました I gave you ten thousands won.	저는 만원 드렸어요 チョヌン　マヌォン　トゥリョッソヨ
おつりをまだもらっていません I've not got the change yet.	잔돈을 아직 못 받았어요 チャンドヌル　アジㇰ　モッ　パダッソヨ
領収書をください Please give me a receipt.	영수증 끊어 주시겠어요？ ヨンスジュン　クノ　ジュシゲッソヨ？
もう支払いました I've already paid.	이미 지급했습니다 イミ　チクㇷ゚ヘッスㇺミダ
プレゼント用にしてください Please giftwrap it.	선물용으로 포장해 주세요 ソンムㇽヨンウロ　ポジャンへ　ジュセヨ
別々に包んでください Please wrap them separately.	별개로 싸 주세요 ピョㇽゲロ　サ　ジュセヨ
自分用なので簡単に包んでください It's for me. So please wrap it simply.	제가 쓸거니까 간단하게 싸 주세요 チェガ　スㇽコニカ　カンダンハゲ　サ　ジュセヨ
機内預け荷物に入れるので梱包を丈夫にしてください I want to check this on the plane. So please make packing strong.	비행기 짐칸에 넣을 거니까，튼튼하게 싸 주세요 ピヘンギ　チㇺカネ　ノウㇽ　ゴニカ トゥントゥンハゲ　サ　ジュセヨ
紙袋／ビニール袋をもらえますか？ Paper bags / Plastic bags, please.	종이 봉지 / 비닐 봉지 좀 주시겠어요？ チョンイ　ポンジ／ビニㇽ　ポンジ　チョㇺ ジュシゲッソヨ？
品物の数だけ袋をもらえますか？ Please give me a bag for each item.	개수만큼 봉지를 주시겠어요？ ケスマンクㇺ　ポンジルㇽ　ジュシゲッソヨ？
袋をふたつにしてもらえますか？ Can I have them in two bags?	봉지를 두 개로 해 주시겠어요？ ポンジルㇽ　トゥ　ゲロ　へ　ジュシゲッソヨ？

環境保護のため、ショッピングバッグが有料の店が増えている。ビニール袋₩20～50、紙袋₩100くらいが相場だが、気になる人は買い物袋を持参しよう。

これを日本に送ってください
이것을 일본으로 부쳐 주세요
イゴッスル　イルボヌロ　プチョ　ジュセヨ
Please send this to Japan.

この住所に送ってください
이 주소로 부쳐 주세요
イ　チュソロ　プチョ　ジュセヨ
Here's the address.

DHL は／FedEx は／国際郵便小包は／SAL は／船便で、日本までいくらですか？
DHL 은 / FedEX 는 / 국제 우편 소포는 / SAL 은 / 선박편은 , 일본까지 얼마나 하나요 ?
ディエイチエルン／ペデクスヌン／クㇰチェ　ウピョン　ソポヌン／エスエイエルウン／ソンバㇰピョヌン、イルボンカジ　オㇽマナ　ハナヨ？
How much is it to Japan by DHL / FedEx / an international parcel / SAL / surface?

何日くらいかかりますか？
며칠 정도 걸리나요 ?
ミョチㇽ　チョンド　コㇽリナヨ？
How long will it take?

保険をかけてください
보험을 들어 주세요
ポホムㇽ　ドゥロ　ジュセヨ
Please insure this.

日本に送る小包が１点です
일본으로 보낼 소포가 하나입니다
イルボヌロ　ポネㇽ　ソポガ　ハナイㇺミダ
One package(parcel) to Japan.

こちらは○○ホテルの××号室で、名前は△△です
○○호텔 ×× 호실의 △△입니다
○○ホテル　××ホシレ　△△イㇺミダ
This is △△ . Room number×× at ○○ hotel.

数字 ▶P.236

免税手続きをする

これは免税になりますか？
이것은 면세 되나요 ?
イゴスン　ミョンセ　トェナヨ？
Is this tax-free?

免税はいくらからですか？
면세는 가격의 얼마부터 인가요 ?
ミョンセヌン　カギョㇰエ　オㇽマブト　インガヨ？
What's the limit for tax exemption?

免税の手続きをお願いします
면세 처리를 해 주세요
ミョンセ　チョリルㇽ　ヘ　ジュセヨ
Please fill out the duty-free form for me.

VAT フォームを作ってください
VAT 폼을 만들어 주세요
ブィエイティポムㇽ　マンドゥロ　ジュセヨ
Please fill out the VAT form.

パスポートは必要ですか？
패스포트가 필요한가요 ?
ペスポトゥガ　ピリョハンガヨ？
Do I need a passport?

（出国時に空港で）タックスリファンドのカウンターはどこですか？
택스 리펀드 카운터는 어디인가요 ?
テㇰス　リポンドゥ　カウントヌン　オディインガヨ？
Where is the tax refund counter?

現金の VAT 返還が可能なのは仁川、釜山、済州空港のみ。金浦は手続き可能だが返金は振り込み。釜山港は手続きそのものができないので注意（2005.3 現在）。

料理図鑑
緊急事態
基本会話
入出国
移動
観光
ショッピング
宿泊
飲食
通信
交流
ピンチ
日韓辞書
韓日辞書
文法
50音順検索

これは不良品です
이것은 불량품입니다
イゴスン　ブリャンプム　イムミダ
These are defective items.

すぐに壊れてしまいました
바로 부서졌습니다
パロ　プソジョッスムミダ
It broke almost immediately.

ファスナーが壊れました
지퍼가 고장났어요 .
チポガ　コジャンナッソヨ
The zipper has broken.

ここが壊れています
여기가 파손되어 있어요
ヨギガ　パソンデオ　イッソヨ
It's damaged here.

ここにひびが入っています
여기 금이 가 있어요
ヨギ　クミ　ガ　イッソヨ
It has a crack here.

ここに汚れがあります
여기 때가 묻었어요
ヨギ　テガ　ムドッソヨ
It has a stain here.

まったく動きません
전혀 움직이지 않아요
チョニョ　ウムジギジ　アナヨ
It doesn't work at all.

全然音が出ません
전혀 소리가 안납니다
チョニョ　ソリガ　アンナムミダ
Sound does not come out at all.

破れています
찢어져 있어요
チジョジョ　イッソヨ
It's torn.

角が折れています
모서리가 부러져 있어요
モソリガ　プロジョ　イッソヨ
The corner is damaged.

パッケージと中身が違います
패키지랑 내용이 다릅니다
ペキジラン　ネヨンイ　タルムニダ
It's in the wrong package.

昨日／3日前に
ここで買いました
어제／ 3 일 전에 여기서 샀습니다
オジェ／サミルジョネ　ヨギソ　サッスムミダ
I got it yesterday / three days ago.

これがレシートです
이것이 영수증입니다
イゴシ　ヨンスジュンイムミダ
This is the receipt.

新しい物に取り替えて
ください
새 것으로 바꿔 주세요
セ　ゴスロ　バクォ　ジュセヨ
Can you change it for a new one?

韓国の大手デパートやスーパーマーケットは一般に商品管理が行き届いており、クレームにも誠実に対応してくれる。帰国前ならレシートと現物を持参して交渉してみよう。

返品します
반품하겠습니다
パンプムハゲッスムミダ
Can I have a refund?

お金を返してください
돈 돌려주세요
トン　トルリョジュセヨ
Give me back the money, please.

ほかの商品と交換してください
다른 상품으로 교환해 주세요
タルン　サンプムロ　キョファネ　ジュセヨ
Can I exchange it for something else?

差額は支払います
차액은 지급하겠습니다
チャエグン　チクプ　ハゲッスムミダ
I'll pay the difference.

差額はいくらですか？
차액은 얼마입니까？
チャエグン　オルマイムミカ？
How much is the difference?

ほかのサイズ／色に替えてください
다른 사이즈 / 색으로 바꿔주세요
タルンサイジュ／セグロ　バクォジュセヨ
Please change it to other size / color.

サイズが合いませんでした
사이즈가 맞지 않았어요
サイジュガ　マッチ　アナッソヨ
It didn't fit me.

修理をお願いします
수리를 부탁드립니다
スリルル　ブタクドゥリムミダ
Can I have this repaired?

取り寄せはできますか？
주문하면 구해주실 수 있습니까？
チュムンハミョン　クヘジュシルス　イッスムミカ？
Would you order this for me?

どれくらいかかりますか？
어느 정도 걸립니까？
オヌ　ジョンド　ゴルリムミカ？
How long will it take?

待ちます
기다리겠습니다
キダリケッスムミダ
I'll wait.

待てません
기다릴 수 없습니다
キダリル　ス　オプスムミダ
I can't wait.

（商品が）入荷したらここに連絡をください
상품이 들어오면 여기로 연락 주세요
サンプミ　ドゥロミョン　ヨギロ　ヨルラク　ジュセヨ
If it arrives, notify me here.

ホテルに届けてもらえますか？
호텔로 배달해 주실수 있습니까？
ホテルロ　ペダレ　ジュシルス　イッスムミカ？
Can I have it delivered to the hotel?

オーダーメイド品はサイズが合わなかったり、希望と異なる仕上がりだったというケースがあり得る。できれば仮縫いを検品できる時間の余裕をもって注文したい。

ショッピングのイレカエ単語

化粧品など

化粧品 cosmetics	화장품 ファジャンプム
香水 perfume	향수 ヒャンス
オーデコロン eau de Cologne	오데코롱 オデコロン
口紅 lipstick	립스틱 リプスティク
ほお紅 cheek rouge	볼터치 ポルトチ
ファンデーション foundation	파운데이션 パウンデイション
アイシャドー eye shadow	아이셰도 アイシェド
石けん soap	비누 ピヌ
ヘアトニック hair tonic	헤어토닉 ヘオトニク
ヘアリキッド brilliantine	헤어리퀴트 ヘオリクウィトゥ
歯ブラシ toothbrush	치솔 チソル
歯みがき粉 toothpaste	치약 チヤク
カミソリ razor	면도칼 ミョンドカル
日焼け止めクリーム suntan lotion	썬크림 ソンクリム

ファッション

ブラウス blouse	블라우스 プルラウス
スカート skirt	스커트 スカトゥ
ワンピース dress	드레스 / 원피스 トゥレス／ウォンピス
靴下 socks	양말 ヤンマル
ストッキング stockings / panty hose	스타킹 スタキン
セーター sweater	스웨터 スウェト
ポロシャツ polo shirt	폴로셔츠 ポルロショチュ
T シャツ T-shirt	티셔츠 ティショチュ
ジーンズ blue jeans	청바지 チョンバジ
古着 secondhand clothing	헌옷 / 구제 ホノッ／クジェ
韓服（韓国の民族衣装） Korean folk clothes	한복 ハンボク
スカーフ scarf	스카프 スカプ
（縁ありの / 縁なしの）帽子 hat / cap	모자 モジャ
下着 underwear	속옷 ソゴッ

パンツ briefs / panties	팬티 ペンティ
ニット（毛糸） knit	니트 ニトゥ
麻 linen	마 マ
絹 silk	실크 シルク
綿 cotton	면 ミョン
ウール wool	울 ウル
伸縮性のある生地 elastic fiber	스판 スパン
V ネック V-necked	브이넥 ブイネク
丸首 round-necked	라운드넥 ラウンドゥネク
半そで half-length sleeves	반팔 パンパル
長そで long sleeves	긴팔 キンパル
注文の made to order	맞춤의 マッチュメ
手製の hand made	핸드메이드 ヘンドゥメイドゥ
派手な showy / colorful	화려한 ファリョハン
地味な quiet	수수한 ススハン
明るい bright	밝은 パルグン

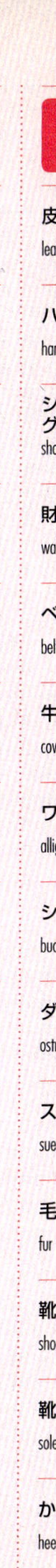

皮革製品／靴

皮革製品 leather goods	피혁제품 ピヒョクジェプム
ハンドバッグ handbag	핸드백 ヘンドゥベク
ショルダーバッグ shoulder bag	숄더백 ショルドベク
財布 wallet / purse	지갑 チガプ
ベルト belt	벨트 ペルトゥ
牛革 cowhide	소가죽 ソガジュク
ワニ革 alligator	악어가죽 アゴガジュク
シカ革 buckskin	사슴가죽 サスムガジュク
ダチョウの革 ostrich leather	타조가죽 タジョガジュク
スウェード革 suede	스웨드 スウェドゥ
毛皮 fur	모피 / 털가죽 モピ／トルガジュク
靴 shoes	구두 クドゥ
靴底 sole	구두창 クドゥチャン
かかと heel	뒤꿈치 トィックムチ
靴ひも shoelace	구두끈 クドゥックン

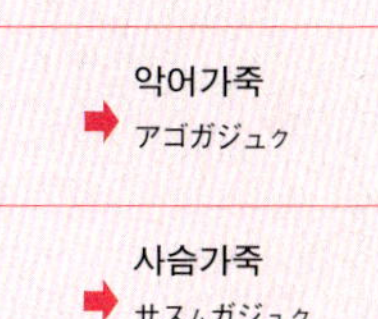

アクセサリー／宝石

アクセサリー accessories	액세서리 エクセソリ
指輪 ring	반지 パンジ
ネックレス necklace	목걸이 モッコリ
ブレスレット bracelet	팔찌 パルチ
ブローチ brooch	브로치 プロチ
イヤリング earrings	귀걸이 クィコリ
ピアス pierced earrings	피어스 ピアス
宝石 jewel	보석 ポソク
誕生石 birthstone	탄생석 タンセンソク
真珠 pearl	펄 ポル
紫水晶／紫石英（アメジスト） amethyst	자수정 / 자석영 チャスジョン／チャソギョン
プラチナ platinum	백금 ペックム
金 gold	금 クム
銀 silver	은 ウン
腕時計 wristwatch	손목시계 ソンモクシゲェ

日用品／雑貨

雨傘 umbrella	우산 ウサン
くし comb	빗 ピッ
缶切り can opener	깡통따개 カントンタゲ
ブラシ brush	브러시 プロシ
陶磁器 ceramic ware	도자기 トジャギ
ボールペン ball-point pen	볼펜 ポルペン
手帳 memo book	수첩 スチョプ
封筒 envelope	봉투 ポントゥ
便せん letter pad / stationery	편지지 ピョンジジ
ハサミ scissors	가위 カウィ
消しゴム eraser	지우개 チウゲ
地図 map	지도 チド
雑誌 magazine	매거진 / 잡지 メゴジン／チャプジ
新聞 newspaper	신문 シンムン
人形 doll	인형 イニョン

宿　泊

♨여관
お、♨マーク！
今日の宿はこの旅館にしようよ。

2人で泊まりたいんですけど
2人までは一部屋料金だよ
えっ そうなの？？ ラッキー！！

ふとんがひとつ…

キミから先に入ってくれよ…
いやいやキミこそ先に頼むよ…
注 韓国では同性がひとつの布団に寝るのは不自然ではない。布団の追加も頼めば応じてくれる。

宿泊
使える
これで完璧！
10フレーズ

1 今晩泊まれますか？

오늘밤 방 있습니까？
オヌルバム　パン　イッスムミカ？

Do you have a room (bed) for tonight?

2 バス・トイレ付きのツインルームをお願いします

욕실과 화장실이 있는 트윈룸으로 부탁해요
ヨクシルグァ　ファジャンシリ　インヌン　トゥウィンルムロ　プタッケヨ

A twin room with bath and lavatory, please.

3 1泊いくらですか？

일박에 얼마예요？
イルバゲ　オルマイェヨ？

How much is it for a night?

4 朝食付きですか？

아침식사 포함입니까？
アチムシクサ　ポハミムミカ？

Is breakfast included?

5 部屋を見せてください

방 좀 보여 주세요
パン　チョム　ポヨ　ジュセヨ

Let me see the room.

韓国の宿は「観光ホテル」「一般ホテル」「旅館・モーテル」「旅人宿」とレベルが分かれている。観光ホテルはさらにムクゲの花の数で１級～特１級までの等級分けがある。観光ホテルとそれ以下ではサービスや設備の質がまるで異なるのが特徴だが、最近では日本のビジネスホテルに相当する中間的な宿もできつつある。快適さなら観光ホテル、安さなら旅館・モーテルと上手に使い分けよう。

6 ルームサービスをお願いします

룸 서비스 부탁해요
ルムソビス　プタッケヨ

Room service, please.

7 鍵を部屋に置き忘れました（閉め出されました）

열쇠를 방에 두고 왔어요
ヨルソェルル　パンエ　トゥゴ　ワッソヨ

I'm locked out.

8 チェックアウトをお願いします

체크아웃 부탁해요
チェクアウッ　プタッケヨ

Check out, please.

9 領収書をください

영수증 주세요
ヨンスジュン　ジュセヨ

Give me a receipt, please.

10 荷物を預かってもらえますか？

짐 좀 맡아 주시겠어요？
チム　チョム　マッタ　ジュシゲッソヨ？

Could you keep my baggage (luggage)?

観光案内所で

ホテル予約はどこでできますか？
Where can I make a hotel reservation?
호텔 예약은 어디서 할 수 있나요 ?
ホテル　イェヤグン　オディソ　ハル　ス　インナヨ？

ホテルリスト／料金表はありますか？
Do you have a hotel / price list?
호텔 리스트 / 요금표 있나요 ?
ホテル　リストゥ／ヨグムピョ　インナヨ？

予算は１泊○○ウォンです
I wish to pay about ○○ per night.
예산은 일박에 ○○원입니다
イェサヌン　イルバゲ　○○ウォニムミダ

数字 ▶P.236

駅に近いホテルを希望します
I'd like a hotel near the station.
역에서 가까운 호텔이 좋겠어요
ヨゲソ　カカウン　ホテリ　ジョッケッソヨ

ユースホステルはどこにありますか？
Where's the youth hostel?
유스호스텔은 어디에 있나요 ?
ユスホステルン　オディエ　インナヨ？

ここからの行き方を教えてください
How can I get there?
여기서 가는 길을 가르쳐 주세요
ヨギソ　カヌン　キルル　カルチョ　ジュセヨ

ここから歩いて／タクシーで／バスで何分ですか？
How long does it take on foot / by taxi / by bus?
여기서 걸어서 / 택시로 / 버스로 몇 분 정도 걸리나요 ?
ヨギソ　ゴロソ／テクシロ／ボスロ　ミョッ　プン　ジョンド　コルリナヨ？

もう少し安いホテルを希望します
I'd like a little cheaper hotel.
조금 더 싼 호텔이 좋겠어요
チョグム　ト　サン　ホテリ　ジョッケッソヨ

朝食は付いていますか？
Is breakfast included?
아침식사 포함인가요 ?
アチムシクサ　ポハミンガヨ？

それにします、予約をお願いします
OK. Will you make a reservation for me?
거기로 하겠어요 , 예약 부탁합니다 .
コギロ　ハゲッソヨ、イェヤク　プタカムミダ

今晩から２泊します
I'll stay for two nights from this evening.
오늘밤부터 2 박입니다
オヌルパムブト　イバキムミダ

シングル／ツインルームをお願いします
A single / twin room, please.
싱글룸 / 트윈룸으로 부탁합니다
シグルルム／トゥウィンルムロ　プタカムミダ

バス・トイレ付き／共同の部屋を希望します
A room with / without bath and lavatory, please.
욕실 , 화장실이 있는 / 공용인 방으로 해 주세요
ヨクシル、ファジャンシリ　インヌン／コンヨンイン　パンウロ　ヘ　ジュセヨ

外国人がよく泊まるホテルやゲストハウスは、英語や簡単な日本語が通じる場合が多い。旅館やモーテルは外国語が通じないうえ、予約の習慣もあまりない。

自分で予約する（電話）

今晩から泊まれますか？
Can I stay from tonight?
오늘밤부터 묵을 수 있을까요 ?
オヌルパムブト　ムグル　ス　イッスルカヨ？

予約をお願いします
I'd like to make a reservation.
예약하겠습니다
イェヤクカゲッスムミダ

7月30日にチェックイン、8月3日にチェックアウトします
I'd like to check in on July thirtieth, and check out on August third.
7 월 30 일에 체크인해서 , 8 월 3 일에 체크아웃합니다
チルオル　サムシビレ　チェクインヘソ、パルオル　サミレ　チェクアウッタムミダ
月 ▶P.237

私たちはふたりです
A room for two, please.
두 사람입니다
トゥ　サラミムミダ

1泊いくらですか？
How much is it for a night?
1 박에 얼마인가요 ?
イルバゲ　オルマインガヨ？

私の名前は田中太郎です
This is Taro Tanaka.
제 이름은 타나카 타로입니다
チェ　イルムン　タナカ　タロイムミダ

何か割引はありますか？
Is there any discount?
할인이라든지는 없나요 ?
ハリニラドゥンジヌン　オムナヨ？

予約確認書はファクス／メールしてください
Please send my room confirmation by fax / e-mail.
예약 확인서를 팩스 / 메일로 보내 주세요
イェヤク　クァギンソルル　ペクス／メイルロ　ポネ　ジュセヨ

私のファクス番号／メールアドレスは〇〇〇〇〇〇
My fax number / e-mail address is 〇〇〇〇〇〇.
제 팩스 번호 / 메일 어드레스는 〇〇〇〇〇〇
チェ　ペクス　ポノ／メイル　オドゥレスヌン　〇〇〇〇〇〇

クレジットカードは〇〇カードで番号は〇〇〇〇〇〇〇です
My credit card is 〇〇. The number is 〇〇〇〇〇〇〇.
크레디트 카드는 〇〇카드 , 번호는 〇〇〇〇〇〇〇입니다
クレディトゥ　カドゥヌン　〇〇カドゥ、ポノヌン　〇〇〇〇〇〇〇イムミダ

有効期限は2007年2月です
It's valid till February two thousand seven.
유효 기간은 2007 년 2 월입니다
ユヒョ　キガヌン　イチョンチルリョン　イウォリムミダ
年・月 ▶P.237

もう一度言ってください
Say it again, please.
한 번 더 말씀해 주세요
ハン　ボン　ト　マルスムヘ　ジュセヨ

あなたのお名前をうかがえますか？
May I ask your name?
성함 좀 말씀해 주시겠습니까 ?
ソンハム　チョム　マルスムヘ　ジュシゲッスムミカ？

地方の旅館やモーテルは予約なしでもたいていは泊まれる。希望の宿が満室でも、イベント時などを除けば付近には必ず空室の旅館があるので、心配する必要はない。

ウォークイン（直接ホテルへ）

今晩泊まれますか？

Can I stay here tonight?

오늘밤 묵을 수 있을까요 ?
オヌルパム　ムグル　ス　イッスルカヨ？

シングル／ツインルームを希望します

I'd like a single / twin room.

싱글룸 / 트윈룸으로 주세요
シングルルム／トゥウィンルムロ　ジュセヨ

シャワー・トイレ付き／共同の部屋を希望します

A room with / without shower and lavatory, please.

욕실 , 화장실이 있는 / 공용인 방으로 주세요
ヨクシル、ファジャンシリ　インヌン／コンヨンイン　パンウロ　ジュセヨ

1泊いくらですか？

How much is it for a night?

1 박에 얼마인가요 ?
イルバゲ　オルマインガヨ？

朝食は付いていますか？

Is breakfast included?

아침식사는 나오나요 ?
アチムシクサヌン　ナオナヨ？

もっと安い部屋を／ドミトリーを希望します

I'd like a cheaper room / dormitory.

더 싼 방으로 / 공동 침실로 주세요
ト　サン　パンウロ／コンドン　チムシルロ　ジュセヨ

3泊するのでまけてください

I'll stay three nights. Please give me a discount.

3 박 하니까 , 더 싸게 해 주세요
サンバク　ハニカ、ト　サゲ　ヘ　ジュセヨ

静かな／眺めのよい部屋を希望します

I'd like a quiet room / room with a nice view.

조용한 / 경치 좋은 방으로 주세요
チョヨンハン／キョンチ　チョウン　パンウロ　ジュセヨ

海側／山側の部屋を希望します

I'd like a room by the side of the sea / mountain.

바다 쪽 / 산 쪽 방으로 주세요
パダ　チョク／サン　チョク　パンウロ　ジュセヨ

角部屋を希望します

I'd like a corner room.

구석방으로 주세요
クソクパンウロ　ジュセヨ

禁煙室／喫煙室を希望します

Non-smoking / Smoking room, please.

금연실 / 흡연실로 주세요
クミョンシル／フビョンシルロ　ジュセヨ

その／ほかの部屋を見せてください

Let me see the / another room.

그 / 다른 방을 보여 주세요
ク／タルン　パンウル　ポヨ　ジュセヨ

シャワー・トイレ共同の部屋を見せてください

May I see a room without shower and lavatory?

욕실 , 화장실 공용인 방을 보여 주세요
ヨクシル、ファジャンシル　コンヨンイン　パンウル　ポヨ　ジュセヨ

シャワーは1日中お湯が出ますか？

Does hot water come out of the shower twenty-four hours?

샤워실에는 하루종일 뜨거운 물이 나오나요 ?
シャウォシレヌン　ハルジョンイル　トゥゴウン　ムリ　ナオナヨ？

旅館やモーテルでは料金先払いが基本。観光ホテルでも中級以下は先払いがほとんど。高級ホテルではデポジットとしてクレジットカード提示が必要なケースがある。

この／さっきの部屋にします I'd like this room / the room I saw earlier.	이 / 조금 전 방으로 하겠습니다 イ／チョ　グム　ジョン　パンウロ　ハゲッスムミダ
ほかも見てから考えてみます I'd like to see some other hotels before deciding.	다른 방도 보고 나서 생각해 보겠습니다 タルン　パンド　ポゴ　ナソ　センガケ　ポゲッスムミダ
チェックインは／チェックアウトは何時ですか？ When is your checkin / checkout time?	체크인은 / 체크아웃은 몇 시입니까？ チェクイヌン／チェクアウスン　ミョッ　シイムミカ？
支払いはいつすればいいですか？ When should I pay?	요금은 언제 지급하면 되나요？ ヨグムン　オンジェ　チクパミョン　トェナヨ？
前金は必要ですか？ Is payment in advance required?	선불금이 필요한가요？ ソンブルグミ　ピリョハンガヨ？
今支払います I'll pay now.	지금 지급하겠습니다 チグム　チクパゲッスムミダ
領収書をください Give me a receipt, please.	영수증 주시겠어요？ ヨンスジュン　ジュシゲッソヨ？
領収書にあなたのサインを書いてください Please sign this receipt.	영수증에 사인해 주세요 ヨンスジュンエ　サインへ　ジュセヨ
現金で支払います I'll pay in cash.	현금으로 지급하겠습니다 ヒョングムロ　チクパゲッスムミダ
クレジットカード／パスポートはこれです Here's my credit card / passport.	크레디트 카드 / 패스포트 여기 있어요 クレディットゥ　カドゥ／ペスポトゥ　ヨギ　イッソヨ
クレジットカード／パスポートを返してください Give me back my credit card / passport, please.	크레디트 카드 / 패스포트 돌려 주시겠어요？ クレディットゥ　カドゥ／ペスポトゥ　トルリョ　ジュシゲッソヨ？
何故預かる必要があるのですか？ Why do you need to keep it?	왜 맡겨야 하나요？ ウェ　マッキョヤ　ハナヨ？
やっぱり、キャンセルします I'd like to cancel.	취소하겠습니다 チソハゲッスムミダ
ほかを探すのでお金を返してください I'll stay somewhere else. Give me back the money, please.	다른 곳으로 갈테니까，돈을 돌려 주세요 タルン　コスロ　カルテニカ、トヌル　トルリョ　ジュセヨ

旅館やモーテル、一般ホテルではシャワーはあるもののバスタブがない部屋も意外と多い。お湯につかりたい人は事前にフロントで確認したほうがいいだろう。

チェックイン

チェックインをお願いします
체크인해 주세요
チェクインへ　ジュセヨ
I'd like to check in.

電話／メールで予約した田中です
전화 / 메일로 예약한 타나카입니다
チョヌァ／メイルロ　イェヤカン　タナカイムミダ
This is Tanaka. I made a reservation on the phone / by e-mail.

予約確認書を忘れました
예약 확인서를 잊고 안 가져왔네요
イェヤク　ファギンソルル　イッコ　アン　ガジョワンネヨ
I forgot my confirmation card.

貴重品を預かってもらえますか？
귀중품 보관해 주시겠어요？
クィジュンプム　ポグァンへ　ジュシゲッソヨ？
Could you secure my valuables?

朝食は何時から何時までですか？
아침 식사는 몇 시부터 몇 시까지 인가요？
アチム　シクサヌン　ミョッ　シブト　ミョッ　シカジ　インガヨ？
What time is breakfast?

朝食のレストランはどこにありますか？
아침식사하는 레스토랑은 어디에 있나요？
アチムシクサハヌン　レストランウン　オディエ　インナヨ？
Where's the dining room?

荷物を部屋まで運んでもらえますか？
짐을 방까지 들어 주시겠어요？
チムル　パンカジ　トゥロ　ジュシゲッソヨ？
Could you carry this to my room?

荷物は自分で運びます
짐은 제가 들고 가겠어요
チムン　チェガ　トゥルゴ　カゲッソヨ
I'll carry it myself.

エレベーター／エスカレーターはどこですか？
엘리베이터 / 에스컬레이터는 어디에 있나요？
エルリベイト／エスコルレイトヌン　オディエ　インナヨ？
Where's the elevator(lift)/ escalator?

チェックインが遅くなる理由（電話）

朝／今日／昨日予約した田中です
아침 / 오늘 / 어제 예약한 타나카라고 합니다
アチム／オヌル／オジェ　イェヤカン　タナカラゴ　ハムミダ
This is Tanaka. I made a reservation this morning / today / yesterday.

チェックインは午後５時になります
체크인은 오후 5 시가 될 것 같습니다
チェクイヌン　オフ　タソッシガ　トェル　コッ　カッスムミダ
I'll come at five p.m.

部屋は確保しておいてください
방을 확보해 주세요
パンウル　ファクポへ　ジュセヨ
Please hold the room.

時間 ▶P.237

何時になるかわかりませんが、必ず行きます
몇 시가 될지 알 수 없지만, 틀림없이 가겠습니다
ミョッ　シガ　トェルチ　アル　ス　オプチマン、トゥルリモプシ　カゲッスムミダ
I can't tell when, but I will definitely come.

韓国のホテルはチェックインタイム 13：00、チェックアウトタイム 12：00 が一般的。旅館やモーテルは部屋の掃除が終わっていればいつでも入れる。

ホテル内

どなたですか？
누구세요？
ヌグセヨ？
Who is it?

何の用件ですか？
무슨 일이세요？
ムスン　イリセヨ？
What do you want?

しつこいです。帰ってください
끈질기네요 , 돌아가세요
クンジルギネヨ、　トラガセヨ
Stop pestering me. Go away.

ちょっと待ってください
잠깐만 기다리세요
チャムカンマン　キダリセヨ
Wait a minute.

どうぞ、入ってください
들어오세요
トゥロオセヨ
Please come in.

すみませんが、あとで来てください
죄송하지만 , 나중에 와 주시겠어요？
チェソンハジマン、ナジュンエ　ワ　ジュシゲッソヨ？
Excuse me. Could you come back later?

荷物はそこに置いてください
짐은 거기에 놓아두세요
チムン　ヨギエ　ノアドゥセヨ
Please put it there.

非常口はどこですか？
비상구는 어디인가요？
ピサングヌン　オディインガヨ？
Where's the emergency exit?

ルームサービスを頼む

日本語を話せる人をお願いします
일본어를 할 수 있는 사람은 안 계신가요？
イルボノルル　ハル　ス　インヌン　サラムン　アン　ゲシンガヨ？
Does anyone speak Japanese?

明朝6時にモーニングコールをお願いします
내일 아침 6 시에 모닝콜 부탁합니다
ネイル　アチム　ヨソッシエ　モニンコル　プタカムミダ
Wake up call, please. Tomorrow at six.

時間 ▶P.237

ルームサービスをお願いします
룸서비스 부탁합니다
ルムソビス　プタカムミダ
Room service, please.

代金を部屋につけてください
요금은 제 방으로 달아 주세요
ヨグムン　チェ　パンウロ　タラ　ジュセヨ
Please charge it to my room.

氷が／お湯が欲しいです
얼음을 / 뜨거운 물을 주시겠어요？
オルムル／トゥゴウン　ムルル　ジュシゲッソヨ？
I'd like some ice / hot water.

韓国ではモーニングコールは部屋のタイマーを自分で設定するセルフサービスタイプが多い。モーテルや旅館では目覚まし時計がないので時計は持参した方がよい。

ホテル内

洗濯物を頼みます
세탁 서비스 부탁합니다
セタク　ソビス　プタカムミダ
Laundry service, please.

できるだけ早くお願いします
되도록 빨리 부탁합니다
トェドロク　パルリ　プタカムミダ
As soon as you can, please.

明日の朝までにお願いします
내일 아침까지 부탁합니다
ネイル　アチムカジ　プタカムミダ
By tomorrow morning, please.

洗濯物が戻ってきません
세탁물이 돌아오질 않네요
セタクムリ　トラオジ　アンネヨ
My laundry isn't back yet.

シミが落ちていません
얼룩이 지워지지 않았어요
オルルギ　チウォジジ　アナッソヨ
The stain is still here.

やり直してください
다시 해 주세요
タシ　ヘ　ジュセヨ
Please do it again.

ドライヤーを／アイロンを貸してください
드라이어를 / 다리미를 빌려 주세요
ドゥライオルル／タリミルル　ピルリョ　ジュセヨ
May I use a hair dryer / an iron?

（あとで）ベッドメイク／部屋の掃除をお願いします
침대 정리 / 방 청소를 부탁합니다
チムデ　ジョンリ／パン　チョンソルル　プタカムミダ
Please prepare the bed / clean the room later.

スーツケースの鍵をなくしました
스트 케이스의 열쇠를 잃어버렸어요
ストゥ　ケイスエ　ヨルソェルル　イロボリョッソヨ
I've lost the key for my suitcase.

館内／フロント

ホテル内で両替できますか？
여기서 환전 되나요 ?
ヨギソ　ファンジョン　トェナヨ？
Can I exchange money here?

（エレベーターを降りるとき）お先にどうぞ
먼저 내리세요
モンジョ　ネリセヨ
After you. / Go ahead.

（このエレベーターは）上に上がりますか／下に降りますか？
위로 올라가나요 ? / 밑으로 내려가나요 ?
ウィロ　オルラガナヨ？／ミトゥロ　ネリョガナヨ？
It's going up / down?

（エレベーターから）降ります
내려요
ネリョヨ
We're getting off.

韓国は日本と同様チップの習慣がない。ルームサービスやポーターを頼んでもチップを渡す必要はない。特別な頼みごとをしたときに渡すのは失礼にはあたらない。

○○まで歩いて行けますか？

○○까지 걸어서 갈 수 있나요？
○○カジ コロソ カル ス インナヨ？

Can we walk to ○○？

○○までタクシーでいくらですか？

○○까지 택시로 얼마나 드나요？
○○カジ テクシロ オルマナ トゥナヨ？

How much is it to ○○ by taxi?

ここから何分ですか？

여기서 몇 분 걸리나요？
ヨギソ ミョッ プン コルリナヨ？

How long does it take?

ホテルのカードをください

호텔의 명함을 주시겠어요？
ホテレ ミョンハムル ジュシゲッソヨ？

Please give me a card of the hotel.

1025号室の鍵をください

1025 호실 키 주세요
チョンイシボホシル キ ジュセヨ

Key, please. Room number is ten two five.

数字 ▶P.236

1泊延長したいです

1 박 연장하겠습니다
イルバク ヨンジャンハゲッスムミダ

I'd like to stay one more night.

1日早く出発します

하루 일찍 출발 하겠습니다
ハル イルチク チュルバル ハゲッスムミダ

I'll leave one day earlier.

私あての手紙／ファクスが届いていませんか？

제게 온 편지 / 팩스 없나요？
チェゲ オン ピョンジ／ペクス オムナヨ？

Are there any letters / faxes for me?

私あてにメッセージはありませんか？

제게 온 메모 없나요？
チェゲ オン メモ オムナヨ？

Are there any messages for me?

この番号にファクスを送ってください

이 번호로 팩스를 보내 주세요
イ ボノロ ペクスルル ポネ ジュセヨ

Could you send a fax to this number?

利用料金はいくらですか？

이용 요금은 얼마인가요？
イヨン ヨグムン オルマインガヨ？

How much is the charge?

部屋でインターネットは使えますか？

방에서 인터넷을 사용할 수 있나요？
パンエソ イントネスル サヨンハル ス インナヨ？

Can I log on the Internet from my room?

パソコンは借りられますか？

컴퓨터를 빌릴 수 있나요？
コムピュトルル ピルリル ス インナヨ？

Can I borrow a personal computer?

マッサージの予約はどこでできますか？

마사지 예약은 어디서 하나요？
マサジ イェヤグン オディソ ハナヨ？

Where can I reserve (book) a massage?

ソウルや釜山、済州などで日本人客が多いホテルに泊まるなら言葉の心配はまず不要。スタッフはほぼ全員簡単な日本語ができる。フロントの日本語力はかなり高い。

予約が指定どおり入っていない

私は確かに予約しました
저는 확실하게 예약을 했습니다
チョヌン ファクシラゲ イェヤグル ヘッスムミダ
I definitely made a reservation.

これが確認書／予約番号です
이것이 확인서 / 예약 번호입니다
イゴッシ ファギンソ／イェヤク ボノイムミダ
This is the confirmation card ／ reservation (booking) number.

もう一度確認してください
한 번 더 확인해 주세요
ハン ボン ト ファギンヘ ジュセヨ
Please check it again.

明らかにそちらの責任です
이건 분명히 그 쪽의 책임입니다
イゴン プンミョンイ ク チョゲ チェギミムミダ
It's obviously your fault.

（満室のとき）同クラスのほかのホテルを探してください
같은 급의 다른 호텔을 찾아 주세요
カトゥン クベ タルン ホテルル チャジャ ジュセヨ
Please look for other hotels of this class.

今晩の宿泊代と交通費を負担してください
오늘밤의 숙박비와 교통비를 부담해 주세요
オヌルパメ スクパクピワ キョトンビルル プダメ ジュセヨ
Please pay the room charge and transportation expenses for tonight.

部屋で

鍵が開けられません
키가 열리질 않아요
キガ ヨルリジル アナヨ
I can't unlock the door.

鍵をなくしました
키를 잃어버렸습니다
キルル イロボリョッスムミダ
I lost the key.

鍵が壊れています
키가 망가졌어요
キガ マンカジョソヨ
The key doesn't work. / The lock is broken.

部屋に鍵を忘れました
방에 키를 놓고 나왔습니다
パンエ キルル ノッコ ナワッスムミダ
I've left my key in the room.

電源は／スイッチはどこですか？
전원은 / 스위치는 어디에 있나요 ?
チョンウォヌン／スウィチヌン オディエ インナヨ？
Where's the breaker / switch?

部屋の／トイレの電気がつきません
방의 / 화장실의 전기가 안 들어와요
パンエ／ファジャンシレ ジョンギガ アン ドゥロワヨ
The light in the room / lavatory doesn't work.

韓国のホテル料金は基本料金に加えて10％のサービス料が加算され、その総額に10％の税金が付く。一時、免税措置が取られていたが2005年に課税が復活した。

電球が切れました The light bulb burned out.	전구가 나갔습니다 チョングガ　ナガッスムミダ
テレビが／冷蔵庫が／エアコンが使えません TV / The refrigerator/The air conditioner doesn't work.	텔레비전을 / 냉장고를 / 에어컨을 사용할 수 없네요 テルレビジョヌル／ネンジャンゴルル　／エオコヌル　サヨンハルス　オムネヨ
温度を上げて／下げてください Please raise / lower the temperature.	온도를 올려 / 내려 주세요 オンドルル　オルリョ／ネリョ　ジュセヨ
金庫の使い方を教えてください How do I use the safety box?	금고의 사용 방법을 가르쳐 주세요 クムゴエ　サヨン　パンボブル　カルチョ　ジュセヨ
トイレが詰まっています The lavatory is blocked up.	화장실이 막혔어요 ファジャンシリ　マッキョッソヨ
お水が／お湯が出ません The water / hot water isn't running.	물이 / 더운 물이 안 나와요 ムリ／トウン　ムリ　アン　ナワヨ
お湯があふれてしまいました Hot water has run over the bathtub.	물이 넘치고 말았어요 ムリ　ノムチゴ　マラッソヨ
指輪を流してしまいました I dropped my ring down the drain.	반지를 흘려 버리고 말았어요 パンジルル　フリョ　ポリコ　マラッソヨ
隣の部屋がとてもうるさいです The room next door is too noisy.	옆방이 너무 시끄러워요 ヨプパンイ　ノム　シクロウォヨ
部屋を替えてください Please change the room.	방을 바꿔 주세요 パンウル　パクォ　ジュセヨ
石けん／シャンプーをください Bring me some soap / shampoo, please.	비누 / 샴푸를 주세요 ピヌ／シャンプルル　ジュセヨ
新しいタオル／シーツに替えてください Please change the towels / sheets.	새 타올 / 시트로 바꿔 주세요 セ　タオル／シトゥロ　パクォ　ジュセヨ
毛布をもう１枚ください Can I have one more blanket?	모포를 한 장 더 주시겠어요？ モポルル　ハン　ジャン　ト　ジュシゲッソヨ？
（急に非常ベルが鳴ったときなど）何かあったのですか？ What's going on?	무슨 일인가요？ ムスン　イリンガヨ？

旧市街にある古い建物では、下水管が細いなどの理由でトイレットペーパーを流せないケースがある。その場合、紙は便器横にある汚物入れに入れること。

チェックアウト

前日に手続きをする

明朝早く発ちます
I'll leave early tomorrow.
내일 아침 일찍 출발합니다
ネイル アチム イルチク チュルバラムミダ

今、会計してもらえますか？
Can I pay now?
지금 계산해 주시겠어요？
チグム ケサンネ ジュシゲッソヨ？

明日のチェックアウトの時間を遅らせたいのですが
I'd like to delay tomorrow's checkout.
내일 체크아웃 시간을 늦추고 싶은데요
ネイル チェクアウッ シガヌル ヌッチュゴ シプンデヨ

チェックアウト後、荷物を預かってもらえますか？
Could you keep my baggage (luggage) after checking out?
체크아웃 한 뒤에 짐을 맡겨도 될까요？
チェクアウッ タン トゥィエ チムル マッキョド トェルカヨ？

午後４時まで部屋を使えますか？
Can I use the room till four p.m.?
오후 4시까지 방을 쓸 수 있을까요？
オフ ネシカジ パンウル スル ス イッスルカヨ？

時間 ▶P.237

当日の手続き

荷物を部屋まで取りに来てください
Please come to take the baggage (luggage).
짐을 운반해 주시겠어요？
チムル ウンバネ ジュシゲッソヨ？

チェックアウトをお願いします
I'd like to check out.
체크아웃해 주세요
チェクアウテ ジュセヨ

クレジットカードで／現金で支払います
I'll pay with a credit card / in cash.
크레디트 카드로 / 현금으로 지급하겠습니다
クレディトゥ カドゥロ／ヒョングムロ チクパゲッスムミダ

昨日／チェックインのときに支払いました
I paid yesterday / when checking in.
어제 / 체크인할 때에 지급했습니다
オジェ／チェクイン ハル テエ チクペッスムミダ

チェックインのときにバウチャーを渡しました
I presented the voucher when checking in.
체크인할 때에 바우처를 드렸습니다
チェクインハル テエ バウチョルル トゥリョッスムミダ

領収書をください
Give me a receipt, please.
영수증 주시겠어요？
ヨンスジュン ジュシゲッソヨ？

計算が間違っています
This amount is wrong.
계산이 틀린데요
ケサニ トゥルリンデヨ

観光ホテルのチェックアウトは日本と同じ。旅館やモーテルは先払いなので、出るときに鍵をフロントに置いておけばよい。朝は人がいないこともある。

料理図鑑 緊急事態 基本会話 入出国 移動 観光 ショッピング 宿泊 飲食 通信 交流 ピンチ 日韓辞書 韓日辞書 文法 50音順検索

これは何の料金ですか？

이건 무슨 요금인가요 ?
イゴン　ムスン　ヨグミンガヨ？

What's this charge for?

電話／ミニバーは使っていません

전화 / 미니바는 사용하지 않았습니다
チョヌァ／ミニバヌン　サヨンハジ　アナッスムミダ

I didn't use the phone / mini-bar.

私は支払いません

지급할 수 없어요
チクパル　ス　オプソヨ

I won't pay.

ビールを２本飲みました

맥주를 두 병 마셨습니다
メクチュルル　トゥ　ビョン　マショッスムミダ

I had two beers.

（○○は）もともと壊れていました

그건 처음부터 깨져 있었어요
クゴン　チョウムブト　ケジョ　イッソッソヨ

○○ was already broken.

私の責任ではありません

제 책임이 아니에요
チェ　チェギミ　アニエヨ

It's not my fault.

預けた貴重品をください

맡긴 귀중품을 돌려 주세요
マッキン　クィジュンプムル　トルリョ　ジュセヨ

Please return my valuables.

荷物を預かっていただけますか？

짐을 맡길 수 있을까요 ?
チムル　マッキル　ス　イッスルカヨ？

Could you keep my baggage (luggage)?

午後５時頃に戻ります

오후 5 시경에 돌아옵니다
オフ　タソッシギョンエ　トラオムミダ

I'll be back around five p.m.

数字 ▶P.237

預けた荷物はどこですか？

맡긴 짐은 어디에 있나요 ?
マッキン　チムン　オディエ　インナヨ？

Where's my baggage (luggage)?

カバンが開けられています

가방이 열려 있어요
カバンイ　ヨルリョ　イッソヨ

Someone's opened my bag.

物が盗まれています

물건이 없어졌어요
ムルゴニ　オプソジョッソヨ

Somebody stole my things.

部屋に忘れ物をしました

방에 두고 나온 물건이 있어요
パンエ　トゥゴ　ナオン　ムルゴニ　イッソヨ

I left something in my room.

お世話になりました

잘 쉬었어요
チャル　シュィオッソヨ

Thank you for your hospitality.

観光ホテルで部屋に置いてあるカミソリや歯ブラシは全部有料。ミニバーと同じように自分で部屋の伝票に記入し、チェックアウト時に精算する。

料理図鑑
緊急事態
基本会話
入出国
移動
観光
ショッピング
宿泊
飲食
通信
交流
ピンチ
日韓辞書
韓日辞書
文法
50音順検索

リムジンバス／タクシーの予約をお願いします
Could you reserve (book) an airport limousine / a taxi for me?

리무진 버스 / 택시 예약을 해 주시겠어요 ?
リムジン　ポス／テクシ　イェヤグル　ヘ　ジュシゲッソヨ？

空港まで料金はいくらですか？
How much is it to the airport?

공항까지 요금은 얼마인가요 ?
コンハンカジ　ヨグムン　オルマインガヨ？

ここから空港までどれくらいかかりますか？
How long does it take to the airport?

여기서 공항까지 어느 정도 걸리나요 ?
ヨギソ　コンハンカジ　オヌ　ジョンド　コルリナヨ？

次のバスは何時ですか？
When will the next bus come?

다음 버스는 몇 시에 있나요 ?
タウム　ポスヌン　ミョッ　シエ　インナヨ？

何分間隔で運行していますか？
How often does the bus come?

몇 분 간격으로 운행하고 있나요 ?
ミョッ　プン　カンギョグロ　ウンヘンハゴ　インナヨ？

空港行きのバスターミナルはどこですか？
Where is the bus terminal for the airport?

공항 가는 버스 터미널은 어디인가요 ?
コンハン　カヌン　ポス　トミノルン　オディインガヨ？

ワゴン（大型）タクシーの手配をお願いします
Please arrange for a wagon /taxi.

웨건 (대형) 택시를 잡아 주세요
ウェゴン（テヒョン）　テクシルル　ジャバ　ジュセヨ

タクシーを30分後に呼んでください
Please call a taxi in thirty minutes.

택시를 30 분 후에 불러 주세요
テクシルル　サムシップン　フエ　プルロ　ジュセヨ

数字 ▶P.236

タクシーが着いたら呼んでください
Please call me when the taxi comes.

택시가 도착하면 불러 주세요
テクシガ　トチャカミョン　プルロ　ジュセヨ

この荷物をタクシーまで運んでください
Please carry this to the taxi.

이 짐을 택시까지 옮겨 주세요
イ　チムル　テクシカジ　オムギョ　ジュセヨ

11時までに空港に行ってください
To the airport by eleven, please.

11 시까지 공항에 도착하게 해 주세요
ヨランシカジ　コンハンエ　トチャカゲ　ヘ　ジュセヨ

時間 ▶P.237

時間がないので急いでください
Hurry, please.

시간이 없으니깐 서둘러 주세요
シガニ　オプスニカン　ソドゥルロ　ジュセヨ

国内線のターミナルへ行ってください
To the terminal for domestic flights, please.

국내선 터미널로 가 주세요
クンネソン　トミノルロ　カ　ジュセヨ

JALに乗るのですが、どのターミナルかわかりますか？
I'll take Japan Air Lines. Which terminal does it depart from?

JAL 을 타는데요 , 어느 터미널인지 아시나요 ?
ジャルル　タヌンデヨ、　オヌ　トミノリンジ　アシナヨ？

ソウルや釜山、済州では主要ホテルのロビー前まで空港行きリムジンバスが乗り入れているので便利。そのほか、独自の送迎サービスを行っているホテルもある。

1泊いくらですか？
How much is it for a night?
1 박에 얼마인가요 ?
イルバゲ　オルマインガヨ？

シャワーは1日中お湯が出ますか？
Does hot water come out of the shower twenty-four hours?
샤워실에는 하루종일 더운 물이 나오나요 ?
シャウォシレヌン　ハルジョンイル　トウン　ムリ ナオナヨ？

男女別の部屋ですか？
Is it separate rooms for men and women?
남녀 별도의 방인가요 ?
ナムニョ　ピョルトエ　パンインガヨ？

オンドル部屋を／ベッドルームを／スペシャルルームをお願いします
Ondol room / bed type room, please.
온돌방으로 / 침대방으로 / 특실로 부탁합니다 .
オンドルバンウロ／チムデバンウロ／トゥクシルロ プタッカムニダ

部屋を見せてください
Let me see the room.
방을 보여 주세요
パンウル　ポヨ　ジュセヨ

1部屋何人ですか？
How many persons in one room?
한 방에 몇 명이 들어가나요 ?
ハン　バンエ　ミョッ　ミョンイ　トゥロガナヨ？

ひとり／ふたり部屋はありますか？
Are there any single / twin rooms?
한 사람 / 두 사람 방은 없나요 ?
ハン　サラム／トゥ　サラム　パンウン　オムナヨ？

朝食は何時から何時までですか？
What time is breakfast?
아침 식사는 몇 시부터 몇 시까지 인가요 ?
アチム　シクサヌン　ミョッ　シブト　ミョッ　シカジ インガヨ？

門限は何時ですか？
What time is curfew?
문을 닫는 시간은 몇 시인가요 ?
ムヌル　タンヌン　シガヌン　ミョッ　シインガヨ？

喫煙所はどこですか？
Where can I smoke?
흡연실은 어디에 있나요 ?
フビョンシルン　オディエ　インナヨ？

貴重品を預かってもらえますか？
Can you secure my valuables?
귀중품을 보관해 주시나요 ?
クィジュンプムル　ポグァネ　ジュシナヨ？

シーツを貸してください
I'd like to borrow a sheet.
시트를 빌려 주세요
シトゥルル　ピルリョ　ジュセヨ

ふとんをもう一組貸してください
I'd like to borrow one more bed clothes.
이불 하나 더 빌려 주세요
イブル　ハナ　ド　ピルリョ　ジュセヨ

眠れないので静かにしてください
I can't sleep. Please be quiet.
잠잘 수가 없으니 , 좀 조용히 해 주시겠어요 ?
チャムジャル　スガ　オプスニ、チョム　ジョヨンヒ　ヘ ジュシゲッソヨ？

ソウルや釜山の外国人向けゲストハウスでは英語や簡単な日本語が通じる。一般旅館やモーテルでは韓国語しか通じないので上記文例を使って希望を強く伝えよう。

ホテル空室問い合わせシート例

from JAPAN

ホテル名 ＿＿＿＿＿＿＿＿

送信日（年／月／日）
보내는 날　／　／

ホテルの空き状況と、客室の料金を教えてください。
호텔의 빈 객실 상황과 요금을 가르쳐 주세요.
Please let me know your room availability and the room rate, thank you.

名前
이름 / Name

住所
주소 / Address

電話番号
전화번호 / Phone +81

ファクス番号
（市外局番から0をとったものを記載）
팩스번호 / Fax. +81

eメールアドレス
메일주소 / e-mail

到着日
도착일 / Check in date

チェックアウト（年／月／日）
체크아웃 / Check out date

宿泊数
숙박일수 / Number of night

宿泊人数
숙박인원 / Number of People

希望する部屋のタイプ「シングル／ダブル／ツイン／トリプル／スイート」「喫煙／禁煙」
원하는 방 타입 「□ 싱글 / □ 더블 / □트윈 / □트리플 / □스위트」
「□흡연 / □금연」
Type of Room「□Single /□ Double/ □Twin / □Triple / □Suite」
「□Smoking / □Non-smoking」

空き状況と料金をできる限り早くファクスまたはeメールにて送ってください。
될 수 있는 대로 빨리 빈 객실 상황과 요금을 팩스 또는 메일로 보내 주세요.
Please let me know the availability and the rate by fax or e-mail as soon as possible.
Thank you.

회답 / Your response 返事
□만실입니다 / full occupancy 満室です
□빈객실 있습니다 /rooms vacant (rate) 空室あります
→（料金）W

使用可能なクレジットカード「アメリカン・エキスプレス／JCB／マスター／ビザ」
사용 가능한 크레디트 카드 「□ 아메리칸 익스프레스 / □ 제이씨비 / □ 마스터 / □ 비자」
Credit Card「□AMEX /□JCB/□MasterCard /□VISA」

※現地語／英語のいずれかに統一し、ページを拡大コピーして希望を書き、ホテルあてに送付してください。

ホテル予約シート例

from JAPAN

ホテル名

送信日（年／月／日）
보내는 날 ／ ／

（下記の内容で予約をお願いいたします）
이하의 내용으로 예약 부탁드립니다.
Dear Madam / Sir, I Would like to reservation as follows:

名前
이름 / Name

住所
주소 / Address

電話番号
전화번호 / Phone +81

ファクス番号（市外局番から0を取ったものを記載）
팩스번호 / Fax +81

eメールアドレス
메일주소 / e-mail

到着日
도착일 / Check in date

到着時間
도착시 / Arrival Time

チェックアウト（年／月／日）
체크아웃 / Check out date

宿泊数
숙박일수 / Number of night

宿泊人数
숙박인원 / Number of People

希望する部屋のタイプ「シングル／ダブル／ツイン／トリプル／スイート」「喫煙／禁煙」
원하는 방 타입 「□ 싱글 / □ 더블 / □트윈 / □트리플 / □스위트」
「□ 흡연 / □ 금연」
Type of Room「□Single /□ Double/ □Twin / □Triple / □Suite」
「□Smoking / □Non-smoking」

クレジットカード名「アメリカン・エキスプレス／JCB／マスター／ビザ」
크레디트 카드명 「□아메리칸 익스프레스 / □ 제이씨비 /□ 마스터 / □ 비자」
Credit Card「□AMEX /□JCB/□MasterCard /□VISA」

カード番号
카드번호 / Card number

有効期限（日／月／年）
유효기간 / Expiration date（西暦）

サイン
사인 / Signature

予約ができましたら、できる限り早く確認書をお送りください。
예약이 되는대로, 빨리 확인서를 보내주세요.
Please send me written confirmation as soon as possible. Thank you.

회답 / Your response 返事
□ 예약되었습니다 / We had your reservation 予約しました
□ 만실입니다 / full occupancy 満室です
使用可能なクレジットカード「アメリカン・エキスプレス／JCB／マスター／ビザ」
사용 가능한 크레디트 카드 「□ 아메리카 익스프레스 /
□ 제이씨비 / □ 마스터 / □ 비자」
Credit Card「□AMEX /□JCB/□MasterCard /□VISA」

※現地語／英語のいずれかに統一し、ページを拡大コピーして希望を書き、ホテル宛てに送付してください。

料理図鑑 緊急事態 基本会話 入出国 移動 観光 ショッピング 宿泊 飲食 通信 交流 ピンチ 日韓辞書 韓日辞書 文法 50音順検索

宿泊のイレカエ単語

部屋の種類／施設／サービス

ホテル hotel	호텔 ホテル
モーテル motel	모텔 モテル
ホステル／旅館 hostel / inn	호스텔 / 여관 ホステル／ヨグァン
民宿 private rental room	민숙 / 민박 ミンスㇰ／ミンバㇰ
コンドミニアム condominium	콘도미니엄 / 콘도 コンドミニオム／コンド
支配人 manager	지배인 チベイン
フロント front desk / reception desk	프론터 プロント
食堂 grill	식당 シㇰダン
スナックバー snack bar	스낵바 スネㇰバ
喫茶室 coffee shop / tea room	커피숍 コピショプ
宴会場 banquet hall	연회장 ヨンフェジャン
ジム exercise room / fitness center	헬스클럽 ヘルスクルロプ
ビジネスセンター business center	비지니스센터 ビジネスセント
診療室 clinic	진료실 チルリョシル
非常口 emergency exit	비상구 ピサング
製氷機 ice machine	제빙기 チェビンギ
貴重品 valuables	귀중품 クィジュンプム
地下 basement	지하 チハ
日本の１階 first floor / ground floor	일층 イルチュン
日本の２階 second floor /first floor	이층 イチュン
エレベーター elevator / lift	엘리베이터 エルリベイト
階段 stairs	계단 ケダン
ひとり部屋 single	싱글 シングル
ふたり部屋（ダブルベッドがひとつ） double	더블 ドブル
ふたり部屋（シングルベッドがふたつ） twin	트윈 トゥイン
静かな部屋 a quiet room	조용한 방 チョヨンハン　バン
眺めのよい部屋 a room with a nice view	전망좋은 방 チョンマンジョウン　バン
海に面した部屋 a room facing the sea	바다가 보이는 방 パダガ　ポイヌン　バン
シャワー付きの部屋 a room with a shower	샤워실이 있는 방 シャウォシリ　インヌン　バン

風呂付きの部屋 a room with a bath	➡	목욕탕이 달린 방 モギョクタンイ　ダルリン　バン
シャワーなしの部屋 a room without a shower	➡	샤워실이 없는 방 シャウォシリ　オンヌン　バン
喫煙のできる部屋 smoking room	➡	스모킹 룸 / 흡연실 スモキンルム／フビョンシル
禁煙の部屋 non-smoking room	➡	논 스모킹 룸 / 금연실 ノンスモキンルム／クミョンシル
高層階 high level floor	➡	높은 층 ノップンチュン
鍵をかける lock	➡	열쇠를 잠그다 ヨルソェルル　ジャムグダ

部屋の設備／備品

貴重品預かりボックス safety box	➡	귀중품 보관함 クィジュンプム　ボグァンハム
シャワー shower	➡	샤워 シャウォ
浴室 bathroom	➡	욕실 ヨクシル
洗面台 washstand	➡	세면대 セミョンデ
蛇口 faucet	➡	수도 꼭지 スド　コッジ
冷暖房 air conditioning	➡	냉난방 ネンナンバン
暖房 heating	➡	난방 ナンバン
ラジオ radio	➡	라디오 ラディオ
館内電話 house phone	➡	관내전화 クァネジョヌァ
扇風機 fan	➡	선풍기 ソンプンギ
トイレットペーパー toilet paper	➡	화장지 ファジャンジ
ロッカー locker	➡	로커 ロコ
ハンガー hangers	➡	옷걸이 オッコリ
洋服ダンス wardrobe	➡	옷장 オッジャン
鏡 mirror	➡	거울 コウル
押し入れ closet	➡	붙박이장 プッバギジャン
絨毯 carpet	➡	카펫 カペッ
灰皿 ashtray	➡	재떨이 チェトリ
バスタオル（大、湯上りタオル） bath towel	➡	목욕수건 モギョクスゴン
フェイスタオル（中、顔拭きタオル） face towel	➡	얼굴닦는 수건 オルグルタッヌン　スゴン
ウォッシュタオル(小、体洗い用) wash towel	➡	때밀이 수건 テミリ　スゴン
電灯 light / lamp	➡	전등 チョンドゥン
卓上ライト table lamp	➡	탁상램프 タクサンレムプ
スタンド floor lamp	➡	스탠드 ステンドゥ
ベッドサイドランプ bedside lamp	➡	베드사이드 램프 ベドゥサイドゥ　レムプ

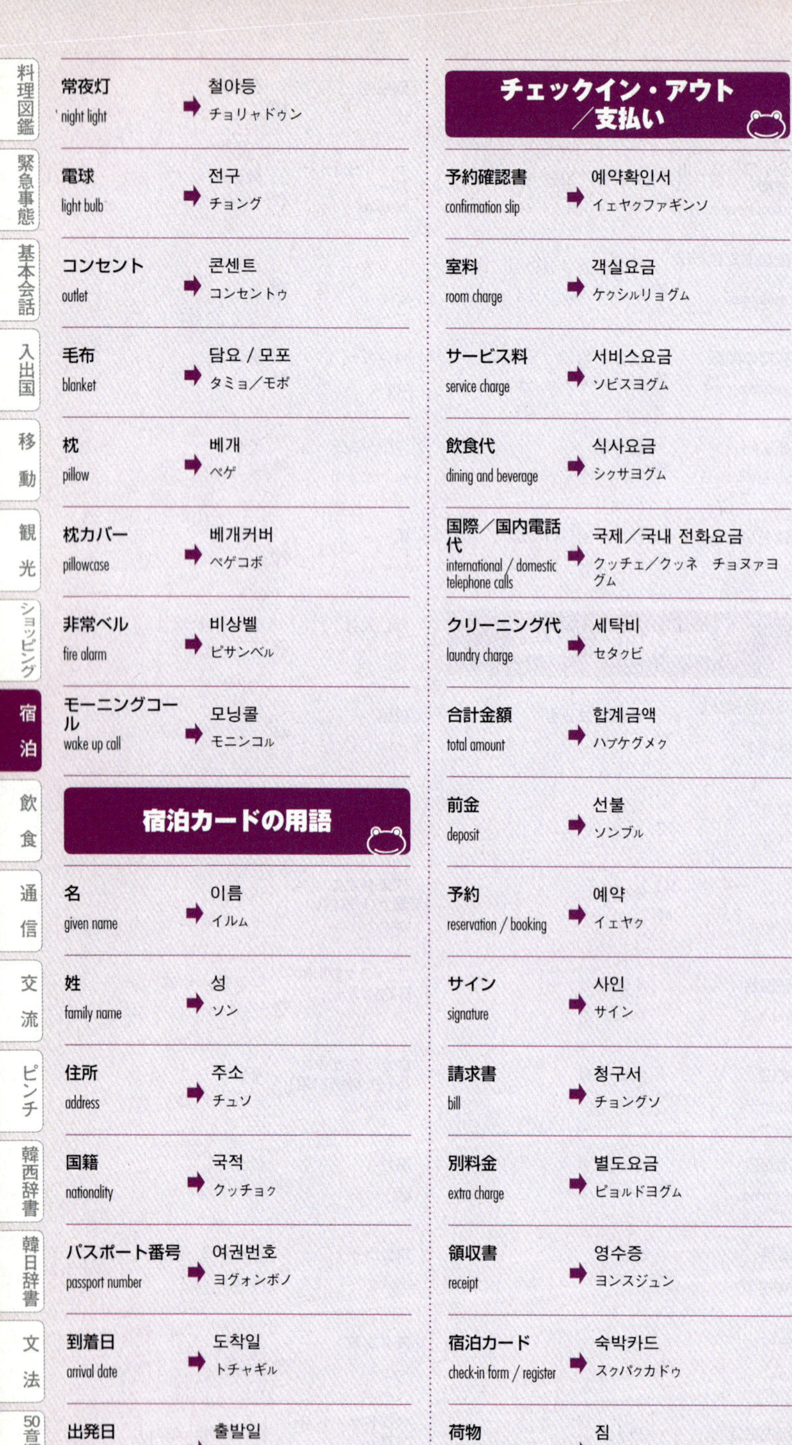

常夜灯 night light	철야등 チョリャドゥン
電球 light bulb	전구 チョング
コンセント outlet	콘센트 コンセントゥ
毛布 blanket	담요 / 모포 タミョ／モポ
枕 pillow	베개 ペゲ
枕カバー pillowcase	베개커버 ペゲコボ
非常ベル fire alarm	비상벨 ピサンベル
モーニングコール wake up call	모닝콜 モニンコル

宿泊カードの用語

名 given name	이름 イルム
姓 family name	성 ソン
住所 address	주소 チュソ
国籍 nationality	국적 クッチョク
パスポート番号 passport number	여권번호 ヨグォンボノ
到着日 arrival date	도착일 トチャギル
出発日 departure date	출발일 チュルバリル

チェックイン・アウト／支払い

予約確認書 confirmation slip	예약확인서 イェヤクファギンソ
室料 room charge	객실요금 ケクシルリョグム
サービス料 service charge	서비스요금 ソビスヨグム
飲食代 dining and beverage	식사요금 シクサヨグム
国際／国内電話代 international / domestic telephone calls	국제／국내 전화요금 クッチェ／クッネ　チョヌァヨグム
クリーニング代 laundry charge	세탁비 セタクビ
合計金額 total amount	합계금액 ハプケグメク
前金 deposit	선불 ソンブル
予約 reservation / booking	예약 イェヤク
サイン signature	사인 サイン
請求書 bill	청구서 チョングソ
別料金 extra charge	별도요금 ピョルドヨグム
領収書 receipt	영수증 ヨンスジュン
宿泊カード check-in form / register	숙박카드 スクパクカドゥ
荷物 baggage / luggage	짐 チム

飲食

うわーっ!! 本場のビビンバ
すっごく キレ〜〜〜!!

本場では 目でも楽しむんだなっ!!
こっちのはしから キレイに食べよっと。

あーっ!! ダメダメーっ!!
ピビムパプは こ〜〜うやって 思いっきりまぜまぜして 食べるのよ!!

砂場でやっと作ったお城を、 女の子にぶっ壊された 子供の気分…。
注 ピビムパプやかき氷は これでもかってほどぐちゃぐちゃ に混ぜるのが本場流。

飲食
使える
これで完璧！
10フレーズ

1 今晩7時に、ふたりの予約をお願いします

오늘 밤 7 시 , 두 사람 예약해 주세요
オヌル　パム　イルゴプシ、　トゥ　サラム　イェヤケ　ジュセヨ

I'd like to reserve a table for two tonight at seven.

2 今の時間、食事できますか？

지금 시간 , 식사할 수 있을까요 ?
チグム　シガン、　シクサハル　ス　イッスルカヨ？

Can I have a meal now?

3 メニューを見せてください

메뉴를 보여 주세요
メニュルル　ポヨ　ジュセヨ

May I have a menu?

4 注文をお願いします

주문 받아 주세요
チュムン　パダ　ジュセヨ

Order, please.

5 おすすめ料理は何ですか？

권해주실만한 요리에는 어떤 것이 있나요 ?
クォネジュシルマナン　ヨリエヌン　オトン　コシ　インナヨ？

What do you recommend?

レストランや食堂での支払いは日本と同じく、食事後に伝票をレジに持っていく。日本と違うのは“ワリカン”の習慣がないこと。一般には年長者がまとめて支払ったりするが、日本人どうしでワリカンしたいなら、とりあえずは代表者がまとめて支払い、あとで割るのがスマートだろう。チップの習慣もないので、伝票金額どおりを支払えばよい。

6 それに／これにします

그걸로 / 이걸로 하겠습니다
クゴルロ／イゴルロ　ハゲッスムミダ

I'll have that / this.

7 取り分けて食べたいので皿をください

작은 접시 좀 주시겠어요 ?
チャグン　ジョプシ　チョム　ジュシゲッソヨ？

Can we have some small plates for sharing?

8 すみません、まだ料理が来ていません

주문한 요리가 아직 안 나왔어요
チュムナン　ヨリガ　アジク　アンナワッソヨ

My order hasn't come yet.

9 とてもおいしかったです

아주 맛있었어요
アジュ　マシィッソッソヨ

It was very nice.

10 会計をお願いします

계산해 주세요
ケサネ　ジュセヨ

Check, please.

レストラン探しと予約

現地の人やホテルのコンシェルジュに店を尋ねる

地元料理を食べられる店を教えてください
Where can we have local specialties?
이 지역 요리를 먹을 수 있는 가게를 가르쳐 주세요
イ　チヨㇰ　ヨリルㇽ　モグㇽ　ス　インヌン　カゲルㇽ　カルチョ　ジュセヨ

この／駅の／観光地の近くでおすすめの店を教えてください
Which restaurant do you recommend near here / the station?
여기서 / 역에서 / 관광지에서 가까운 곳으로 권해주실만한 가게를 가르쳐 주세요
ヨギソ／ヨゲソ／クァングァンジエソ　カカウン　コッスロ　クォネジュシルマナン　カゲルㇽ　カルチョ　ジュセヨ

地元の人に人気の店を教えてください
Which restaurants are popular with locals?
여기 사람들에게 인기 있는 가게를 가르쳐 주세요
ヨギ　サラㇺドゥレゲ　インキ　インヌン　カゲルㇽ　カルチョ　ジュセヨ

家庭的な／にぎやかな／静かな雰囲気の店がいいです
I'd like a homely / lively / quiet restaurant.
가정적인 / 활기찬 / 조용한 분위기의 가게가 좋겠어요
カジョンジョギン／ファルギチャン／チョヨンハン　プニギエ　カゲガ　ジョッケッソヨ

あまり高くない店がいいです
I hope it's not too expensive.
그다지 비싸지 않은 가게가 좋겠어요
クダジ　ピサジ　アヌン　カゲガ　ジョッケッソヨ

この近くの店がいいです
I hope it's near here.
이 근처의 가게가 좋겠어요
イ　クンチョエ　カゲガ　ジョッケッソヨ

韓定食の／焼肉の／ビビンバのおいしい店を教えてください
Where is a nice Hanjeongsik / Garbigui / Bibimbap restaurant?
한정식이 / 갈비구이가 / 비빔밥이 맛있는 가게를 가르쳐 주세요
ハンジョンシギ／カルビグイガ／ピビㇺバビ　マシッスヌン　カゲルㇽ　カルチョ　ジュセヨ

日本語／英語が通じる店がいいです
I'd like a restaurant understands Japanese / English.
일본어 / 영어가 통하는 가게가 좋겠어요
イルボノ／ヨンオガ　トンハヌン　カゲガ　ジョッケッソヨ

和食の店を教えてください
Is there a Japanese restaurant?
일식집을 가르쳐 주세요
イㇽシㇰチブル　カルチョ　ジュセヨ

食べ放題の店はありますか？
Is there a buffet?
뷔페식의 가게는 없나요 ?
ブィペシゲ　カゲヌン　オㇺナヨ？

予算は、ひとりあたり○○ウォンくらいです
I wish to pay about ○○ won per person.
예산은 1 인당 ○○원 정도입니다
イェサヌン、イリンダン　○○ウォン　ジョンドイㇺミダ

数字 ▶P.236

子供連れでも大丈夫な店がいいです
I hope they accept children.
애들을 데리고 가도 괜찮은 가게가 좋겠어요
エドゥルㇽ　テリゴ　カド　クェンチャヌン　カゲガ　ジョッケッソヨ

夜遅くても開いている店を教えてください
Which restaurant is open till late?
밤 늦게까지 여는 가게를 가르쳐 주세요
パㇺ　ヌッケカジ　ヨヌン　カゲルㇽ　カルチョ　ジュセヨ

食堂の営業時間は大体 11：00 ～ 22：00 で、旧正月と秋夕（チュソク／中秋）を除いて年中無休が標準的。昼食メニューもあるが、終日同じものが食べられる店が多い。

(深夜などに) 今、開いているレストランを教えてください Please tell me which restaurants are open now?	**지금 열려 있는 레스토랑을 가르쳐 주세요** チグム ヨルリョ インヌン レストランウル カルチョ ジュセヨ
古くて雰囲気のよい民俗食堂を教えてください Where is a nice old Korean style restaurant?	**오래 되고 분위기 좋은 민속식당을 가르쳐 주세요** オレ トェゴ プニギ チョウン ミンソクシクダンウル カルチョ ジュセヨ
(地図やガイドを見せて) どのあたりにレストランが集まっていますか? Where is the restaurant district?	**어느쪽에 가게들이 모여있나요 ?** オヌチョゲ カゲドゥリ モヨインナヨ?
その店への行き方を教えてください How can I get to the restaurant?	**그 가게로 가는 길을 가르쳐 주세요** ク カゲロ カヌン キルル カルチョ ジュセヨ
その店の名前を、この紙に書いてください Could you write the name here?	**그 가게 이름을 이 종이에 써 주세요** ク カゲ イルムル イ ジョンイエ ソ ジュセヨ
その店の場所を、この地図で指してください Where's it on this map?	**그 가게가 있는 곳을 이 지도에 표시해 주세요** ク カゲガ イッヌン コスル イ チドエ ピョシヘ ジュセヨ
そのレストランのカードやパンフレットはありますか? Are there any cards or brochures of the restaurant?	**그 가게의 명함이나 팜플렛 있나요 ?** ク カゲエ ミョンハミナ パムプルレッ インナヨ?
その店へは、歩いて行くことはできますか? Can we walk there from here?	**그 가게는 여기서 걸어서 갈 수 있나요 ?** ク カゲヌン ヨギソ コロソ カル ス インナヨ?
その店まで、ここからどれくらい時間がかかりますか? How long does it take from here?	**그 가게까지 여기서 얼마나 걸리나요 ?** ク カゲカジ、ヨギソオルマナ コルニナヨ?
そこは予約が必要ですか? Do I need a reservation?	**거기는 예약이 필요한가요 ?** コギヌン イェヤギ ピリョハンガヨ?
正装しなければいけませんか? Do I have to dress up?	**정장을 해야 할 필요가 있나요 ?** チョンジャンウル ヘヤ ハル ピリョガ インナヨ?
ジーンズでも入れますか? Is it OK if I'm in jeans?	**청바지 라도 괜찮나요 ?** チョンバジ ラド ケンチャンナヨ?
ひとりでも入れますか? Can I go there alone?	**혼자라도 들어갈 수 있나요 ?** ホンジャラド トゥロガル ス インナヨ?
その店の周辺は夜でも安全ですか? Is it safe after dark around there?	**그 가게 주변은 밤에도 안전한 편인가요 ?** ク カゲ ジュビョヌン パメド アンジョナン ピョニンガヨ?

韓国では服装指定のレストランはほとんどないが、ひとりあたり10万ウォンを超えるような高級韓定食店や高級焼肉店では、ある程度上品な服装をしないと浮いてしまう。

レストラン探しと予約

タクシー運転手やツアーガイドに店を尋ねる

(運転手に) ホテル近くの、おすすめの店を教えてください
Can you recommend any restaurants near the hotel?
호텔 근처의 괜찮은 가게를 가르쳐 주시겠어요 ?
ホテル　クンチョエ　クェンチャヌン　カゲルル　カルチョ ジュシゲッソヨ？

(運転手に) そのおすすめの店に行くことにします
To the restaurant you recommended, please.
그 가게로 가 주세요
ク　カゲロ　カ　ジュセヨ

(運転手に) その店の真ん前まで乗せていってください
Take us right in front of the restaurant, please.
그 가게 바로 앞까지 가 주세요
ク　カゲ　パロ　アプカジ　カ　ジュセヨ

(運転手に) 帰りは、どこに行けばタクシーに乗りやすいですか？
Where can I get a taxi easily when I leave?
돌아갈 때에는 어디서 택시를 타야 하나요 ?
トラガル　テエヌン　オディソ　テクシルル　タヤ　ハナヨ？

(運転手に) レストランが多いあたりで降ります
To the restaurant district, please.
식당이 많은 곳에서 내려 주세요
シクタンイ　マヌン　コッセソ　ネリョ　ジュセヨ

(運転手に) ○○時間後に／○○時に店に迎えに来てもらえますか？
Would you pick us up ○○ hours later / at ○○ ?
○○시간 뒤에 / ○○시에 가게로 와주실 수 있나요 ?
○○シガン　トゥィエ／○○シエ　カゲロ ワジュシル　ス　インナヨ？
時間 ▶P.237

日本人客が少ない／日本人に人気のおすすめレストランを教えてください
Please recommend a restaurant with few / many Japanese visitors.
일본인이 잘 안가는 / 일본인에게 인기 있는 괜찮은 레스토랑을 가르쳐 주세요
イルボニニ　チャル　アンガヌン／イルボニネゲ　インキイン ヌン　クェンチャヌン　レストランウル　カルチョ　ジュセヨ

(ガイドに) この近くの安くておいしいレストランを教えてください
Can you recommend a cheep and good restaurant near here?
이 근처에 싸고 맛있는 식당을 가르쳐 주세요
イ　グンチョエ　サゴ　マシンヌン　シクタンウル カルチョ　ジュセヨ

(ガイドに本を見せて) このレストランの評判はどうですか？
How is the reputation of this restaurant?
이 레스토랑의 평판은 어떤가요 ?
イ　レストランエ　ピョンパヌン　オトンガヨ？

(ガイドに) そのレストランの近くまで連れていってくれませんか？
Please take us near the restaurant.
그 레스토랑 근처까지 데려다 주시겠어요 ?
ク　レストラン　クンチョカジ　テリョダ ジュシゲッソヨ？

レストランの予約をする

(ホテルのコンシェルジュに) レストラン予約の電話をお願いします
Would you make a reservation for us?
레스토랑을 예약해 주시겠어요 ?
レストランウル　イェヤッケ　ジュシゲッソヨ？

今晩／明晩 7 時に予約をしたいのですが
I'd like to reserve a table tonight / tomorrow at seven.
오늘밤 / 내일밤 7 시로 예약을 하고 싶습니다
オヌルパム／ネイルパム　イルゴプシロ　イェヤグル　ハゴ シプスムミダ
時間 ▶P.237

韓国の高級レストランには個室があるのが普通だが、予約していないと個室で食事をするのは難しい。落ち着いて食事したければ必ず予約しよう。

私たちは4人です

Table for four, please.

4 사람입니다
ネサラミムミダ

数字 ▶P.236

喫煙席／禁煙席を希望します

Smoking / Non-smoking table, please.

흡연석 / 금연석으로 부탁합니다
フビョンソグ／クミョンソグロ　プタカムミダ

眺めのよい席／窓際の席／海の見える席／ステージ近くの席にしてください

I'd like a table with a nice view / by the window / by the sea / near the stage.

경치가 좋은 자리 / 창문에 가까운 자리 / 바다가 보이는 자리 / 스테이지에 가까운 자리로 부탁합니다
キョンチガ　ジョウン　ジャリ／チャンムネ　カカウン　ジャリ／パダガ　ポイヌン　ジャリ／ステイジエ　カカウン　ジャリロ　プタカムミダ

何時なら予約が可能ですか？

When is a table available?

몇시에 자리가 비나요？
ミョッシエ　チャリガ　ピナヨ？

私の名前は○○○○です

This is ○○○○.

제 이름은 ○○○○입니다
チェ　イルムン　○○○イムミダ

料理の注文は、そちらに到着してからでいいですか？

Can we order after arriving there?

요리 주문은 거기에 도착한 뒤에 해도 될까요？
ヨリ　チュムヌン　コギエ　トチャカン　トゥィエ　ヘド　トェルカヨ？

(コースではなく) アラカルトで注文することはできますか？

Can we order a la carte dishes?

단품 요리로 주문해도 될까요？
タンプム　ヨリロ　ジュムンヘド　トェルカヨ？

コース料理はいくらのものがありますか？

What are the prices of the dinner courses there?

코스 요리는 가격이 얼마짜리가 있나요？
コス　ヨリヌン　カギョギ　オルマチャリガ　インナヨ？

(名物の) ○○料理は、到着してからの注文でも食べられますか？

May I order ○○ dish after arriving there?

○○요리는 도착한 뒤에 주문해도 먹을 수 있을까요？
○○ヨリヌン　トチャカン　トゥィエ　ジュムンヘド　モグルス　イッスルカヨ？

それにします (予約します)

I'll take it.

그걸로 하겠습니다
クゴルロ　ハゲッスムミダ

クレジットカードでの支払いは可能ですか？

Can you accept credit card?

카드로 지급할 수 있죠？
カドゥロ　チクパル　ス　イッチョ？

予約時間を30分遅らせてください

Please extend the reservation time by 30 minutes.

예약시간을 30 분 늦춰 주세요
イェヤクシガヌル　サムシププン　ヌッチュォ　ジュセヨ

数字 ▶P.236

店までの詳しい行き方を教えてください

Please tell me exactly how to get there.

가게로 가는 길을 자세하게 가르쳐 주세요
カゲロ　カヌン　キルル　ジャセハゲ　カルチョ　ジュセヨ

(ホテル前の) タクシーに、この店への行き方を説明してください

Please tell the driver how to get there.

택시 운전기사에게 이 가게로 가는 길을 설명해 주세요
テクシ　ウンジョンギサエゲ　イ　カゲロ　カヌン　キルル　ソルミョンへ　ジュセヨ

コース料理が主体の韓定食店や高級料理店でも、予約は席だけでよい場合が多い。その場合は店に到着してからメニューを見て希望のコースを注文できる。

料理の注文／食事中に

店に入る

今の時間、食事できますか？
Can I have a meal now?
지금 식사할 수 있나요 ?
チグム　シクサハル　ス　インナヨ？

予約は入れていません
I don't have a reservation.
예약하지 않았는데요
イェヤカジ　アナンヌンデヨ

ラストオーダーは何時ですか？
What time is the last order?
마지막 주문은 몇 시인가요 ?
マジマク　ジュムヌン　ミョッ　シインガヨ？

ふたりですが、すぐに入れますか？
Can we get a table for two straight away?
두 사람인데요, 금방 들어갈 수 있나요?
トゥ　サラミンデヨ、クムバン　トゥロガル　ス　インナヨ？

どれくらい待ちそうですか？
How long is the wait?
어느 정도 기다려야 하나요 ?
オヌ　ジョンド　キダリョヤ　ハナヨ？

それでは、待ちます
We'll wait, then.
그러면 , 기다리겠습니다
クロミョン、キダリゲッスムミダ

20分待ちましたが、まだ時間がかかりそうですか？
We've been waiting for twenty minutes. Will it take more time?
20 분 기다렸는데요 , 아직 더 걸리나요 ?
イシププン　キダリョンヌンデヨ、アジク　ト　コルリナヨ？
数字 ▶P.236

すみません、私たちのほうが先に待っていました
Excuse me. We were here first.
죄송하지만 , 저희들이 먼저 기다리고 있었습니다
チェソンハジマン、チョヒドゥリ　モンジョ　キダリゴ　イッソッスムミダ

できれば窓際の席をお願いします
I'd like a table by the window.
가능하면 창문 쪽 자리로 부탁합니다
カヌンハミョン　チャンムン　チョク　ジャリロ　プタカムミダ

禁煙席／喫煙席をお願いします
Smoking / Non-smoking table, please.
금연석 / 흡연석으로 주세요
クミョンソグ／フビョンソグロ　ジュセヨ

コートを預かってください
Please check my coat.
코트를 맡겨도 될까요 ?
コトゥルル　マッキョド　トェルカヨ？

このクレジットカードは／割引クーポンは使えますか？
Is this credit card / coupon OK?
이 크레디트 카드는 / 할인 쿠폰은 이용할 수 있죠 ?
イ　クレディトゥ　カドゥヌン／ハリン　クポヌン　イヨンハル　ス　イッチョ？

（予約の場合）こんばんは、7時に予約した佐藤です
Hello, I have a reservation at seven. The name is Sato.
여보세요 , 7 시에 예약한 사토입니다
ヨボセヨ、イルゴブシエ　イェヤカン　サトイムミダ

韓国では同じ料理を出す専門店街が自然に形成されている。同じメニューでもすいている店と込んでいる店があるのも不思議だが、込んでいる店はやはりうまいのだという。

（予約の場合）昨日電話で予約しました

I made a reservation on the phone yesterday.

어제 전화로 예약했습니다
オジェ　ジョヌァロ　イェヤケッスムミダ

人数がひとり増えました／減りました（予約の場合）

There will be one more / less person.

인원이 한 사람 늘어났습니다 / 줄었습니다
イヌォニ　ハン　サラム　ヌロナッスムミダ／チュロッスムミダ

（予約の場合）ひとり遅れてきます

One person will come later.

한 사람 늦게 옵니다
ハン　サラム　ヌッケ　オムニダ

子供用のイスはありますか？

Do you have chairs for children?

어린이용 의자 있나요 ?
オリニヨン　ウィジャ　インナヨ？

飲み物を注文する

メニューをください

Could I have a menu?

메뉴판 주시겠어요 ?
メニュパン　ジュシゲッソヨ？

日本語／英語のメニューはありますか？

Do you have a menu in Japanese / English?

일본어 / 영어로 된 메뉴판은 없나요 ?
イルボノ／ヨンオロ　トェン　メニュパヌン　オムナヨ？

お酒は何がありますか？

What kind of alcoholic drinks do you have?

술은 어떤 것이 있나요 ?
スルン　オトン　コッシ　インナヨ？

最初にビールをください

I'll begin with a beer.

먼저 , 맥주를 주세요
モンジョ、メクチュルル　ジュセヨ

軽い／重い／辛口／甘口の、赤／白／ロゼワインをください

Light / Full-bodied / Dry / Sweet red / white / rose wine, please.

가벼운 / 무거운 / 쌉쌀한 / 달콤한 맛의 , 레드 / 화이트 / 로제 와인으로 주세요
カビョウン／ムゴウン／サプサラン／タルコマン　マッセ、レドゥ／ファイトゥ／ロジェ　ワイヌロ　ジュセヨ

（予算は）○○ウォンくらいのものがいいです

Something for about ○○ won.

○○원 정도의 것으로 주세요
○○ウォン　ジョンドエ　コッスロ　ジュセヨ

グラス／デキャンタで注文できるワインはありますか？

Can I order wine by the glass / decanter ?

글래스 / 디캔터로 주문 가능한 와인 있나요 ?
グルレス／ディケントロ　ジュムン　カヌンハン　ワイン　インナヨ？

焼酎／百歳酒をください

Soju / Baeksaeju, please.

소주 / 백세주로 주세요
ソジュ／ペクセジュロ　ジュセヨ

乾杯！

Cheers!

건배 !
コンベ！

キムチや塩辛、味噌などの発酵食品を多く摂取する韓国では、何にでも合う焼酎が食事どきの酒として好まれる。ただし、韓国焼酎は甘味が強いので好みが分かれるかも。

料理図鑑 緊急事態 基本会話 入出国 移動 観光 ショッピング 宿泊 飲食 通信 交流 ピンチ 日韓辞書 韓日辞書 文法 50音順検索

料理を注文する

料理のメニューをください
May I have a meal menu?
요리 메뉴판을 주세요
ヨリ　メニュパヌル　ジュセヨ

注文をお願いします
We're ready to order.
주문 받아 주세요
チュムン　パダ　ジュセヨ

注文はもう少し待ってください
We'll order later.
주문은 조금 뒤에 할게요
チュムヌン　ジョグム　トゥィエ　ハルケヨ

（遅れてくる人が）みんな揃ってから料理を頼みます
We'll order when everyone arrives.
일행이 다 도착하면 주문 할게요
イレンイ　タ　トチャカミョン　ジュムン　ハルケヨ

この土地の名物料理はありますか？
Do you have any local specialties?
이 지역의 명물 요리는 어떤 것이 있나요？
イ　チヨゲ　ミョンムル　ヨリヌン　オトン　コッシ　インナヨ？

本日のおすすめ料理はありますか？
What's today's special?
오늘의 특별 요리는 어떤 것이 있나요？
オヌレ　トゥクピョル　ヨリヌン　オトン　コッシ　インナヨ？

その料理の食材は何ですか？
What is it made of?
그 요리의 재료는 무엇인가요？
ク　ヨリエ　ジェリョヌン　ムオッシンガヨ？

その料理は何の肉を使うのですか？
What meat is in it?
그 요리는 무슨 고기를 썼나요？
ク　ヨリヌン　ムスン　コギルル　ソンナヨ？

その料理は辛いですか？
Is it spicy?
그 요리는 매운가요？
ク　ヨリヌン　メウンガヨ？

鶏肉が／レバーが苦手なので、入っていない料理にしてください
I don't like chicken / liver. I'd like dishes without it.
닭고기는 / 간은 못 먹으니까，안 들어있는 요리로 해 주세요
タㇰッコギヌン／カヌン　モン　モグニカ、アン　ドゥロインヌンヨリロ　ヘ　ジュセヨ

コースメニューはありますか？
May I have a course menu?
코스 메뉴는 있나요？
コス　メニュヌン　インナヨ？

時間はかかりますか？
Does it take time?
시간이 걸리나요？
シガニ　コルリナヨ？

早くできるものはありますか？
Can you prepare something quickly?
빨리 되는 것은 어떤 것이 있나요？
パルリ　トェヌン　コッスン　オトン　コッシ　インナヨ？

韓国のレストランは人気店ほどメニューを絞って専門店化していることが多い。そういった店だと、座ったら「○人分！」だけで注文が済んでしまうこともしばしばだ。

肉料理でおすすめはどれですか？
Which meat dish do you recommend?
고기 요리 중에 권해주실만한 것은 어떤 것인가요？
コギ ヨリ ジュンエ クォネジュシㇽマナン コッスン オトン コッシンガヨ？

(焼肉店で) カルビを／ロースを／ハラミを／牛タンをお願いします
I'd like a garbi / sirloin /anchang / tongue.
갈비로 / 등심으로 / 안창으로 / 우설 으로 해 주세요
カㇽビロ／ドゥンシㇺウロ／アンチャンウロ／ウソㇽウロ ヘ ジュセヨ

さっぱり／こってりしているのはどれですか？
Which one is light / rich?
기름기 없는 / 기름기 많은 것은 어느 것인가요？
キㇽㇺキ オㇺヌン／キㇽㇺキ マヌン コスン オヌ コッシンガヨ？

低カロリーの料理はありますか？
Is there any low calorie dish?
저칼로리 요리는 있나요？
チョカㇽロリ ヨリヌン インナヨ？

子供向きのメニューを教えてください
Do you have any dishes for children?
어린이용 메뉴는 어떤 것이 있나요？
オリニヨン メニュヌン オトン コシ インナヨ？

野菜サラダをください
Fresh vegetable salad, please.
야채 샐러드를 주세요
ヤチェ セㇽロドゥルㇽ ジュセヨ

この料理はボリュームがありますか？
Is the portion large?
이 요리는 양이 많나요？
イ ヨリヌン ヤンイ マンナヨ？

これは○○人で食べるのに向いていますか？
Is this enough for ○○？
이 요리는 ○○사람이 먹기에 알맞나요？
イ ヨリヌン ○○サラミ モッキエ アㇽマンナヨ？
数字 ▶P.236

ふたりに充分な量ですか？
Is this enough for two?
두 사람이 먹기에 충분한 양인가요？
トゥ サラミ モッキエ チュンブナン ヤンインガヨ？

その料理は、ひと皿にいくつ入っていますか？
How many pieces does one dish have?
이 요리는 한 접시에 얼마나 나오나요？
イ ヨリヌン ハン ジョㇷ゚シエ オㇽマナ ナオナヨ？

メイン料理なしでもよいですか？
May I skip the main course?
메인 요리는 빼도 될까요？
メイン ヨリヌン ペド トェㇽカヨ？

1名だけコースで、あとはアラカルトの注文でもよいですか？
Can we order one dinner course, and a la carte for everyone else?
한 사람만 코스로, 나머지는 단품 요리를 주문해도 될까요？
ハン サラㇺマン コスロ、ナモジヌン タンプㇺ ヨリルㇽ ジュㇺネド トェㇽカヨ？

あの人が食べている料理は何ですか？
What is he /she having?
저 사람이 먹고 있는 요리는 뭔가요？
チョ サラミ モッコ インヌン ヨリヌン ムォンガヨ？

あれと同じ料理をください
I'll have the same as that.
저것과 같은 요리로 주세요
チョゴックァ カトゥン ヨリロ ジュセヨ

韓国式焼肉ではタンはあまり一般的ではない。タンやハラミがあるのは高級店で、一般の店では薬味ダレに漬け込んだヤンニョㇺカㇽビとロース程度しか置いていない。

料理の注文／食事中に

別の物にします
다른 걸로 하겠어요
タルン　コルロ　ハゲッソヨ
I'd like something else.

（メニューを指さして）これにします
이걸로 주세요
イゴルロ　ジュセヨ
I'll have this.

それをもらいます
저걸로 주세요
チョゴルロ　ジュセヨ
That one, please.

注文は以上です
주문은 이상입니다
チュムヌン　イサンイムミダ
That's all.

注文を変更します
주문을 바꾸겠습니다
チュムヌル　パクゲッスムミダ
I'd like to change the order.

やっぱり、ビビンバではなくカルビタンにします
역시 , 비빔밥이 아니라 갈비탕으로 하겠어요
ヨクシ　ピビムバビ　アニラ　カルビタンウロ　ハゲッソヨ
I'll have Galbitang, not Bibimbap.

（メニューを指さして）これをやめて、こっちにしていいですか？
이거 말고 , 이걸로 해도 될까요 ?
イゴ　マルゴ、イゴルロ　ヘド　トェルカヨ？
May I cancel this, and take this?

食事を楽しむ

食べ方を教えてください
먹는 법을 가르쳐 주세요
モンヌン　ポブル　カルチョ　ジュセヨ
How do I eat this?

スプーンを／箸を／フォークをください
숟가락 (스푼) 을 / 젓가락을 / 포크 를 주세요
スッカラクル（スプヌル）／チョッカラクル／ポクルル　ジュセヨ
Spoon / Chopsticks / Fork / Knife, please.

取り分けて食べたいので皿をください
덜어서 먹게 작은 접시 좀 주시겠어요 ?
トロソ　モッケ　ジャグン　ジョプシ　チョム　ジュシゲッソヨ？
Can we have some small plates for sharing?

これは注文していません
이건 주문한 적 없어요
イゴン　ジュムナン　ジョク　オプソヨ
I didn't order this.

もう、飲めません／食べられません
더는 못마시겠어요 / 못먹겠어요
トヌン　モッマシゲッソヨ／モッモッケッソヨ
I can't drink / eat any more.

もう、おなかいっぱいです
굉장히 배가 부릅니다
ケンジャンイ　ベガ　ブルムミダ
I'm enough, Thank you.

韓国ではひとつの鍋や皿を“直箸”、“直匙”でつつき合うのが習慣。“返し箸”をするのは逆に不作法なので、気になる人は取り分け用の箸や匙をもらうとよいだろう。

塩を／コショウをください
소금을 / 후추를 주세요
ソグムル／フチュルル　ジュセヨ
Pass me the salt / pepper, please.

ご飯をもう少しください
밥 좀 더 주시겠어요 ?
パプ　チョム　ト　ジュシゲッソヨ？
Some more rice, please.

もう一度、メニューを見せてください
한 번 더 메뉴판을 보여 주세요
ハン　ボン　ト　メニュパヌル　ポヨ　ジュセヨ
May I have a menu again?

注文の追加をお願いします
추가 주문이요
チュガ　ジュムニヨ
May I reorder?

料理は、あと何品出ますか？
요리는 몇 접시가 더 나오나요 ?
ヨリヌン　ミョッ　チョプシガ　ト　ナオナヨ？
How many more dishes are coming?

もう食べられないので、このあとの料理は結構です
배가 불러서 그런데 ,
나머지 요리는 취소하겠습니다
ベガ　ブルロソ　グロンデ、
ナモジヨリヌン　チソハゲッスムミダ
I'm full. I'll cancel the rest.

このあとは、デザートと飲み物で終わりにします
마지막으로 디저트와 음료수
하겠습니다
マジマグロ、ディジョトゥワ　ウムリョス
ハゲッスムミダ
I'll finish with a dessert and a drink.

これは、もう片付けてください
이건 , 치워 주세요
イゴン、チウォ ジュセヨ
Please tidy this up.

［お味はいかがでしたか？］
おいしかったです
［맛은 어땠습니까？］
맛있었어요
〔マスン　オテッスムミカ？〕
マシソッソヨ
［How was it?］ It was delicious.

コースに飲み物は含まれていますか？
코스에는 음료가 포함돼 있습니까 ?
コスエヌン　ウムリョガ　ポハムデ　イッスムミカ？
Is the drink included in the course?

コーヒー／紅茶／水をください
커피／ 홍차 ／물 주세요
コピ／ホンチャ／ムル　ジュセヨ
Coffee / Tea / Water, please.

ミルク／砂糖／氷はいりません
프림 ／설탕 ／얼음은 필요없습니다
プリム／ソルタン／オルムン　ピリョオプスムミダ
No milk / sugar / ice, thanks.

灰皿をください
재떨이 주세요
チェットリ　ジュセヨ
Ashtray, please.

トイレはどこですか？
화장실은 어디입니까 ?
ファジャンシルン　オディイムミカ？
Where's the lavatory?

酒を飲みつつ各種のおかずをつまみ、最後にご飯や麺類で締めるというのが基本的なコース料理での流れ。最初からご飯がほしい人は特に頼まないと出てこない。

支払いをする

お勘定をお願いします
Check, please.
계산해 주세요
ケサネ　ジュセヨ

勘定書きが見あたりません
I can't find the bill.
계산서가 안보이는데요
ケサンソガ　アンボイヌンデヨ

席で支払いできますか？
Can I pay here at the table?
자리에서 지급해도 될까요 ?
チャリエソ　チクペド　トェルカヨ？

この料金は サービス料／税金込みですか？
Does this include the service charge / tax?
이 금액은 서비스료 / 세금 포함인가요 ?
イ　クメグン　ソビスリョ／セグム　ポハミムガヨ？

ここは私のおごりです
It's on me.
제가 내겠습니다
チェガ　ネゲッスムミダ

私がまとめて払います
I'll pay for everything.
제가 전부 내겠습니다
チェガ　ジョンブ　ネゲッスンミダ

お勘定は別々にしてもらえますか？
Separate checks, please.
따로따로 계산해 주시겠어요 ?
タロタロ　ケサネ　ジュシゲッソヨ？

このクレジットカードは使えますか？
Do you accept this credit card?
이 카드로 지급 가능한가요 ?
イ　カドゥロ　チクプ　カヌンハンガヨ？

計算が／数量が間違っています
The amount / quantity is wrong.
계산이 / 수량이 틀렸어요
ケサニ／スリャンイ　トゥルリョッソヨ

この料理は頼んでいません
I didn't order this.
이 요리는 시키지 않았어요
イ　ヨリヌン　シキジ　アナンッソヨ

おつりが違っています
You gave me the wrong change.
거스름돈이 틀립니다
コスルムトニ　トゥルリムミダ

この金額は何ですか？
What's this charge?
이 금액은 뭔가요 ?
イ　クメグン　ムォンガヨ？

普通のメニューと日本語ニューで料金が違うのですが？
Is the charge different with an ordinary menu and a Japanese menu?
보통 메뉴판과 일본어 메뉴판의 가격이 다른데요 ?
ポトン　メニュパングァ　イルボノ　メニュパネ　カギョギ　タルンデヨ？

食事にも 10% の付加価値税が掛けられているが、通常は内税方式。日本人観光客に対してのみ外税と称して 10% 高い金額を請求する悪質な店があるので注意。

料理図鑑 緊急事態 基本会話 入出国 移動 観光 ショッピング 宿泊 飲食 通信 交流 ピンチ 日韓辞書 韓日辞書 文法 50音順検索

注文の内容を確かめてください
Please check the contents of our order.
주문 내용을 확인해 주세요
チュムン　ネヨンウル　ファギネ　ジュセヨ

値段が高すぎます
It's too expensive.
가격이 너무 비싼데요
カギョギ　ノム　ピサンデヨ

領収書をください
Give me the receipt, please.
영수증 주세요
ヨンスジュン　ジュセヨ

（ホテル内の場合）代金は私の部屋につけてください
Please charge it to my room.
요금은 제 방으로 달아놓아 주세요
ヨグムン　ジェ　パンウロ　タラノア　ジュセヨ

おつりは取っておいてください
Keep the change.
잔돈은 됐습니다
チャンドヌン　トェッスムニダ

テーブルにチップを置きました
I put the tip on the table.
테이블에 팁을 뒀어요
テイブレ　ティブル　トゥォッソヨ

店を出る

とてもおいしかったです
It was very nice.
정말 맛있었어요
チョンマル　マシィッソッソヨ

どうもありがとう　さようなら
Thank you so much. Goodbye.
잘 먹었어요
チャル　モゴッソヨ

（帰りの）タクシーを呼んでください
Could you get me a taxi?
택시를 불러 주시겠어요？
テクシルル　プルロ　ジュシゲッソヨ？

どこに行けばタクシーに乗りやすいですか？
Where can I get a taxi easily?
어디로 가야 택시를 잡기 쉬운가요？
オディロ　カヤ　テクシルル　ジャプキ　シウンガヨ？

ホテルへ／駅へ／タクシー乗り場へは、この道で正しいですか？
Is this the right way to the hotel / station / taxi stand?
호텔으로 / 역으로 / 택시 정류소로 가는데 이 길이 틀림없나요？
ホテルロ／ヨグロ／テクシ　ジョンリュソロ　カヌンデ　イ　キリ　トゥルリムオムナヨ？

（記念として）この店のカードやマッチをください
Please give me a card or matchbox of house.
기념으로 이 가게의 명함이랑 성냥을 주세요
キニョムロ　イ　カゲエ　ミョンハムイラン　ソンニャンウル　ジュセヨ

店の前で、私たちの記念写真を撮ってください
Could you take a picture of us in front of the restaurant?
가게 앞에서 저희들의 기념 사진을 찍어 주세요
カゲ　アペソ　ジョフィドゥレ　キニョム　サジヌル　チゴ　ジュセヨ

チップの習慣はないので、普通は請求金額どおりを払えばよい。特別なサービスを受けたり、無料で何か出してもらったりしたときは気持ちでチップを置いてもいい。

店への要望とトラブル

店への要望

少し寒いので、エアコンを弱くしてください
It's a little cold here. Please turn down the air-conditioner.
추운데요 , 에어콘 좀 약하게 해 주세요
チュウンデヨ、 エオコン チョム ヤッカゲ ヘ ジュセヨ

お代わりは無料ですか？
Is another helping free?
더 달라고 하면 그냥 주시나요 ?
ト タルラゴ ハミョン クニャン ジュシナヨ？

大盛りにしてください
Please make it a large helping.
곱빼기로 주세요
コッペギロ ジュセヨ

持ち帰りはできますか？
Is takeout (takeaway) doggie bag possible?
가져갈 수 있게 싸 주시나요 ?
カジョガル ス イッケ サ ジュシナヨ？

少し火が通っていないようです
It seems to be half-done.
덜 익은 것 같은데요
トル イグン コッ カトゥンデヨ

もう少し焼いてください
Please cook this a little more.
좀 더 구워 주세요
チョム ト クウォ ジュセヨ

新しいものと交換してください
Please change it for a new one.
새 걸로 바꿔 주세요
セ ゴルロ バクォ ジュセヨ

その料理は、キャンセルします！
I cancel the order!
그 요리는 취소합니다 !
ク ヨリヌン チソハムミダ！

匙を／箸を／ナイフを／フォークを落としてしまいました
I dropped my spoon / chopsticks / knife / fork.
숟가락 (스푼) 을 / 젓가락을 / 나이프를 / 포크를 바닥에 떨어뜨렸어요
スッカラク（スプヌル）／チョッカラクル／ナイプルル／ポクルル パダゲ トロトゥリョッソヨ

取り替えてください
Please exchange it for a new one.
새 걸로 주세요
セ ゴルロ ジュセヨ

水をこぼしたので
ナプキンをください
I've spilt water. Give me a napkin, please.
물을 쏟아서 그러는데 , 냅킨 좀 주세요
ムルル ソダソ クロヌンデ、 ネプキン チョム ジュセヨ

これを片付けてください
Please tidy this up.
이거 치워 주세요
イゴ チウォ ジュセヨ

ここを拭いてください
Please wipe this (spot).
여기 닦아 주세요
ヨギ タッカ ジュセヨ

ご飯は小さなステンレス製のお椀に入ってくる。日本でどんぶり飯が普通な人には物足りないだろう。追加はお椀単位で頼むことができ、1000ウォンくらいが普通。

私の荷物を／上着を持ってきてください
Please bring my bag / coat.

제 짐을 / 코트를 가지고 와 주세요
チェ ジムル／コトゥルル カジゴ ワ ジュセヨ

トラブル

グラスが割れているので替えてください
This glass has a crack. Please change it for a new one.

컵이 깨져 있으니 , 다른 걸로 바꿔 주세요
コビ ケジョ イッスニ、 タルン コルロ パクォ ジュセヨ

頼んだ物がまだ来ません
My order hasn't come yet.

주문한 게 아직 안 나왔어요
チュムナン ケ アジク アン ナワッソヨ

これは何という料理ですか？
What do you call this?

이건 무슨 요리죠 ?
イゴン ムスン ヨリジョ？

これは私たちが注文したものですか？
Is this what we ordered?

이건 저희가 주문한 건가요 ?
イゴン ジョフィガ ジュムナン コンガヨ？

この料理は注文していません
We didn't order this.

이 요리는 주문한 적 없어요
イ ヨリヌン チュムナン ジョク オプソヨ

ハエ／虫を何とかしてください
Please do something with the fly / bug.

파리 / 벌레를 어떻게 좀 해 주세요
パリ／ポルレルル オットケ チョム ヘ ジュセヨ

料理の中に何か／虫が入っていました
There's something / a bug in the dish.

요리에 뭔 / 벌레가 들어있어요
ヨリエ ムォン／ポルレガ トゥロイッソヨ

すぐに取り替えてください
Please change the plate right away.

빨리 바꿔 주세요
パルリ バクォ ジュセヨ

席を替えてもらえますか？
Can we change tables?

자리를 바꿔 주시겠어요 ?
チャリルル パクォ ジュシゲッソヨ？

予約した席と違います
This table is not what I reserved.

예약한 자리랑 틀린데요
イェヤカン チャリラン トゥルリンデヨ？

隣のグループがうるさいのですが
The next table is too noisy.

옆자리가 너무 시끄러운데요
ヨプチャリガ ノム シクロウンデヨ

隣の人のタバコの煙が流れてきます
The smoke from the next table flows over here.

옆자리의 담배연기가 이쪽으로 오는데요
ヨプチャリエ タムベヨンギガ イチョグロ オヌンデヨ

観光客が多いソウルの明洞などでは、残念ながら悪質な店がまだある。飲み物の値段が極端に高かったり、量が極端に少なかったり、二重価格だったりというケースだ。

注文する

ここで注文していいですか？ Can I order here?	여기서 주문하면 되나요 ? ヨギソ　ジュムナミョン　トェナヨ？
セットメニューはありますか？ Is there any combination meal?	세트 메뉴 있나요 ? セトゥ　メニュ　インナヨ？
3番のセットをください Combo No. 3, please.	3 번 세트 (콤보) 로 주세요 サムボン　セトゥ（コムボ）ロ　ジュセヨ
チーズバーガーとフライドポテトをお願いします Cheese burger and French fries, please.	치즈버거와 프라이드 포테이토를 주세요 チズボゴワ　プライド　ポテイトルル　ジュセヨ
冷麺をください Naengmyeon, please.	냉면을 주세요 ネンミョヌル　ジュセヨ
○○を、多め／少なめにしてください More / Less ○○ , please.	○○를 많이 / 적게 해 주세요 ○○ルル　マニ／チョッケ　ヘ　ジュセヨ
○○を入れないでください No pickles, please.	○○를 넣지 말아 주세요 ○○ルル　ノッチ　マラ　ジュセヨ
(指さして) これと、これだけ入れてください Just this and this, please.	이거랑 이것만 넣어 주세요 イゴラン　イゴンマン　ノオ　ジュセヨ
全部入れてください Everything, please.	전부 넣어 주세요 チョンブ　ノオ　ジュセヨ
飲み物は何がありますか？ What kind of drinks do you have?	음료수는 어떤 것이 있나요 ? ウムリョスヌン　オトン　コシ　インナヨ？
飲み物はコーラにします Coke, please.	콜라로 주세요 コルラロ　ジュセヨ
サイズはS／M／Lサイズをお願いします Small / Medium / Large, please.	사이즈는 S / M / L 사이즈로요 サイズヌン　エス／エム／エル　サイジュロヨ
ここで食べます For here, please.	여기서 먹어요 ヨギソ　モゴヨ

ファストフードでは飲み物のお代わりが自由にできる場合が多い。LLサイズのドリンクをお代わりしながら回し飲みしている学生たちの姿などはいかにも韓国らしい。

持ち帰ります
테이크아웃이요
テイクアウッシヨ
To go, please.

おつりが違います
거스름돈이 틀립니다
コスルムトニ　トゥルリムミダ
You gave me the wrong change.

ストローをください
빨대 주시겠어요 ?
パルテ　ジュシゲッソヨ？
Please give me a straw.

ケチャップをください
케첩 주시겠어요 ?
ケチョプ　ジュシゲッソヨ？
Ketchup, please.

箸はどこにありますか？
젓가락은 어디에 있습니까 ?
チョッカラグン　オディエ　イッスムミカ？
Where can I get chopsticks?

テーブルで

この席は空いていますか？
이 자리 비어있나요 ?
イ　ジャリ　ピオインナヨ？
Is this seat vacant?

ここに座ってもいいですか？
여기 앉아도 될까요 ?
ヨギ　アンジャド　トェルカヨ？
May I sit here?

ええ、どうぞ
예 , 그러세요
イェ、クロセヨ
Yes, please.

（席が空いているか尋ねられたとき）ここは連れが来ます
일행이 앉을 자린데요
イレンイ　アンジュル　ジャリンデヨ
Sorry, it's taken.

そこは私の席です
거긴 제 자리예요
コギン　ジェ　ジャリエヨ
It's my seat.

（ほかのテーブルの人に）このイスを使ってもいいですか？
이 의자 가져가도 될까요 ?
イ　ウィジャ　カジョガド　トェルカヨ？
Can I take this chair?

どこに片付ければいいですか？
어디로 치우면 되나요 ?
オディロ　チウミョン　トェナヨ？
Where should I take this?

ここに置いていってもいいですか？
여기에 둬도 되나요 ?
ヨギエ　トゥド　トェナヨ？
May I leave it here?

フードコートではまずレジで注文・精算し、引換券をもらう。好みの席に着き、各料理のコーナーに自分の引換券番号が表示されたら取りに行く。返却も各コーナーへ。

ここに座ってもいいですか？
여기 앉아도 될까요 ?
ヨギ　アンジャド　トェルカヨ？
May I sit here?

（ウェイターを呼ぶとき）すみません！
여기요 !
ヨギヨ！
Excuse me!

メニューを見せてください
메뉴판 주시겠어요 ?
メニュパン　ジュシゲッソヨ？
May I have a menu?

注文をお願いします
주문 받아 주세요
チュムン　パダ　ジュセヨ
Order, please.

五味子茶をください
오미자차 주세요
オミジャチャ　ジュセヨ
Omijacha, please.

カフェイン抜きのコーヒーはありますか？
탈카페인 커피 있나요 ?
タルカペイン　コピ　インナヨ？
Do you have decafe?

水を付けてください
물도 같이 주세요
ムルド　カチ　ジュセヨ
With water, please.

どんなケーキがありますか？
어떤 케이크가 있나요 ?
オトン　ケイクガ　インナヨ？
What kind of cakes do you have?

軽い食事はできますか？
간단한 식사도 되나요 ?
カンダナン　シクサド　トェナヨ？
Can I have a light meal?

朝食／昼食メニューはありますか？
아침 / 점심 메뉴 있나요 ?
アチム／チョムシム　メニュ　インナヨ？
Do you have a breakfast / lunch menu?

コーヒーは先に／食後にお願いします
커피는 먼저 / 식후에 내 주세요
コピヌン　モンジョ／シクエ　ネ　ジュセヨ
Please bring my coffee before /after the meal.

コーヒーは料理と一緒に持ってきてください
커피는 요리와 함께 내 주세요
コピヌン　ヨリワ　ハムケ　ネ　ジュセヨ
Please bring the coffee together with the dish.

箸／ナイフ／フォークをください
젓가락 / 나이프 / 포크 주시겠어요 ?
チョッカラク／ナイプ／ポク　ジュシゲッソヨ？
Chopsticks / Knife / Fork, please.

塩／コショウ／コチュジャンをください
소금 / 후추 / 고추장 주시겠어요 ?
ソグム／フチュ／コチュジャン　ジュシゲッソヨ？
Salt / Pepper / Kochujang, please.

仏教と結びついた喫茶文化を李朝が禁止したため、韓国では緑茶を飲む習慣が廃れていた。最近では全羅道や済州道での製茶が軌道に乗り、緑茶がブームになっている。

酒類はありますか？
술도 있나요 ?
スルド　インナヨ？
Do you have alcoholic drinks?

お酒／伝統茶のメニューを見せてください
술 / 전통차 메뉴를 보여 주세요
スル／チョントンチャ　メニュルル　ポヨ　ジュセヨ
May I have a drink / traditional tea menu?

トンドンジュ（マッコリ）をひとつください
동동주 (막걸리) 하나 주세요
トンドンジュ（マッコルリ）　ハナ　ジュセヨ
Dongdongju (Makkolri), please.

会計をお願いします
계산해 주세요
ケサネ　ジュセヨ
Check, please.

トイレはどこですか？
화장실은 어디인가요 ?
ファジャンシルン　オディインガヨ？
Where's the lavatory?

公衆電話はありますか？
공중전화 있나요 ?
コンジュンジョヌァ　インナヨ？
Is there a pay phone?

テレフォンカードはここで買えますか？
전화 카드는 어디서 파나요 ?
チョヌァ　カドゥヌン　オディソ　パナヨ？
Can I get a telephone card here?

タバコは売っていますか？
담배 파나요 ?
タムベ　パナヨ？
Do you have cigarettes?

このセットをお願いします
이 세트로 주세요
イ　セトゥロ　ジュセヨ
I'd like this set.

ふたり以上じゃないとだめですか？
두 사람 이상 아니면 안 되나요 ?
トゥサラム　イサン　アニミョン　アン　ドェナヨ？
Is this for two or more persons?

伝統茶と韓菓のセットにします
전통차와 한과 세트로 주세요
チョントンチャワ　ハングァ　セトゥロ　ジュセヨ
I'll have a traditional tea and Hangwa set.

飲み物はユズ茶をお願いします
차는 유자차로 주세요
チャヌン　ユジャチャロ　ジュセヨ
Yujacha, please.

カフェラテのトールを／ショートをお願いします
카페라테 톨로 / 숏으로 주세요
カペラテ　トルロ／ショッスロ　ジュセヨ
Tall / Short cafe latte, please.

それとクッキーも一緒にください
그거랑 쿠키도 같이 주세요
クゴラン　クキド　カッチ　ジュセヨ
And a cookie, please.

ソウルにはアメリカ系のコーヒーショップチェーン店や、そのスタイルをまねた店がたくさんある。メニューもオーダーの方法も世界共通なので心配無用。

ホテル内での朝食／軽食

朝食／ビュッフェスタイル

おはようございます
Good morning.
안녕하세요
アンニョンハセヨ

部屋番号は 1125 です
My room number is 1125.
방 번호는 1125 호실입니다
パン　ボノヌン　チョンベㇰイシボホシリㇺミダ

連れを探しています
I'm looking for my friend.
일행을 찾고 있습니다
イレンウㇽ　チャッコ　イッスㇺミダ

好きな所に座って いいですか？
May I sit anywhere?
아무데나 앉아도 되나요 ?
アムデナ　アンジャド　トェナヨ？

ここに座ってもいいですか？
May I sit here?
같이 앉아도 되겠습니까 ?
カッチ　アンジャド　トェゲッスㇺミカ？

コンチネンタル／アメリカンブレックファスト／ビュッフェにします
I'd like the continental breakfast / American breakfast / buffet.
콘티넨탈 / 아메리칸 브렉퍼스트 / 뷔페로 하겠습니다
コンティネンタル／アメリカン　ブレㇰポストゥ／ブィペロ　ハゲッスㇺミダ

お粥を注文できますか？
Can I have a porridge?
죽을 주문해도 될까요 ?
チュクㇽ　ジュムネド　トェㇽカヨ？

これは別料金ですか？
Is there an extra charge?
이건 별도 요금인가요 ?
イゴン　ピョㇽト　ヨグミンガヨ？

コーヒー／紅茶をください
Coffee / Tea, please.
커피 / 홍차 주시겠어요 ?
コピ／ホンチャ　ジュシゲッソヨ？

別の飲み物を 注文できますか？
May I order other drinks?
다른 음료수를 주문해도 될까요 ?
タルン　ウムリョスルㇽ　チュムネド　トェㇽカヨ？

ビュッフェに取りにいって いいですか？
May I go to the buffet?
뷔페 음식을 가지러 가도 될까요 ?
ブィペ　ウムシグㇽ　カジロ　カド　トェㇽカヨ？

お皿はどこですか？
Where are the plates?
접시는 어디에 있나요 ?
チョㇷ゚シヌン　オディエ　インナヨ？

卵 2 個を目玉焼きにして ください
Sunny-side up / over-easy with two eggs, please.
계란 두 개를 프라이해 주세요
ケラン　トゥ　ゲルㇽ　プライ　ヘ　ジュセヨ

韓国の朝は総じて遅く、24 時間店を除いて朝早くからやっている食堂は少ない。近くに適当な店がなければホテルで朝食をとるのが確実かもしれない。

（オムレツには）全部入れてください
전부 넣어 주세요
チョンブ　ノオ　ジュセヨ
Everything, please.

（ビュッフェの給仕の人に）それをください
그걸로 주세요
クゴルロ　ジュセヨ
I'll take that.

少なめ／多めにお願いします
적게 / 많게 해 주세요
チョッケ／マンケ　ヘ　ジュセヨ
More / Less, please.

これは何を付けて食べるのですか？
이건 뭘 찍어서 먹나요？
イゴン　ムォル　チゴソ　モンナヨ？
What do I dip this in?

コーヒーのお代わりをお願いします
커피 더 주시겠어요？
コピ　ト　ジュシゲッソヨ？
Can I have more coffee?

（相席した人に対して）お先に
먼저 실례 하겠습니다
モンジョ　シルレ　ハゲッスムミダ
Take your time.

会計をお願いします
계산해 주세요
ケサネ　ジュセヨ
Check, please.

係りの人との会話

今からでも昼食を食べられますか？
지금 시간에 런치를 먹을 수 있을까요？
チグム　シガネ　ロンチルル　モグル　ス　イッスルカヨ？
May I have lunch now?

夕食は何時からですか？
저녁은 몇 시부터 인가요？
チョニョグン　ミョッ　シブト　インガヨ？
What time does dinner start?

単品のメニューはありますか？
단품 메뉴 있나요？
タンプム　メニュ　インナヨ？
Do you have an a la carte menu?

軽い食事はできますか？
간단한 식사 되나요？
カンダナン　シクサ　トェナヨ？
Can I have a light meal?

今日の天気予報はどうですか？
오늘 일기예보는 어떤가요？
オヌル　イルギイェボヌン　オトンガヨ？
How is today's weather forecast?

今日は寒く／暑くなりそうですか？
오늘은 추워질 / 더워질 것 같은가요？
オヌルン　チュウォジル／トウォジル　コッ　カットゥンガヨ？
Will it be cold / hot today?

ホテルの朝食はセットかビュッフェ式がほとんど。料金はそう安くはなく、2万ウォン前後と日本と変わらない。ビュッフェでは洋食と韓国食両方が楽しめる。

屋台

ここに座ってもいいですか？ May I sit here?	여기 앉아도 될까요 ? ヨギ　アンジャド　トェルカヨ？
席を詰めていただけませんか？ May I squeeze in here?	자리를 좁혀 주시겠어요 ? チャリルル　チョピョ　ジシゲッソヨ？
人気メニューは何ですか？ What is popular?	어떤 것이 인기가 있나요 ? オトン　コッシ　インキガ　インナヨ？
珍しい料理はありますか？ Do you have something novel?	특별 요리 있나요 ? トゥクピョル　ヨリ　インナヨ？
それはどんな料理ですか？ What's it like?	그건 어떤 요리인가요 ? クゴン　オトン　ヨリインガヨ？
辛い／甘いですか？ Is it spicy / sweet?	매운 / 단가요 ? メウン／タンガヨ？
1皿はどれくらいのボリュームですか？ How large is one portion?	한 접시 양이 어느 정도 되나요 ? ハン　ジョプシ　ヤンイ　オヌ　ジョンド　トェナヨ？
これはいくらですか？ How much is this?	이것은 얼마인가요 ? イゴッスン　オルマインガヨ？
それにします I'll take it.	그걸로 주세요 クゴルロ　ジュセヨ
それは違います、これです Not that but this.	그거 아니고 , 이거예요 クゴン　アニゴ、イゴエヨ
大盛りに／軽めにしてください Please make it a large / small portion.	양을 곱빼기로 / 적게 주세요 ヤンウル　コッペギロ／チョッケ　ジュセヨ
あまり辛くしないでください Don't make it too hot.	너무 맵지 않게 해 주세요 ノム　メプチ　アンケ　ヘ　ジュセヨ
ニンニクを多め／少なめにしてください More / Less garlic, please.	마늘을 듬뿍 / 조금만 넣어 주세요 マヌルル　トゥムプク／チョグムマン　ノオ　ジュセヨ
失礼ですが、あなたが食べているのは何ですか？ Excuse me, but what are you having?	죄송합니다만 , 지금 드시고 계시는 게 뭐죠 ? チェソンハムニダマン、チグム　トゥシゴ　ケシヌン　ゲムォジョ？

夜の飲み屋屋台では、トラブル防止のため料理やお酒の注文前にまず値段を確かめること。スナックや朝食屋台は相場が決まっているのでボられることはまずない。

おいしそうですね
맛있어 보이네요
マディッソ　ポイネヨ
It looks delicious.

私も同じものをください
저도 같은 걸로 주세요
チョド　カトゥン　コルロ　ジュセヨ
I'll have the same thing.

とりあえず、これだけで結構です
일단 , 그렇게만 주세요
イルタン、　クロッケマン　ジュセヨ
I'm all set for now.

これをひとつだけください
이걸 하나만 주세요
イゴル　ハナマン　ジュセヨ
Just one, please.

飲み物は何がありますか？
마실 것은 어떤 것이 있나요 ?
マシル　コッスン　オトン　コシ　インナヨ？
What kind of drinks do you have?

それは強いお酒ですか？
그건 독한 술인가요 ?
クゴン　トッカン　スリンガヨ？
Is that a strong drink?

グラスをもうひとつください
컵을 하나 더 주세요
コブル　ハナ　ト　ジュセヨ
One more glass, please.

皿を取り替えてください
새 접시를 주세요
セ　チョプシルル　ジュセヨ
Please bring a new plate.

これを持ち帰ることはできますか？
가져갈 수 있게 싸주시나요 ?
カジョガル　ス　イッケ　サジュシナヨ？
Can I take this out (away)?

支払いはいつすればいいですか？
돈은 언제 드리면 되나요 ?
トヌン　オンジェ　トゥリミョン　トェナヨ？
When should I pay?

あとからまとめて支払えますか？
나중에 다 합해서 드려도 될까요 ?
ナジュンエ　タ　ハペソ　トゥリョド　トェルカヨ？
Can I pay altogether later?

お勘定をお願いします
계산해 주세요
ケサネ　ジュセヨ
Check, please.

おなかいっぱいです
배 불러요
ペ　プルロヨ
I'm full / enough.

ごちそうさまでした
잘 먹었습니다
チャル　モゴッスムミダ
It was delicious.

ソウルを中心に屋台風のニュースタイル居酒屋が流行している。ワンフロアの建物を屋台風にしたり、大きなテントを張った「テントバー」と呼ばれるものもある。

バーと民俗酒場

バーで店員に尋ねる

カウンターに／テーブル席にします I'd like the counter / a table.	카운터로 / 테이블 석으로 하겠습니다 カウントロ／テイブル ソグロ ハゲッスムミダ
今日のおすすめのカクテルは何ですか？ Which cocktail is today's special?	이 가게의 오리지널 칵테일은 어떤 것이 있나요 ? イ カゲエ オリジノル カㇰテイルン オトン コシ インナヨ？
この店のオリジナルカクテルはありますか？ Is there a special house cocktail?	오늘 권해주시는 칵테일은 어떤 것이 있나요 ? オヌル クォネジュシヌン カㇰテイルン オトン コシ インナヨ？
それはどんなカクテルですか？ What's it like?	그건 어떤 칵테일인가요 ? クゴン オトン カㇰテイリンガヨ？
アルコールを弱めに作ってください Don't make it too strong.	알콜을 약하게 해서 만들어 주세요 アルコルル ヤカゲ ヘソ マンドゥロ ジュセヨ
ワイルドターキーの水割りをください Wild Turkey and water, please.	와일드터키를 물이랑 같이 주세요 ワイルドゥトキルル ムリラン カッチ ジュセヨ
同じ物をもう１杯ください Another one, please.	같은 걸로 한 잔 더 주세요 カットゥン コルロ ハン ジャン ト ジュセヨ
これをボトルでください I'll have the whole bottle.	이걸 병으로 주세요 イゴル ピョンウロ ジュセヨ
グラスは３つお願いします Three glasses, please.	잔은 3 개 주세요 チャヌン セゲ ジュセヨ 数字 ▶P.236
氷をもう少しください Some more ice, please.	얼음 좀 더 주시겠어요 ? オルム チョム ト ジュシゲッソヨ？
ノンアルコールの飲み物は何がありますか？ What kind of soft drinks do you have?	알콜 안든 음료수는 어떤 것이 있나요 ? アルコル アンドゥン ウムリョスヌン オトン コシ インナヨ？
チェイサー（水）がほしいのですが、別料金ですか？ Extra charge for a chaser?	물 좀 더 주셨으면 하는데요 , 별도 요금인가요 ? ムル ジョム ト ジュショッスミョン ハヌンデヨ、ピョルト ヨグミンガヨ？
おつまみは何がありますか？ What kind of snacks do you have?	안주는 어떤 것이 있나요 ? アンジュヌン オトン コシ インナヨ？

「ロバタヤキ」という看板を目にすることがあるが、日本の炉端焼きとは全然別物の若者向け酒場だ。格安でボリュームがあるセットメニューがウリ。釜山に多い。

今日、生演奏はありますか？ Is there a live music today?	오늘 , 생연주가 있나요 ? オヌル、 センヨンジュガ インナヨ？
この店は何時に閉店ですか？ When is the closing time?	몇 시에 문을 닫나요 ? ミョッ シエ ムヌル タンナヨ？

民俗酒場で尋ねる

メニューをください Could I have a menu?	메뉴판 주시겠어요 ? メニュパン ジュシゲッソヨ？
日本語／英語のメニューはありますか？ Do you have a menu in Japanese / English?	일본어 / 영어로 된 메뉴판은 없나요 ? イルボノ／ヨンオロ トェン メニュパヌン オムナヨ？
お酒は何がありますか？ What kind of alcoholic drinks do you have?	술은 어떤 것이 있나요 ? スルン オトン コシ インナヨ？
トンドンジュ（マッコリ）／焼酎／百歳酒をお願いします Dongdongju (Makkolri) / Soju / Baeksaeju, please.	동동주 (막걸리) / 소주 / 백세주 주세요 トンドンジュ（マッコルリ）／ソジュ／ペクセジュ ジュセヨ
おすすめのつまみは何ですか？ Which food is today's special?	이 가게의 안주는 어떤 것이 있나요 ? イ カゲエ アンジュヌン オトン コシ インナヨ？
これは○○人で食べるのに向いていますか？ Is this enough for ○○ ?	이 요리는 ○○사람이 먹기에 알맞나요 ? イ ヨリヌン ○○サラミ モッキエ アルマンナヨ？
あれと同じ料理をください I'll have the same as that.	저것과 같은 요리를 주세요 チョゴックァ カトゥン ヨリルル ジュセヨ
今度は私が払います It's my turn to pay.	이번에는 제가 내겠습니다 イボネヌン ジェガ ネゲッスムミダ
（混んだ店などで）注文お願いしま〜す！ Order, please!	여기요 , 주문 받으세요 ヨギヨ、 チュムン パドゥセヨ
この時間は、食事メニューはありますか？ Can I have a meal now?	지금 이 시간에 식사 메뉴가 있나요 ? チグム イ シガネ シクサ メニュガ インナヨ？
乾杯！ Cheers!	건배 ! コンベ！

百歳酒は醸造酒に薬草や木の実を漬け込んだ酒。百歳酒を焼酎で割ったのが「五十歳酒」で、元もとシャレだが、今では若者向け民俗酒場では普通に出すようになった。

レストランで

ランチメニュー lunch menu	➡	런치메뉴 ロンチメニュ
スペシャルメニュー special menu	➡	스페셜메뉴 スペショルメニュ
日替わりメニュー menu of the day	➡	오늘의 메뉴 オヌレメニュ
朝食 breakfast	➡	아침식사 アチムシクサ
昼食 lunch	➡	점심 チョムシム
夕食 dinner	➡	저녁식사 チョニョクシクサ
コース（セット）メニュー set menu	➡	코스(세트)메뉴 コス（セトゥ）メニュ
1人前／2人前／3人前 portion for one / two /three preson(s)	➡	일인분 ／이인분／삼인분 イリンブン／イインブン／サミンブン

調味料

塩 salt	➡	소금 ソグム
コショウ pepper	➡	후추 フチュ
トウガラシ red pepper	➡	고춧가루 コチュッカル
コチュジャン(トウガラシミソ) bean paste with red pepper	➡	고추장 コチュジャン
しょう油 soy sauce	➡	간장 カンジャン
ミソ bean paste	➡	된장 テンジャン
砂糖 sugar	➡	설탕 ソルタン
ゴマ油 sesame oil	➡	참기름 チャムキルム
ニンニク garlic	➡	마늘 マヌル

料理の方法／ジャンル

焼く／焼き物 bake / baked	➡	굽다 / 구이 クプタ／クイ
炒める／炒め物 fry / fried	➡	볶다 / 볶음 ポクタ／ポックム
煮る boil	➡	삶다 サムタ
蒸す／蒸し物 steam / steamed	➡	찌다 / 찜 チダ／チム
鍋物 hot pot	➡	찌개종류 チゲジョンニュ
スープ soup	➡	국 クク
刺身 sliced raw fish	➡	회 フェ
定食 set menu	➡	정식 / 백반 チョンシク／ペクパン
一品料理 a la carte	➡	일품요리 イルプムヨリ
丼物 boul	➡	덮밥 トッパプ

韓国料理 korean dishes	➡	한국요리 / 한식 ハングクヨリ／ハンシク
日本料理 japanese deshes	➡	일본요리 / 일식 イルボンヨリ／イルシク
中華料理 chinese dishes	➡	중국요리 / 중식 チュングクヨリ／チュンシク

料理の素材

肉 meat	➡	고기 コギ
牛肉 beef	➡	쇠고기 セコギ
豚肉 pork	➡	돼지고기 テジコギ
鶏肉 chicken	➡	닭고기 タクコギ
ホルモン（大腸） colon	➡	대창 テチャン
ホルモン（小腸） chitterlings	➡	곱창 コプチャン
魚介類（海鮮） seafoods	➡	어패류 (해물) オペリュ（ヘムル）
魚 fish	➡	생선 センソン
ヒラメ flatfish	➡	광어 クァンオ
タイ sea bream	➡	돔 トム
フグ swellfish	➡	복어 ポゴ
アンコウ angler fish	➡	아구 アグ
カニ crab	➡	게 ケ
エビ shrimp	➡	새우 セウ
貝 shellfish	➡	조개 チョゲ
イカ squid / cuttlefish	➡	오징어 オジンオ
タコ octopus	➡	문어 ムノ
野菜 vegetable	➡	야채 ヤチェ
ジャガイモ potato	➡	감자 カムジャ
ネギ leek	➡	파 パ
キノコ mushroom	➡	버섯 ポソッ

料理の名前

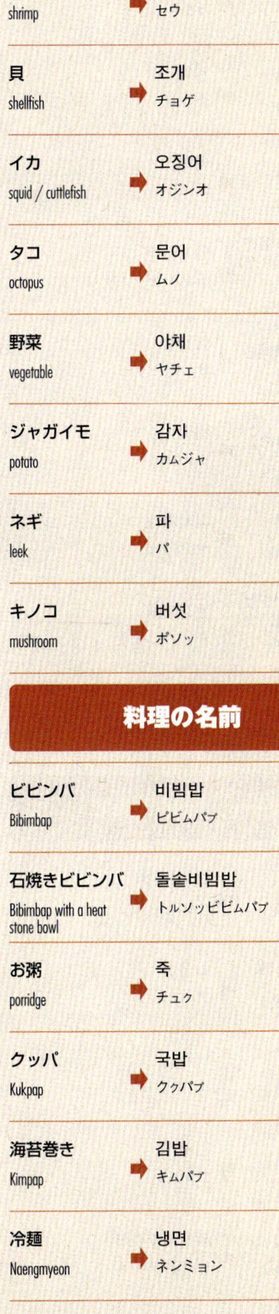

ビビンバ Bibimbap	➡	비빔밥 ピビムパプ
石焼きビビンバ Bibimbap with a heat stone bowl	➡	돌솥비빔밥 トルソッビビムパプ
お粥 porridge	➡	죽 チュク
クッパ Kukpap	➡	국밥 ククパプ
海苔巻き Kimpap	➡	김밥 キムパプ
冷麺 Naengmyeon	➡	냉면 ネンミョン

カルククス（韓国式煮込みウドン） Kalkuksu	칼국수 カルククス
餃子 dumpling	만두 マンドゥ
カルビ焼肉 Galbigui	갈비 カルビ
ユッケ Yukhwe	육회 ユッケ
テジカルビ（豚の骨付きバラ肉焼き） Dowejigalbi	돼지갈비 テジガルビ
サムギョプサル（豚のバラ肉焼き） Samgyeopsal	삼겹살 サムギョプサル
タッカルビ（鶏肉の辛味炒め） Dakkalbi	닭갈비 タクカルビ
キムチチゲ hot pot with kimchi	김치찌개 キムチチゲ
テンジャンチゲ（韓国ミソ鍋） bean paste hot pot	된장찌개 テンジャンチゲ
サムゲタン（参鶏湯） hot pot with chicken and ginseng	삼계탕 サムゲタン

バー、伝統喫茶で

飲み物 beverages / drinks	마시는 것 マシヌン　ゴッ
アルコール類 alcoholic beverages / spirits	알콜류 アルコルリュ
ビール beer	맥주 メクチュ
つまみ snack food	안주 アンジュ
チヂミ（パジョン） ccijimi(pajeon)	찌지미 (파전) チヂミ（パジョン）
魚卵スープ hot pot with spawns	알탕 アルタン
巻き貝とそうめんのあえ物 golbaengi sari	골뱅이 사리 コルベンイ　サリ

味や食感の表現

味 flavor	맛 マッ
柔らかい soft	부드럽다 ブドゥロプタ
固い hard	딱딱하다 タクタッカダ
甘い sweet	달다 タルダ
塩辛い salty	짜다 チャダ
苦い bitter	쓰다 スダ
酸っぱい sour	시다 シダ
辛い hot	맵다 メプタ

会計

勘定書 check / bill	감정서 カムジョンソ
席料 cover charge	자릿세 チャリッセ
サービス料 sevice charge	서비스료 ソビスリョ
領収書 receipt	영수증 ヨンスジュン

お！公衆電話！
せっかくテレカ持ってるし
日本に電話してみよう！

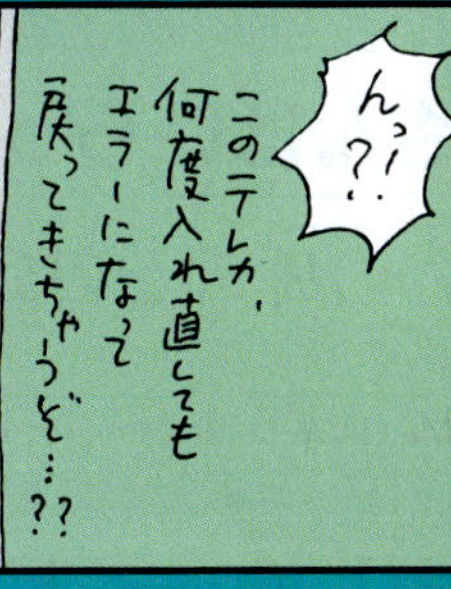

んっ?!
このテレカ、
何度入れ直しても
エラーになって
戻ってきちゃうぞ…??

はっ!!
もしかしてー!!

やっぱりスカシがないーっ!!
ニセモノだっあ～!!

注 日本と同様テレカにスカシはありませんが、韓国ではカードを入れる時、日本とは逆に絵柄を下にして挿入します。

1 もしもし、（私は）○○です

여보세요, ○○라고 합니다만
ヨボセヨ、○○ラゴ　ハムミダマン

Hello. This is ○○ speaking.

2 ○○さんはいらっしゃいますか？

○○씨 계신가요？
○○シ　ケシンガヨ？

May I talk to Mr (Ms) ○○ ?

3 もう少しゆっくり話してください

좀 천천히 말씀해 주시겠어요？
チョム　チョンチョニ　マルスメ　ジュシゲッソヨ？

Could you (Would you) speak more slowly?

4 伝言をお願いできますか？

말씀 좀 전해 주시겠습니까？
マルスム　チョム　ジョネ　ジュシゲッスムミカ？

Can I leave a message?

5 近くの公衆電話はどこですか？

가장 가까운 곳의 공중전화는
어디에 있나요？
カジャン　カカウン　コッセ　コンジュンジョヌァヌン　オディエ　インナヨ？

Is there a pay phone near here?

韓国の通信事情はとてもよく、日本への電話もとても簡単。町なかのほぼすべての公衆電話が国際通話対応なので、001や002（国際電話識別番号）＋81（日本の国番号）を押し、そのあに市外局番から0をとった日本の電話番号を続けるだけ。PCバンと呼ばれるネットカフェもたくさんあり、メールのチェックにも困らない。

6

部屋でインターネットはできますか？

방에서 인터넷에 접속할 수 있나요？
パンエソ　イントネセ　チョプソクカル　ス　インナヨ？

Can I log on the Internet from the room?

7

インターネットカフェ（PCバン）はどこにありますか？

인터넷 카페는 (PC 방은) 어디에 있나요？
イントネッ　カペヌン（ピシバンウン）　オディエ　インナヨ？

Where is an Internet cafe?

8

日本までの切手代はいくらですか？

일본으로 보내는 우편 요금은 얼마인가요？
イルボヌロ　ポネヌン　ウピョン　ヨグムン　オルマインガヨ？

How much is the postage to Japan?

9

切手をください

우표 주세요
ウピョ　ジュセヨ

Stamps, please.

10

国際宅配便をお願いします

국제 소포로 보내 주세요
ククチェ　ソポロ　ポネ　ジュセヨ

I'd like to send this by international courier service.

ホテルの部屋から

もしもし、オペレーターですか？
Hello, operator?
여보세요 , 전화 교환원이신가요 ?
ヨボセヨ、 チョヌァ キョファヌォンイシンガヨ？

外線の使い方を教えてください
How do I get an outside line?
외선 쓰는 법을 가르쳐 주세요
ウェソン スヌン ポブル カルチョ ジュセヨ

電話がつながりません
The line is not connected.
전화가 연결이 안 되는데요
チョヌァガ ヨンギョリ アンドェヌンデヨ

大韓航空の予約電話番号を調べてください
I'd like to know the reservation telephone number of Korean Air.
대한항공의 예약 전화번호를 알 수 있을까요 ?
テハンハンゴンエ イェヤク チョヌァボノルル アル ス イッスルカヨ？

公衆電話から

公衆電話はどこですか？
Where's a pay phone?
공중전화는 어디에 있나요 ?
コンジュンジョヌァヌン オディエ インナヨ？

この電話の使い方を教えてください
How do I use this phone?
이 전화기 쓰는 법을 가르쳐 주시겠어요 ?
イ チョヌァギ スヌン ポブル カルチョ ジュシゲッソヨ？

（カフェなどで）電話を貸してもらえますか？
Can I use the phone?
전화를 빌려 주시겠어요 ?
チョヌァルル ピルリョ ジュシゲッソヨ？

どのコインが使えますか？
Which coins can I use?
어느 동전을 넣어야 하나요 ?
オヌ トンジョヌル ノオヤ ハナヨ？

テレフォンカードはどこで売っていますか？
Where can I get a telephone card?
텔레폰카드는 어디서 판매하나요 ?
テルレポンカドゥヌン オディソ パンメハナヨ？

テレフォンカードをください
I'd like a telephone card.
텔레폰카드 주세요
テルレポンカドゥ ジュセヨ

このカードの使い方を教えてください
How do I use this card?
이 카드 쓰는 법을 가르쳐 주시겠어요 ?
イ カドゥ スヌン ポブル カルチョ ジュシゲッソヨ？

（近くにいる人に）このアナウンスは何と言っていますか？
What is this voice saying?
이 안내는 뭐라고 말하고 있는 건가요 ?
イ アンネヌン ムォラゴ マラゴ インヌン コンガヨ？

ホテルの部屋から外線通話をする方法は部屋に備え付けの説明書に詳しく書かれている。韓国の場合、日本語の説明書が備えられていることが多いので安心。

この電話は壊れているのですか？
이 전화는 고장났나요
イ　チョヌァヌン　コジャンナッナヨ
Is this phone out of order?

電話での会話

もしもし、［○○さん］のお宅ですか？
여보세요 , [○○씨] 댁입니까 ?
ヨボセヨ、［○○シ］テギムミカ？
Hello, is this the ○○ ?

橋本と申します
하시모토라고 합니다
ハシモトラゴ　ハムミダ
This is Hashimoto speaking.

ホンギルドンさんはいらっしゃいますか？
홍길동씨 계신가요 ?
ホンギルドンシ　ケシンガヨ？
Is Hong Gildong there?

すみません、間違えました
죄송합니다 , 잘못 걸었습니다
チェソンハムミダ、チャルモッ　コロッスムミダ
Sorry, I called the wrong number.

もっとゆっくり話してください
천천히 말씀해 주시겠어요 ?
チョンチョニ　マルスメ　ジュシゲッソヨ？
Could you (Would you) speak more slowly?

すみません、よく聞こえません
죄송하지만 , 잘 안들려요
チェソンハジマン、チャル　アンドゥルリョヨ
Excuse me? / Pardon?

もう一度言ってください
한 번 더 말씀해 주시겠어요 ?
ハン　ボン　ト　マルスメ　ジュシゲッソヨ？
Pardon? / Say it again, please.

日本語の話せる人はいますか？
일본어 할 수 있는 분 안 계신가요 ?
イルボノ　ハル　ス　インヌン　ブン　アン　ゲシンガヨ？
Does anyone speak Japanese?

何時頃お戻りですか？
몇 시 쯤에 돌아오나요 ?
ミョッ　シ　チュメ　トラオナヨ？
When is he / she coming back?

わかりました、また電話します
알겠습니다 , 다시 전화 드리겠습니다
アルゲッスムミダ、タシ　チョヌァ　トゥリゲッスムミダ
I see. I'll call him / her back later.

伝言をお願いできますか？
메모 남겨 주시겠어요 ?
メモ　ナムギョ　ジュシゲッソヨ？
Can I leave a message?

私に何か伝言は残っていませんか？
제 앞으로 온 메시지가 있나요 ?
チェ　アプロ　オン　メシジガ　インナヨ？
Do you have any messages for me?

☎ 韓国の電話ボックスにはドアがない。雨風に吹きさらされているため、故障している電話機が意外に多いので注意。うまくかけられないときは電話機を替えてみよう。

国内電話

そちらに橋本さんは宿泊していますか？
Is Mr. Hashimoto staying there?
거기에 하시모토씨가 숙박하고 계신가요？
コギエ　ハシモトシガ　スクパッカゴ ケシンガヨ？

1025 号室の橋本さんをお願いします
Room ten two five, Mr. / Ms. Hashimoto, please.
1025 호실의 하시모토씨 부탁합니다
チョンイシボホシレ　ハシモトシ　プタカムミダ
数字 ▶P.236

橋本から電話があったことを伝えてください
Please tell him that Hashimoto called.
하시모토가 전화했었다고 전해 주세요
ハシモトガ　ジョヌァヘッソッタゴ　ジョネ　ジュセヨ

私に電話するように伝えてください
Please ask him / her to call me.
제게 전화해달라고 전해 주세요
チェゲ　ジョヌァヘタルラゴ　ジョネ　ジュセヨ

私は今パークホテルにいます
I'm at the Park Hotel.
저는 파크 호텔에 있습니다
チョヌン　パク　ホテレ　イッスムミダ

電話番号は 1234-5678、部屋番号は 1025 号室です
The phone number is 1234-5678, room number is ten two five.
전화번호는 1234-5678, 방 번호는 1025 호실입니다
チョヌァボノヌン　イルリサムサエオリュクチルパル、パン ポノヌン　チョンイシボホシリムミダ
数字 ▶P.236

急ぎの用件です
It's an emergency.
급한 용건입니다
クパン　ヨンコニムミダ

携帯電話の番号を教えてください
Please tell me his / her mobile phone number.
휴대폰 번호를 알려 주세요
ヒュデポン　ポノヌル　アルリョ　ジュセヨ

ファクスを送る

ファクスはどこで送れますか？
Where can I send a fax?
팩스 보내려면 어디서 보내야 하나요？
ペクス　ポネリョミョン　オディソ　ポネヤ　ハナヨ？

これをファクスで送ってください
Please send this by fax.
이걸 팩스로 보내 주세요
イゴル　ペクスロ　ポネ　ジュセヨ

全部で 3 枚です
They are three sheets altogether.
전부 3 장입니다
チョンブ　セジャンイムミダ

送付先の番号はこれです
This is the receiver's number.
보낼 곳 번호는 여기 있어요
ポネル　コッ　ポノヌン　ヨギ　イッソヨ

私あてのファクスは届いていますか？
Any faxes for me?
제 앞으로 팩스가 와 있나요？
チェ　アプロ　ペクスガ　ワ　インナヨ？

コンビニでファクス送受信サービスを行なっている所はほとんどない。ファクスのやりとりをする場合は、ホテルのビジネスセンターかフロントに頼もう。

ホテルの部屋から

もしもし、オペレーターですか？ Hello, operator?	여보세요 , 전화 교환원이신가요 ? ヨボセヨ、 チョヌァ キョファノンイシンガヨ？
日本に国際電話をかけたいのですが I'd like to make an overseas call to Japan.	일본에 국제전화를 걸고 싶은데요 イルボネ クゥチェジョヌァルル コルゴ シプンデヨ
日本語のできるオペレーターはいますか？ Does anyone speak Japanese?	일본어 할 수 있는 전화교환원는 안 계신가요 ? イルボノ ハル ス インヌン チョヌァキョファノンヌン アンゲシンガヨ？
部屋から直接電話できますか？ Can I make a call directly from the room?	방에서 직접 전화할 수 있나요 ? パンエソ チゥチョプ チョヌァハル ス インナヨ？
国際電話のかけ方を教えてください How do I make an overseas call?	국제전화 거는 법을 가르쳐 주시겠어요 ? クゥチェジョヌァ コヌン ポブル カルチョ ジュシゲッソヨ？
国際電話識別番号は何番ですか？ What numbers do I need to dial first for international calls?	국제전화 식별 번호는 몇 번인가요 ? クゥチェジョヌァ シゥピョル ポノヌン ミョッ ポニンガヨ？
料金先方払い（コレクトコール）でお願いします Please make it a collect call.	콜렉트콜로 부탁합니다 コルレクトゥコルロ プタカムミダ
クレジットカードで支払います I'll pay with a credit card.	크레디트 카드로 지급하겠습니다 クレディトゥ カドゥロ チクパゲッスムミダ
指名通話をお願いします I'd like to make a person to person call.	지명 통화 부탁합니다 チミョン トンワ プタカムミダ
電話番号は 1234-5678 名前は橋本です 1234-5678, Mr. Hashimoto.	전화번호는 1234-5678, 이름은 하시모토입니다 チョヌァボノヌン イルリサムサエオリュクチルパル、イルムン ハシモトイムミダ
（つながらないとき）あとで、もう一度かけてもらえますか？ Could you call the number again later?	나중에 한 번 더 연결해 주시겠습니까 ? ナジュンエ ハン ボン ト ヨンギョレ ジュシゲッスムミカ？
話の途中で切れてしまいました I was cut off.	말하는 도중에 끊어지고 말았습니다 マルハヌン トジュンエ クノジゴ マラッスムミダ
通話後に料金を教えてください Let me know the charges later, please.	통화 후에 요금을 가르쳐 주세요 トンワ フエ ヨグムル カルチョ ジュセヨ

外国人が多いホテルではボタンひとつで外国の電話会社につながる公衆電話を備えているケースがある。各電話会社のアイコンが並んでいるので、そのボタンを押すとよい。

レンタル携帯電話

携帯電話はどこで借りられますか？
Where can I rent a mobile phone?
휴대폰은 어디서 빌릴 수 있나요？
ヒュデポヌン　オディソ　ピルリル　ス　インナヨ？

携帯電話をレンタルしたいのですが
I'd like to rent a mobile phone.
휴대폰을 빌리고 싶은데요
ヒュデポヌル　ピルリゴ　シプンデヨ

レンタル料はいくらですか？
How much are the charges?
렌탈료는 얼마입니까？
レンタルリョヌン　オルマイムミカ？

クレジットカードで支払えますか？
Do you take credit card?
크레디트 카드로 지급해도 되나요？
クレディトゥ　カドゥロ　チクペド　トェナヨ？

レンタル期間は何日までですか？
How many days can I use it?
렌탈 기간은 몇 일까지 인가요？
レンタル　キガヌン　ミョ　チルカジ　インガヨ？

追加料金は１日いくらかかりますか？
How much is the charge for an additional day?
연체 요금은 하루에 얼마인가요？
ヨンチェ　ヨグムン　ハルエ　オルマインガヨ？

これはプリペイドカード式ですか？
Is this a prepaid card system?
이것은 프리페이드 방식인가요？
イゴスン　プリペイドゥ　パンシギンガヨ？

日本までの通話料は１分いくらですか？
How much are the call charges to Japan for 1 minute?
일본으로 걸면 통화료는 1 분에 얼마인가요？
イルボヌロ　コルミョン　トンワァリョヌン　イルブネ　オルマインガヨ？

この携帯電話の番号を教えてください
Please tell me the number of this mobile phone.
이 휴대폰의 전화번호를 알려 주세요
イ　ヒュデポネ　ジョヌァボノルル　アルリョ　ジュセヨ

この携帯電話のかけ方を教えてください
How do I use this mobile phone?
전화 거는 법을 가르쳐 주세요
チョヌァ　コヌン　ポブル　カルチョ　ジュセヨ

電話番号のあとに、ここを押せばいいのですね？
Just push this after the telephone number?
전화번호를 누른 뒤 , 여기를 누르면 되는 거네요？
チョヌァボノルル　ヌルン　トゥィ、ヨギルル　ヌルミョン　トェヌン　コネヨ？

充電はどうすればいいですか？
How can I recharge it?
충전은 어떻게 하면 되나요？
チュンジョヌン　オトッケ　ハミョン　トェナヨ？

どこに返却すればいいですか？
Where should I return it?
어디로 반환해야 하나요？
オディロ　パヌァネヤ　ハナヨ？

料金の明細書をください
Please give me an itemized bill for my calls.
요금 명세서를 주세요
ヨグム　ミョンセソルル　ジュセヨ

携帯電話のレンタルは仁川や金浦、金海、済州の各国際空港に専門のカウンターがあるので便利。外国人が多い高級ホテルでもレンタルサービスをしている場合がある。

インターネット

空港や町なかにて

コンセントを使ってもいいですか？ May I use a wall socket?	콘센트를 써도 될까요？ コンセントゥルル　ソド　トェルカヨ？
ここでコンピュータを使ってもいいですか？ May I use a computer here?	여기서 컴퓨터를 써도 될까요？ ヨギソ　コムピュトルル　ソド　トェルカヨ？
（航空会社のラウンジで）インターネットに接続することは可能ですか？ Can I log on the Internet here?	인터넷에 접속할 수 있을까요？ イントネセ　チョプソッカル　ス　イッスルカヨ？
電話代はかかりますか？ Is there a telephone charge?	전화 요금이 드나요？ チョヌァ　ヨグミ　トゥナヨ？
ビジネスセンターはありますか？ Is there a business center (centre)?	비지니스 센터가 있나요？ ピジニス　セントガ　インナヨ？
メールを送れるパソコンはありますか？ Which machine can send e-mails?	전자 메일을 보낼 수 있는 기계가 있을까요？ チョンジャ　メイルル　ポネル　ス　インヌン　キゲガ　イッスルカヨ？
使い方を教えてください How do I use this?	쓰는 방법을 가르쳐 주시겠어요？ スヌン　パンボブル　カルチョ　ジュシゲッソヨ？
施設内にホットスポット（無線 LAN が使えるエリア）はありますか？ Is there an access zone here?	건물 내에 액세스존이 있나요？ コンムル　ネエ　エクセスジョニ　インナヨ？
ここで無線 LAN は使えますか？ Can I use wireless LAN here?	여기서 무선랜을 쓸 수 있나요？ ヨギソ　ムソンレヌル　スル　ス　インナヨ？
セットアップ（設定）の方法を教えてください Please tell me how to set it up.	셋업 방법을 가르쳐 주세요 セドプ　パンボブル　カルチョ　ジュセヨ
近くにコンピュータショップはありますか？ Is there a computer shop near here?	가까이에 컴퓨터숍이 있나요？ カッカイエ　コムピュトショビ　インナヨ？
韓国で使えるモジュラープラグ変換アダプタを買いたいのですが I'd like a plug conversion adapter that can be used in Korea.	한국에서 사용할 수 있는 모듈러잭 변환 어댑터를 사고 싶은데요 ハングゲソ　サヨンハル　ス　インヌン　モドュルロチェク　ピョヌァン　オデプトルル　サゴ　シプンデヨ
（飛行機内で）私のパソコンは電波を出しませんが、使っていいですか？ My laptop doesn't send out electric waves. May I use it here?	제 컴퓨터는 전파를 내지 않는데，사용해도 될까요？ チェ　コムピュトヌン　チョンパルル　ネジ　アンヌンデ、サヨンヘド　トェルカヨ？

ソウルでパソコン用品を買うなら、地下鉄１号線龍山駅下車すぐの龍山電子商街や２号線江邊駅直結のテクノマートが便利。秋葉原や大阪の日本橋のような雰囲気だ。

インターネット

インターネットカフェ（PCバン）にて

日本語がわかるスタッフのいるインターネットカフェをご存知ですか？
At which Internet cafe do they speak Japanese?
일본어를 할 수 있는 직원이 있는 인터넷 카페를 알고 계신가요？
イルボノルル　ハル　ス　インヌン　チグォニ　インヌン　イントネッ　カペルル　アルゴ　ゲシンガヨ？

日本語対応のパソコンのあるインターネットカフェをご存知ですか？
Which Internet cafe has a computer handling Japanese script?
일본어 대응 컴퓨터가 있는 인터넷 카페를 알고 계신가요？
イルボノ　テウン　コムピュトガ　インヌン　イントネッ　カペルル　アルゴ　ゲシンガヨ？

利用料金には何が含まれますか？
What is included in the charge?
이용 요금에는 무엇이 포함되나요？
イヨン　ヨグメヌン　ムオシ　ポハムドェナヨ？

自分のパソコンを使って、ネット接続することはできますか？
Can I log on the Net with my own computer?
제 컴퓨터로 넷에 접속할 수 있을까요？
チェ　コムピュトロ　ネセ　チョプソッカル　ス　イッスルカヨ？

日本語が入力できるコンピュータはありますか？
Which computer can I input Japanese?
일본어 입력 가능한 컴퓨터가 있나요？
イルボノ　イムリョク　カヌンハン　コムピュトガ　インナヨ？

Global IMEをインストールしてもいいですか？
May I install Global IME?
Global IME를 인스톨해도 될까요？
グルロバル　アイエムイルル　インストルヘド　トェルカヨ？

CD-ROM／FD／USBメモリ／CF／SDカードを使ってもいいですか？
May I use a CD-ROM / FD / USB memory / CF / SD card?
CD-ROM / FD / USB 메모리 / CF / SD 카드를 사용해도 될까요？
シディロム／プルロピドゥライブ／ユエスビメモリ／シエプ／エスディ　カドゥルル　サヨンヘド　トェルカヨ？

利用コードをうまく入力できません
I can't input the user code.
유저 코드 입력이 잘 안되는데요
ユジョ　コドゥ　イムリョギ　チャル　アンドェヌンデヨ

"○"の文字はどのキーですか？
Which key is for character ?
"○" 글자는 어느 키인가요？
"○"　クルチャヌン　オヌ　キインガヨ？

利用履歴を消したいのですが
I want to clear my site traffic history.
이용이력을 지우고 싶은데요
イヨンイリョグル　チウゴ　シプンデヨ

プリントアウトしたいのですが
I'd like a print out.
프린트하고 싶은데요
プリントゥハゴ　シプンデヨ

パソコンで作業したデータを保存したいのですが
I'd like to back up the data.
컴퓨터로 작업한 데이터를 보존하고 싶은데요
コムピュトロ　チャゴパン　デイトルル　ポジョナゴ　シプンデヨ

パソコンがフリーズしました
The computer froze.
컴퓨터가 멈췄습니다
コムピュトガ　モムチョッスムミダ

PCバンと呼ばれるインターネットカフェは地方都市にも多くある。利用料はだいたい1時間2000ウォン前後が相場。ただし、日本語環境ではないケースがほとんどだ。

ホテルにて

(自分のパソコンを持っているので、自分の部屋で) インターネット接続したいのですが I'd like to log on the Internet with my computer in my room.	방에서 제 컴퓨터로 인터넷에 접속하고 싶은데요 パンエソ　チェ　コンピュトロ　イントネッセ　チョプソッカゴ　シプンデヨ
インターネットが使える部屋をお願いします I'd like a room where I can use the Internet.	인터넷을 사용할 수 있는 방으로 부탁합니다 イントネスル　サヨンハル　ス　インヌン　パンウロ　プタカムミダ
市内通話の料金はいくらですか？ How much is a local call?	시내 통화 요금은 얼마인가요 ? シネ　トンワ　ヨグムン　オルマインガヨ？
これまでの通話料金を教えてください How much are the phone charges so far?	지금까지의 통화 요금을 알려 주세요 チグムカジエ　トンワ　ヨグムル　アルリョ　ジュセヨ
二股ソケットを貸してください Please lend me a two-way socket.	2 개 단자식 소켓을 빌려 주세요 トゥゲ　タンジャシク　ソケッスル　ピルリョ　ジュセヨ
LAN カードを貸してください Please lend me a LAN card.	랜카드를 빌려 주세요 レンカドゥルル　ピルリョ　チュセヨ
USB／電話ケーブルを貸してください Please lend me a USB / telephone cable.	USB / 전화 케이블을 빌려 주세요 ユエスビ／チョヌァ　ケイブルル　ピルリョ　ジュセヨ
延長コードを貸してください Please lend me an extension cord.	연장 코드를 빌려 주세요 ヨンジャン　コドゥルル　ピルリョ　ジュセヨ
変圧器を貸してください Please lend me a transformer.	변압기를 빌려 주세요 ピョナプキルル　ピルリョ　ジュセヨ
この電話回線はデジタル／アナログ式ですか？ Is this telephone line digital / analog?	이 전화 회선은 디지털 / 아날로그 방식인가요 ? イ　チョヌァ　ホェソヌン　ティジトル／アナルログ　パンシギンガヨ？
外線につながりません It's not connected to an outside line.	외선 연결이 안 되는데요 ウェソン　ヨンギョリ　アン　ドェヌンデヨ
データポートが使えません The data port doesn't work.	데이터 포트를 쓸 수가 없어요 テイト　ポトゥルル　スル　スガ　オプソヨ
(部屋にモジュラージャックがないので) 電話回線を貸してください May I borrow a telephone input jack?	전화 회선을 빌려 주시겠어요 ? チョヌァ　ホェソヌル　ピルリョ　ジュシゲッソヨ？

ビジネス客が多い高級ホテルには LAN 接続が可能なジャックが設置されている。格安ツアーで使うような中級ホテルではパソコンを接続できるケースは少ない。

ハガキ／手紙／小包

ハガキを出してもらえますか？
Could you post this card?
엽서를 부쳐 주시겠어요？
ヨプソルル　プチョ　ジュシゲッソヨ？

切手はありますか？
Do you have any stamps?
우표 있나요？
ウピョ　インナヨ？

日本までの切手代はいくらですか？
How much is the postage to Japan?
일본으로 부치려는데 우표값은 얼마인가요？
イルボヌロ　プチリョヌンデ　ウピョカプスン　オルマインガヨ？

郵便局はどこですか？
Where's is the post office?
우체국은 어디에 있나요？
ウチェググン　オディエ　インナヨ？

郵便局の営業時間を教えてください
What are the business hours for the post office?
우체국 업무 시간을 가르쳐 주세요
ウチェグク　オンム　シガヌル　カルチョ　ジュセヨ

この近くにポストはありますか？
Is there a post near here?
이 근처에 우체통 있나요？
イ　クンチョエ　ウチェトン　インナヨ？

切手／ハガキはどこで買えますか？
Where can I get stamps / postcards?
우표 / 엽서는 어디서 파나요？
ウピョ／ヨプソヌン　オディソ　パナヨ？

日本まで航空便でお願いします
To Japan by airmail, please.
일본까지 에어메일로 부탁합니다
イルボンカジ　エオメイルロ　プタカムミダ

郵送料はいくらですか？
How much is the postage?
우송료는 얼마인가요？
ウソンリョヌン　オルマインガヨ？

その切手を 5 枚ください
Please give me five of those stamps.
그 우표 5 장 주세요
ク　ウピョ　タソッチャン　ジュセヨ

記念切手はありますか？
Is there any commemorative stamps?
기념 우표 있나요？
キニョム　ウピョ　インナヨ？

封書を日本に送りたいのですが
I'd like to send a letter to Japan.
편지를 일본으로 부치고 싶은데요
ピョンジルル　イルボヌロ　プチゴ　シプンデヨ

速達にしてください
Express, please.
속달로 해 주세요
ソクタルロ　ヘ　ジュセヨ

書留にしてください
Registered mail, please.
등기로 해 주세요
トゥンギロ　ヘ　ジュセヨ

郵便業務時間は平日 9：00 ～ 18：00、土曜は 9：00 ～ 13：00 だが、一部の局は第 2、第 4 土曜は営業しない。詳細は www.koreapost.go.kr で確認を（韓・英語）。

料理図鑑 緊急事態 基本会話 入出国 移動 観光 ショッピング 宿泊 飲食 通信 交流 ピンチ 日韓辞書 韓日辞書 文法 50音順検索

追加料金はいくらですか？
추가 요금은 얼마인가요 ?
チュガ　ヨグムン　オルマインガヨ？
How much is the additional charge?

税関申告書は必要ですか？
세관 신고서가 필요한가요 ?
セグァン　シンゴソガ　ピリョハンガヨ？
Is a customs declaration required?

小包を送りたいのですが
소포를 보내고 싶은데요
ソポルル　ポネゴ　シプンデヨ
I'd like to send this package (parcel).

重量制限はありますか？
중량 제한이 있나요 ?
チュンリャン　ジェハニ　インナヨ？
Is there any weight limit?

船便で／航空便で日本まで何日かかりますか？
배편으로 / 항공편으로 부치면 일본까지 며칠 걸리나요 ?
ペピョヌロ／ハンゴンピョヌロ　プチミョン　イルボンカジ　ミョチル　コルリナヨ？
How long does it take to Japan by surface / air?

小包用の箱／封筒はありますか？
소포용 박스 / 봉투 있나요 ?
ソポヨン　パクス／ポントゥ　インナヨ？
Are there any boxes / envelopes for package (parcel) here?

梱包の仕方を教えてください
포장하는 법을 가르쳐 주세요
ポジャンハヌン　ポブル　カルチョ　ジュセヨ
Please tell me how to pack it.

ガムテープ／マジックペンを貸してください
테이프 / 매직펜 좀 빌려 주시겠어요 ?
テイプ／メジクペン　チョム　ピルリョ　ジュシゲッソヨ？
May I borrow some tape / a marker?

中身は印刷物です／私物です
내용물은 인쇄물입니다 / 개인 사물입니다
ネヨンムルン　インソェムリムミダ／ケイン　サムリムミダ
Printed paper is / Personal belongings are in it.

割れ物が入っています
깨지기 쉬운 물건이 들어있어요
ケジギ　シウン　ムルゴニ　トゥロイッソヨ
It's fragile.

絵ハガキをください
그림엽서 주세요
クリムヨプソ　ジュセヨ
I'd like postcards.

便せんと封筒はありますか？
편지지와 편지봉투 있나요 ?
ピョンジジワ　ピョンジボントゥ　インナヨ？
Do you have any letter paper and envelopes?

クッション入りの封筒はありますか？
쿠션이 붙어있는 봉투 있나요 ?
クショニ　プトインヌン　ポントゥ　インナヨ？
Do you have any jet packs?

韓国らしい絵ハガキを見せてください
한국다운 그림엽서를 보여 주세요
ハングクタウン　クリムヨプソルル　ポヨ　ジュセヨ
Please show me some postcards with Korean motif.

韓国では毎月のようにいろいろな種類の記念切手が発売されている。絵柄もきれいなものが多いので、友人・知人への旅の便りにはなかなかいいおみやげになる。

国際宅配便

この近くに国際宅配便会社はありますか？
Is there an international courier service company near here?
이 근처에 국제 택배 회사 있나요？
イ クンチョエ クㇰチェ テㇰペ ホェサ インナヨ？

（国際宅配便会社の）電話番号はわかりますか？
Do you know the number?
국제 택배 회사의 전화번호 아시나요？
クㇰチェ テㇰペ ホェサエ ジョヌァボノ アシナヨ？

日本まで国際宅配便をお願いします
I'd like to send this by international courier service.
일본에 국제 택배를 보내고 싶은데요
イルボネ クㇰチェ テㇰペルル ポネゴ シプンデヨ

大きさは A4 サイズくらいです
It's about A4 size.
크기는 A4 사이즈 정도입니다
クギヌン エイポ サイズ ジョンドイムミダ

小包です
It's a package (parcel).
소포입니다
ソポイムミダ

専用の封筒／箱はありますか？
Is there a special envelope / box for this?
전용 봉투 / 박스가 있나요？
チョンヨン ポントゥ／バㇰスガ インナヨ

中身は書類です／CD-ROMです
Documents are / CD-ROM is in it.
내용물은 서류입니다 / CD-ROM 입니다
ネヨンムルン ソリュイムミダ／シディロミムミダ

［取扱注意］［折曲厳禁］［水濡れ厳禁］でお願いします
Please make it "Handle With Care", "Do Not Bend or Fold" and "Keep Dry".
［취급 주의］［접지 말 것］［물기 엄금］으로 부탁합니다
「チュィグㇷ゚ チュイ」「チョㇷ゚チ マル コッ」「ムルキ オムグム」ウロ プタカムミダ

日本までどのくらい日数がかかりますか？
How long will it take to Japan?
일본까지 어느 정도 걸리나요？
イルボンカジ オヌ チョンド コルリナヨ？

料金はいくらですか？
How much will it be?
요금은 얼마인가요？
ヨグムン オルマインガヨ？

いつ支払えばいいですか？
When should I pay?
언제 지급하면 되나요？
オンジェ チクパミョン トェナヨ？

保険は掛けられますか？
Can I insure this?
보험에 들 수 있나요？
ポホメ トゥル ス インナヨ？

取りに来ていただけますか？
Could you come for it?
가지러 와 주시겠어요？
カジロ ワ ジュシゲッソヨ？

何時ぐらいになりますか？
What time will that be?
몇 시 정도에 가능한가요？
ミョッ シ チョンドエ カヌンハンガヨ？

国際宅配便は大きなホテルならフロントやビジネスセンターを通じて出すことができる。EMS は最寄りの郵便局から。いずれも日本へは 3～4 日で届く。

Column

韓国のレンタル携帯電話とネット事情

気軽に借りられる携帯電話

分かれて行動するときに携帯電話があれば旅も快適。韓国で携帯を使うには、一部電話会社で行なっている日本の携帯がそのまま使えるサービスを利用するか、韓国入国後に携帯をレンタルすることになる。日本の携帯を使う方式だと、番号が変わらないなど緊急時には便利だが、着信時も日本～韓国間の通話料がかかるなど費用は割高。気軽に使うなら韓国携帯をレンタルしたほうが安上がりだろう。携帯のレンタルは仁川空港のカウンターなどで簡単に手続きできる。身分証明としてパスポート、デポジットとしてクレジットカードが必要となるケースが多い。

ネットを見る、使う

インターネットカフェは「PC방／ピーシーバン」と呼ばれており、ソウルなどの都市部では各所にある。繁華街や学生街のほか、利用しやすい場所としてターミナル駅やバスターミナル、空港があるほか、チムジルバンというサウナも穴場だ。利用料は1時間₩1000～2000程度が標準で、後払いのほか、₩500コインを投入するタイプもある。日本語が使えるかどうかはケース・バイ・ケース。一方、ホテルなどで自分のパソコンをつなぐ場合は、場所によりサービスも対応も千差万別。高級ホテルでは室内にLANが来ているケースも増えたが、中級以下ではまず望めない。逆に高級旅館やモーテルでは室内に端末を置いてインターネット無料利用可能をうたう所が増えている。ダイヤルアップの場合だが、韓国の電話コネクタは大元が大型4ピンの旧アメリカタイプ。ただ、端末自体は日本と同じモジュラージャックを使う場合が多いので、配線の工夫次第でうまくつなげるだろう。また、無線LANは韓国内でかなり発達しているが、国際ローミングについては2005年現在まだ実験段階。

清涼里駅待合室にあるインターネットコーナー

仁川空港には携帯電話レンタル専用カウンターがある

チムジルバンのインターネットコーナーは意外に充実

通信のイレカエ単語

電話

電話帳 telephone directory	전화번호 책 チョナボノ　チェク
電話ボックス phone booth	전화박스 チョヌァバクス
公衆電話 pay phone / public phone	공중전화 コンジュンジョヌァ
硬貨投入口 slot	동전넣는 곳 トンジョンノンヌン　コッ
通話料金 telephone charge	전화요금 チョヌァヨグム
コレクトコール collect call	콜렉트콜 コルレクトコル
指名電話 person to person call	지명전화 チミョンジョヌァ
普通電話 station call	보통전화 ポトンジョヌァ
緊急電話 emergency call	긴급전화 キングプジョヌァ
交換手 operator	교환수 キョワンス
国際電話 international call	국제전화 クッチェジョヌァ
市外局番 area code	시외국번 シウェクッポン
市内通話 local call	시내통화 シネトンファ
内線 extension	내선 ネソン
外線番号 the number for an outside call	외선번호 ウェソンボノ
番号案内 information	번호안내 ボノアンネ
番号違い wrong number	틀린번호 トゥルリンボノ
話し中 busy	통화중 トンワジュン
故障 out of order	고장 コジャン
基本料金 basic charges	기본요금 キボンヨグム
保証金 deposit	보증금 ボジュングム
再ダイヤル redial	재다이얼 チェダイオル
留守番電話機能 answering device	메세지전화기능 メセジジョヌァキヌン
充電器 battery charger	충전기 チュンジョンギ
音量 volume	볼륨 ボルム

郵便

郵便局 post office	우체국 ウチェクク
郵便料金 postage	우편요금 ウピョンヨグム
絵ハガキ picture postcard	그림엽서 クリムヨプソ

切手 stamp	우표 ウピョ
記念切手 commemorative stamp	기념우표 キニョムウピョ
封筒 envelope	봉투 ボントゥ
便せん letter pad	편지지 ピョンジジ
航空書簡 aerogram	항공서간 ハンゴンソガン
航空便 airmail	항공편 ハンゴンピョン
船便 sea mail	배편 ペピョン
印刷物 printed matter	인쇄물 インセムル
速達 express delivery / special delivery	속달 ソクタル
書留 registered mail	등기 トゥンキ
小包 parcel	소포 ソポ
あて先 address	받는 곳 パッヌン　コッ
差出人 sender	보내는 사람 ポネヌン　サラム
受取人 addressee	받는 사람 パッヌン　サラム
郵便番号 zip code	우편번호 ウピョンボノ
気付 c/o	전교 チョンギョ
取り扱い注意 handle with care	취급주의 チグプジュイ
壊れ物 fragile	깨지기 쉬운 물건 ケジギ　シウン　ムルゴン
ポスト mail box	우체통 ウチェトン
送付内容の記載 contents	첨부내용의 기재 チョンブネヨンエ　キジェ
連絡 contact	연락 ヨルラク

インターネット

インターネット Internet	인터넷 イントネッ
通信速度 transmission rate	통신속도 トンシンソクド
低速通信／高速通信 narrow band / broad band	저속통신 / 고속통신 チョソクトンシン／コソクトンシン
保存 save	보존 ポジョン
ダウンロード download	다운로드 タウンロド
(FDなどの)初期化 format	포맷 ポメッ
(文字などの) 切り取り／貼り付け cut / paste	자르기 / 붙이기 チャルギ／プチギ
検索 search	찾기 チャッキ
添付ファイル attachment	첨부파일 チョンブパイル
カラー印刷／モノクロ印刷 color printing / monochrome printing	칼라인쇄 / 흑백인쇄 カルラインセ／フクペクインセ

手紙、eメールを書く

「旅先で出会った人と撮った写真を送ってあげたい」「お世話になった人にお礼を伝えたい」「手紙をもらったけど返事の書き方がわからない」……。そんなときには、このフォーマットと例文を役立ててください。さあ、便せんと封筒を用意して、またはパソコンを立ち上げて、さっそく手紙やメールを書いてみましょう！

手紙

便せん記入例

1 홍길동씨에게

2 안녕하세요.잘 있었어요? 전 건강하게 잘 지냅니다.

3 한국에서 막 돌아오는 길입니다.
이번 여행은 정말 즐거웠습니다.
체재 중에 친절히 대해 주셔서 너무 고마웠습니다.
지금부터 더욱더 열심히 한국어를 공부할 생각입니다.
사진을 몇 장 동봉합니다. 마음에 드실는지 모르겠네요.

4 연락 기다리겠습니다.
몸 건강하세요.

2006.7.8 5

다나카 타로우 올림 6

❶ あて名

ホンギルドンさんへ　홍길동씨에게

相手の名前や敬称（「先生／선생님」、「おじいさん／할아버지」、「愛する友達／사랑하는 친구」、「姉さん／언니」など）にエゲ（에게）、やケ（께）を付ける。よりていねいな表現を使う場合はボシプシオ（보십시오）を付ける。

❷ はじめのあいさつ

こんにちは。お元気ですか？　안녕하세요,잘 있었어요?

私は元気にやっています。　전 건강하게 잘 지냅니다.

季節の挨拶や安否を尋ね、自分の近況を知らせる。

❸ 本　文

韓国から戻ってきたところです。

한국에서 막 돌아오는 길입니다.

今回の旅はとても楽しかったです。

이번 여행은 정말 즐거웠습니다.

写真を何枚か同封しました。気に入ってもらえるとよいのですが。

사진을 몇 장 동봉합니다. 마음에 드실는지 모르겠네요.

日本に帰ってからはや2週間です。

일본으로 돌아온지 벌써 2주일이 됩니다.

釜山へ行くKTXでお会いしましたね。

부산행 KTX에서 만났었죠.

私のことを覚えていますか？

저 기억하시겠습니까?

滞在中は親切にしてもらい、ありがとうございました。

체재 중에 친절히 해 주셔서 너무 고마웠습니다.

ソウルへの旅行中、お会いできて本当によかったです。

서울 여행 중 만나뵙게 되어 정말 다행이었습니다.

最近は毎日忙しく働いて／勉強しています。

요즘은 매일 바쁘게 일하고 / 열심히 공부하고 있습니다.

これからもっと韓国語を勉強しようと思っています。

지금부터 더욱더 열심히 한국어를 공부할 생각입니다.

❹ おわりのあいさつ

お返事お待ちしています。　연락 기다리겠습니다.

お体に気を付けてください。　몸 건강하세요.

❺ 日　付

2006年7月8日　2006.7.8または2006년 7월 8일

❻ 手紙の結びと署名

田中太郎より　다나카 타로우 올림

（とてもていねいな表現）　다나카 타로우 올립니다, 드립니다

（ていねいな表現）　다나카 타로우 올림,드림

（カジュアルな表現）　다나카 타로우 씀, 보냄

（親しい人に書く表現）　다나카 타로우 가, 로부터

署名は日付より語頭が出ないよう、日付の斜め下に書く。

友達の場合は名前だけでよいが、目上の人や上司にはうしろにオルリム（올림）、ドゥリム（드림）、スム（씀）、ボネム（보냄）などを付けたていねいな表現にする。

封筒の書き方

❶
Taro Tanaka
3-5-2 Akasaka Minato-ku
Tokyo 107-0052
Japan
切手
대한민국
서울특별시 중구 명동1가1번지
홍 길동 (귀하)
100-021
❷
❸
AIR MAIL
大韓民国　Rebublic of Korea
❹

❶ **差出人氏名と住所**

❷ **受取人の名前と住所**　韓国の郵便番号はあて名の下に書くのが一般的。

❸ **郵便注記**　航空便　AIR MAIL（手書き、または郵便局でスタンプを押してもらったりシールをもらったりする）

❹ **国名表記**　ラテン文字以外であて先を書くときは、日本の郵便局であて先国がわかるよう、封筒下部に日本語と英語で明記し、下線を引く。

Eメールの書き方

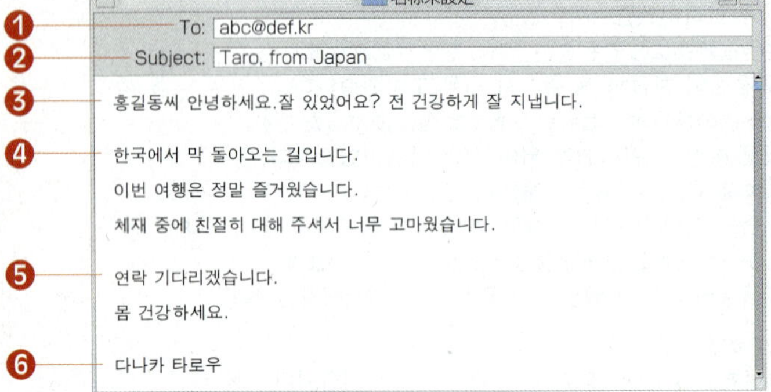

名称未設定
❶ To: abc@def.kr
❷ Subject: Taro, from Japan
❸ 홍길동씨 안녕하세요.잘 있었어요? 전 건강하게 잘 지냅니다.
❹ 한국에서 막 돌아오는 길입니다.
이번 여행은 정말 즐거웠습니다.
체재 중에 친절히 대해 주셔서 너무 고마웠습니다.
❺ 연락 기다리겠습니다.
몸 건강하세요.
❻ 다나카 타로우

❶ **あて先アドレス**

❷ **件　名**　文字化け防止のため、件名(と差出人名)は英語(半角英数字)で書いたほうがよい。

❸ **あて名とあいさつ**　仕事上や、かしこまった間柄では名前にシ（씨）を付ける場合が多く、親しい友達や後輩だとヤ（야）、ガ（가）などの呼び捨てもある。

キムスンヨンさん、こんにちは。 김순영씨 안녕하세요.
私はソウル市庁観光課のイミョンチョルです。저는 서울시청 관광과의 이명철입니다.
私は先週キムチ教室に参加したミキです。저는 지난 주 김치교실에 참가한 미키입니다.

❹ **本　文**　P.193便せん記入例❸を参照ください

❺ **おわりのあいさつ**　P.193便せん記入例❹、または、下記を参照ください。
それではまた連絡します。그럼 또 연락드리겠습니다.
さよなら。안녕히 계십시오.

❻ **署　名**　自分の名前ははじめのあいさつに含めてもよいし、おわりのあいさつのあとに書いてもよい。

交流

今日は本当に来てくれてよかった！
すっかりごちそうになっちゃって…本当に楽しかった ありがとう！
明日はソウルだろ オレが車で送ってくよ！
ありがとう！でもKTXのチケット買ってあるから大丈夫。

水くさいなぁ〜!! 遠慮するなよ〜!!
いやいやホント、KTXも乗ってみたいし、その方が早いしさ…
あっ!! なんだ急いでるの?! じゃあ今から送ってくよ! 明日列車乗るより断然早いよっ!!
いや 今日は ここのホテルに泊まって…
注 韓国人はよく言えば情に厚く、悪く言えばおせっかいなところがある。

交流
使える
10
これで完璧！
フレーズ

1

お話ししてもいいですか？

말씀 좀 나눠도 되겠습니까 ?
マルスム　チョム　ナヌォド　トェゲッスムミカ？

May I talk to you?

2

どちらからですか？

어디서 오셨나요 ?
オディソ　オションナヨ？

Where are you from?

3

旅行の予定は何日ですか？

여행은 며칠 예정인가요 ?
ヨヘンウン　ミョチル　イェジョンインガヨ？

How long are you planning to travel?

4

○○にはもう行きましたか？

○○에는 벌써 다녀오셨나요 ?
○○エヌン　ポルソ　タニョオションナヨ？

Have you ever been to ○○ ?

5

よかった場所はどこですか？

좋았던 곳은 어디인가요 ?
チョアットン　コッスン　オディインガヨ？

Which place was good?

韓国人はよくも悪くも人付き合いが濃い。困っていれば見ず知らずでも助けてくれるし、逆に見ず知らずの人に突っ込んだ話題を持ちかけてきたりもする。あいさつから始めて、お互いのことを話していけば、おもしろい交流がきっとできるはずだ。話がはずめば表には出てこない韓国人の本音もいろいろと聞けるようになるだろう。

6 安くておいしい店を知りませんか？

싸고 맛있는 음식점 알고 계신 곳 있나요？

サゴ　マディンヌン　ウムシクジョム　アルゴ　ケシン　コッ　インナヨ？

Are there any nice and cheap restaurants?

7 一緒に夕食を食べませんか？

같이 저녁 식사하지 않으시겠어요？

カチ　ジョニョク　シクサハジ　アヌシゲッソヨ？

How about dinner together?

8 お話しできて楽しかったです

말씀 나눌 수 있어서 즐거웠어요

マルスム　ナヌル　ス　イッソソ　ジュルゴウォッソヨ

It was nice to meet you.

9 メールアドレス／住所を教えてください

메일 주소 / 주소를 가르쳐 주세요

メイル　ジュソ／ジュソルル　カルチョ　ジュセヨ

May I have your e-mail address /address?

10 またお会いできるといいですね

또 뵐 수 있으면 좋겠네요

ト　ポェル　ス　イッスミョン　ジョッケンネヨ

I hope to see you again.

友達になる（きっかけ作り）

おはようございます／こんにちは	Good morning. / Hello (Good afternoon). /Hi.	좋은 아침입니다 / 안녕하세요	チョウン　アチミムミダ／アンニョンハセヨ
こんばんは	Good evening.	안녕하세요	アンニョンハセヨ
すみませんが	Excuse me.	죄송합니다	チェソンハムミダ
（エレベーターなどで）お先にどうぞ	After you. / Go ahead.	먼저 타세요	モンジョ　タセヨ
ありがとう	Thank you. / Thanks.	감사합니다	カムサハムミダ
お元気ですか？	How are you?	건강하시죠 ?	コンガンハシジョ ?
ありがとう、元気です	Fine, thanks.	예 , 덕분에요	イェ、　トゥプネヨ
今日はちょっと疲れています	I'm a little tired today.	오늘은 좀 피곤하네요	オヌルン　チョム　ピゴナネヨ
いい天気ですね	It's a wonderful day.	좋은 날씨네요	チョウン　ナルシネヨ
すごい雨／雪／雷／霧ですね	It's pouring / snowing hard / terrible thunder / a heavy fog.	엄청난 비 / 눈이 / 천둥이 / 서리네요	オムチョンナン　ピ／ヌニ／チョンドゥンイ／ソリネヨ
早く晴れるといいですね	I hope it will clear up soon.	날씨가 빨리 맑아졌으면 좋겠네요	ナルシガ　パルリ　マルガジョッスミョン　ジョッケンネヨ
ここに座っていいですか？	May I sit here?	여기 앉아도 될까요 ?	ヨギ　アンジャド　トェルカヨ ?
どちらからですか？	Where are you from?	어디서 오셨나요 ?	オディソ　オションナヨ ?
おひとりで旅行しているのですか？	Are you traveling alone?	혼자서 여행하고 계신가요 ?	ホンジャソ　ヨヘンハゴ　ケシンガヨ ?

韓国語の代表的あいさつ「アンニョンハセヨ」のアンニョンは漢字で書くと安寧。直訳は「安寧ですか」という意味。朝昼夜ともに使える便利なあいさつ言葉だ。

バス／列車が
なかなか来ませんね

Not many buses / trains come by here.

버스 / 기차가 잘 안오네요
ポス／キチャガ　ジャル　アノネヨ

(列車の中で) 今、どの辺を走っていますか？

Where are we?

지금 어디쯤 가고 있는 걸까요 ?
チグム　オディチュム　カゴ　インヌン　コルカヨ？

どこで降りるのですか？

Where will you get off?

어디서 내리시나요 ?
オディソ　ネリシナヨ？

(乗り物の中で荷物を上げるとき) 手伝いましょうか？

Can I help you?

도와드릴까요 ?
トワドゥリルカヨ？

火を貸してもらえませんか？

Do you have a light?

불 좀 빌려 주시겠어요 ?
プル　チョム　ピルリョ　ジュシゲッソヨ？

タバコを吸っていいですか？

May I smoke here?

담배 피워도 괜찮을까요 ?
タムベ　ピウォド　ケンチャヌルカヨ？

ここはすてきな所ですね

This is a wonderful place.

여기는 멋진 곳이네요
ヨギヌン　モッチン　コッシネヨ

これ、食べませんか？

Like to try this?

이거 좀 드셔 보시겠어요 ?
イゴ　チョム　トゥショ　ポシゲッソヨ？

何を食べているのですか？

What are you having?

뭘 드시고 계시나요 ?
ムォル　トゥシゴ　ケシナヨ？

それはどこで
買ったのですか？

Where did you get it?

그건 어디서 사셨나요 ?
クゴン　オディソ　サションナヨ？

すみませんが、シャッターを押してもらえますか？

Excuse me, could you press the shutter?

죄송하지만 , 셔터 좀 눌러 주시겠어요 ?
チェソンハジマン、ショト　チョム　ヌルロ　ジュシゲッソヨ？

一緒に写りませんか？

Let's take a picture together.

같이 찍지 않으실래요 ?
カッチ　チクチ　アヌシルレヨ？

一緒にお酒を飲みに
行きませんか？

Why don't we have some drinks?

같이 술 마시러 가지 않으실래요 ?
カッチ　スル　マシロ　カジ　アヌシルレヨ？

一緒に食事に行きませんか？

Why don't we have dinner?

같이 식사하러 가지 않으실래요 ?
カッチ　シクサハロ　カジ　アヌシルレヨ？

一見では区別がつきにくいため、日本人観光客でも韓国人観光客に「シャッターを押してください」と頼まれるケースがよくある。交流のきっかけになるかも。

自分を紹介する

はじめまして
처음 뵙겠습니다
チョウム　ペプケッスムミダ
How do you do?

お会いできてうれしいです
만나뵙게 되어 기쁩니다
マンナペプケ　トェオ　キプムミダ
I'm glad to meet you.

私の名前は○○○○です
제 이름은 ○○○○입니다
チェ　イルムン　○○○○イムミダ
My name is ○○○○ .

○○と呼んでください
○○라고 불러 주세요
○○ラゴ　プルロ　ジュセヨ
Please call me ○○ .

私は日本から来ました
저는 일본에서 왔어요
チョヌン　イルボネソ　ワッソヨ
I'm from Japan.

休暇で旅行をしています
휴가로 여행 중이에요
ヒュガロ　ヨヘン　ジュンイエヨ
I'm here on vacation.

仕事で来ました
일로 왔어요
イルロ　ワッソヨ
I'm here on business.

8日間滞在します
8 일간 있어요
パリルガン　イッソヨ
I'll stay eight days.

ソウルは初めてです
서울은 처음이에요
ソウルン　チョウミエヨ
This is my first time in Seoul.

釜山は今日で3日目です
부산은 이번으로 3 번째에요
プサヌン　イボヌロ　セボンチェエヨ
This is my third day in Busan.

このあと春川に行く予定です
이 곳 다음엔 춘천으로 갈 예정이에요
イ　コッ　タウメン　チュンチョヌロ　カル　イェジョンイエヨ
I'm going to Chuncheon after this.

アジアを旅行することが好きです
아시아 여행하는 것을 좋아해요
アシア　ヨヘンハヌン　コッスル　チョアヘヨ
I like traveling around Asia.

学生です／働いています
학생이에요 / 직장인이에요
ハクセンイエヨ／チクチャンイニエヨ
I'm a student / an office worker.

自営業です
자영업이에요
チャヨンオビエヨ
I have my own business.

儒教文化の韓国では、年上と年下という関係はさまざまなケースで重要な役割を持つ。そうした事情で初対面同士ではまずお互いに歳を尋ねあうというケースがままある。

大学で○○を専攻しています I study ○○ at college.	대학에서 ○○을 전공하고 있어요 テハゲソ ○○ウル チョンゴンハゴ イッソヨ
私は 25 歳です I'm twenty-five.	저는 25 살이에요 チョヌン スムルダソッサリエヨ 数字 ▶P.236
東京に住んでいます I live in Tokyo.	도쿄에 살고 있어요 トキョエ サルゴ イッソヨ
○○でアルバイトをしています I work part-time at ○○ .	○○에서 아르바이트를 하고 있어요 ○○エソ アルバイトゥルル ハゴ イッソヨ
5 年前まで勤めていました I was an office worker five years ago.	5 년 전까지 직장에 있었어요 オニョン ジョンカジ ジクチャンエ イッソッソヨ
4 人家族です There are four in my family.	4 인 가족이에요 サイン カジョギエヨ
2 歳年下の妹／弟がいます I have a sister / brother who is two years younger.	2 살 아래의 여동생 / 남동생이 있어요 トゥサル アレエ ヨドンセン／ナムドンセンイ イッソヨ
3 歳年上の姉／兄がいます I have a sister / brother who is three years older.	3 살 위의 언니 / 오빠가 있어요 セサル ウィエ オンニ／オッパガ イッソヨ
双子／一卵性／二卵性です I have a twin. / I am an identical twin. / I am a fraternal twin.	쌍둥 / 일란성 / 이란성이에요 サンドゥン／イルランソン／イランソンイエヨ
野球／サッカーの観戦が好きです I like watching baseball / football (soccer) games.	야구 / 축구 관전을 좋아해요 ヤグ／チュック クァンジョヌル ジョアヘヨ
ビールが／焼酎が／濁酒（マッコリ）が／ワインが好きです I like beer / soju / takju (Makkolri) / wine.	맥주를 / 소주를 / 탁주 (막걸리) 를 / 와인을 좋아해요 メクチュルル／ソジュルル／タクジュ（マッコルリ）ルル／ワイヌル ジョアヘヨ
よく映画を観に行きます I often see movies.	자주 영화 보러 가요 チャジュ ヨンファ ポロ カヨ
趣味は音楽を聴くことです I like listening to music.	취미는 음악감상이에요 チミヌン ウマクカムサンイエヨ
写真を撮ることに興味があります My interest is taking pictures.	사진 촬영에 흥미가 있어요 サジン チャリョンエ フンミガ イッソヨ

韓国での英語の通じ具合は日本とほぼ同じ。大学生や英語を学んだことのある社会人、ホテルや観光業に従事する人びとは英語でコミュニケーションができる。

相手について尋ねる

お名前を聞いてもいいですか？
May I have your name?
성함을 여쭤봐도 될까요 ?
ソンハムル　ヨチョボァド　トェルカヨ？

どこから来ましたか？
Where are you from?
어디서 오셨나요 ?
オディソ　オショッナヨ？

韓国のどちらですか？
Where in Korea?
한국의 어디인가요 ?
ハングゲ　オディインガヨ？

日本に来たことはありますか？
Have you been to Japan?
이전에 일본에 오신 적이 있으세요 ?
イジョネ　イルボネ　オシン　ジョギ　イッスセヨ？

旅行をよくされるのですか？
Do you often travel?
자주 여행 다니세요 ?
チャジュ　ヨヘン　タニセヨ？

ほかにどんな国に行ったことがありますか？
To what other countries have you been?
그 외에 어떤 나라에 가보셨나요 ?
ク　ウェエ　オトン　ナラエ　カボショッナヨ？

どこの国／場所が一番印象的でしたか？
Which country / place was the most impressive?
어느 나라 / 장소가 가장 인상 깊었나요 ?
オヌ　ナラ／チャンソガ　カジャン　インサン　キポンナヨ？

休暇ですか？／仕事ですか？
On vacation / business?
휴가인가요 ? / 일인가요 ?
ヒュガインガヨ？／イリンガヨ？

済州島は初めてですか？
Is this your first visit to Jeju island?
제주도는 처음이세요 ?
チェジュドヌン　チョウミセヨ？

西帰浦は今日で何日目ですか？
How long have you been in Seoguipo?
서귀포는 오늘로 며칠째가 되시나요 ?
ソグィポヌン　オヌルロ　ミョチルチェガ　トェシナヨ？

このあとどこに行く予定ですか？
Where will you go after this?
이 뒤에 어디로 가실 예정인가요 ?
イ　トゥィエ　オディロ　カシル　イェジョンインガヨ？

どこを見ましたか？
Where have you been?
어디를 보셨나요 ?
オディルル　ポショッナヨ？

どうでした？
How was it?
어떠셨어요 ?
オトショッソヨ？

中文にはもう行きましたか？
Have you been to Jungmun yet?
중문에는 벌써 가보셨나요 ?
チュンムネヌン　ポルソ　カボショッナヨ？

旅行好きの人が多い韓国では、欧州や中国、東南アジア、そして日本への旅行経験がある人がかなりいる。旅行談義をしてみると日本人と視点が違うのがまたおもしろい。

おすすめのレストランはありますか？
Can you recommend any restaurants?
괜찮은 레스토랑이 있던가요 ?
ケンチャヌン　レストランイ　イットンガヨ？

学生ですか？／社会人ですか？
Are you a student / an office worker?
학생이세요 ? / 직장인이세요 ?
ハクセンイセヨ？／チクジャンイニセヨ？

仕事は何をしているのですか？
What do you do?
무슨 일을 하고 계시나요 ?
ムスン　イルル　ハゴ　ケシナヨ？

大学では何を専攻しているのですか？
What's your major?
대학에서 무엇을 전공하고 계시나요 ?
テハゲソ　ムオスル　チョンゴンハゴ　ケシナヨ？

お年を聞いてもいいですか？
May I ask your age?
나이를 여쭤봐도 될까요 ?
ナイルル　ヨチョボァド　トェルカヨ？

兄弟はいますか？
Any brothers or sisters?
형제가 있나요 ?
ヒョンジェガ　インナヨ？

あなたの趣味は何ですか？
What's your hobby?
어떤 취미를 가지고 계세요 ?
オトン　チミルル　カジゴ　ケセヨ？

最近何か映画を観ましたか？
Seen any movies recently?
최근에 어떤 영화를 보셨나요 ?
チェグネ　オトン　ヨンファルル　ポションナヨ？

俳優／女優は誰が好きですか？
Who's your favorite actor / actress?
배우는 누구를 좋아하세요 ?
ペウヌン　ヌグルル　ジョアハセヨ？

どんなジャンルの音楽が好きですか？
What kind of music do you like?
어떤 장르의 음악을 좋아하세요 ?
オトン　チャンルエ　ウマグル　ジョアハセヨ？

何かスポーツはしますか？
What sports do you like to play?
스포츠 하시는 거 있으세요 ?
スポチュ　ハシヌン　コ　イッスセヨ？

好きな食べ物は何ですか？
What kind of foods do you like?
좋아하는 음식은 어떤 것인가요 ?
チョアハヌン　ウムシグン　オトン　コシンガヨ？

どんなお酒が好きですか？
What kind of drinks do you like?
어떤 술을 좋아하세요 ?
オトン　スルル　ジョアハセヨ？

和食を食べたことはありますか？
Have you tried Japanese food?
일본 음식을 드신 적이 있으세요 ?
イルボン　ウムシグル　トゥシン　ジョギ　イッスセヨ？

中高年層に人気なのが山登りやハイキング。韓国中の山々を巡っている人も多いので、列車やバスでハイキング姿の人を見かけたら話を聞いてみるのもおもしろい。

総人口は約 1 億 2500 万人です
The population is about one hundred and twenty-five million.
총인구는 약 1 억 2500 만 명입니다
チョンイングヌン　ヤク　イロクイチョンオベクマン　ミョンイムミダ

東京の人口は約 1200 万人です
Tokyo has a population of about twelve million.
도쿄의 인구는 약 1200 만 명입니다
トキョエ　イングヌン　ヤク　チョンイベクマン　ミョンイムミダ

日本は島国です
Japan is an island country.
일본은 섬나라입니다
イルボヌン　ソムナライムミダ

火山が多いのでよく地震があります
Since there are many volcanoes, we often have earthquakes.
화산이 많아서 지진이 자주 일어납니다
ホァサニ　マナソ　ジジニ　ジャジュ　イロナムミダ

日本には四季があります
There are four seasons in Japan.
일본은 사계절이 있습니다
イルボヌン　サゲジョリ　イッスムミダ

春には桜が咲きます
We can see cherry blossoms in spring.
봄에는 벚꽃이 핍니다
ポメヌン　ポッコチ　ピムミダ

夏は蒸し暑いです
It's humid in summer.
여름은 후텁지근합니다
ヨルムン　フトプチグナムミダ

夏は気温が 30 度を超えることもあります
Temperatures may exceed thirty degrees Celsius in summer.
여름에는 기온이 30 도를 넘어서고는 합니다
ヨルメヌン　キオニ　サムシプトルル　ノモソゴヌン　ハムミダ

秋の紅葉はとても美しいです
Autumnal leaves are very beautiful.
가을에는 단풍이 매우 아름답습니다
カウレヌン　タンプンイ　メウ　アルムダプスムミダ

冬には雪が降ります
It snows in winter.
겨울에는 눈이 내립니다
キョウレヌン　ヌニ　ネリムミダ

日本の国技は相撲です
The national sports of Japan is sumo wrestling.
일본의 국기는 스모입니다
イルボネ　クッキヌン　スモイムミダ

最近はサッカーも人気です
Football (Soccer) is also popular recently.
최근에는 축구도 인기가 있습니다
チェグネヌン　チュックト　インキガ　イッスムミダ

京都には古い寺がたくさんあります
Kyoto has many old temples.
교토에는 오래 된 사찰이 많습니다
キョトエヌン　オレ　トェン　サチャリ　マンスムミダ

日本人のバカンスはとても短いです
Japanese vacations are very short.
일본인의 바캉스는 매우 짧습니다
イルボニネ　バカンスヌン　メウ　チャルスムミダ

韓国にも温泉があるが、活火山がないので単純泉がほとんど。日本というと、地獄谷のような温泉を思い浮かべる人も多いのだという。温泉探訪は人気の日本ツアーだ。

料理図鑑 緊急事態 基本会話 入出国 移動 観光 ショッピング 宿泊 飲食 通信 交流 ピンチ 日韓辞書 韓日辞書 文法 50音順検索

夏休みはだいたい1週間くらいです The summer vacation is about one week.	여름 휴가는 대체로 1 주일 정도입니다 ヨルム　ヒュガヌン　テチェロ　イルジュイル ジョンドイムミダ
お正月休みは5日間くらいです The New Year holidays are about five days.	설날 연휴는 5 일 정도입니다 ソルラル　ヨンヒュヌン　オイル　ジョンドイムミダ
日本人は温泉に行くのが好きです Japanese like going to hot springs.	일본인은 온천에 가는 것을 좋아합니다 イルボニヌン　オンチョネ　カヌン　コスル　ジョアハムミダ
日本人は魚料理が好きです Japanese like fish dishes.	일본인은 생선 요리를 좋아합니다 イルボニヌン　センソン　ヨリルル　ジョアハムミダ
刺身や寿司にして生魚を食べます We eat raw fish as sashimi or sushi.	회나 초밥으로 만들어서 날생선을 먹습니다 フェナ　チョバブロ　マンドゥロソ　ナルセンソヌル モクスムミダ
和食だけでなく中華や西洋料理もよく食べます Not only Japanese food but also Chinese and European food are often eaten.	일본식뿐만 아니라 중국 요리나 서양 요리도 곧잘 먹습니다 イルボンシクプンマン　アニラ　チュングク　ヨリナ　ソヤン ヨリド　コッチャル　モクスムミダ
ラーメンなど麺類も人気です Noodles, such as ramen noodles, are also popular.	라면 등의 면류도 인기가 있습니다 ラミョン　トゥンエ　ミョンリュド　インキガ　イッスムミダ
日本酒は米からできています Sake (Rice wine) is made from rice.	일본 술은 쌀로 만들어집니다 イルボン　スルン　サルロ　マンドゥロジムミダ
着物は日本の伝統的な衣装です Kimonos are traditional Japanese clothes.	기모노는 일본의 전통적인 의상입니다 キモノヌン　イルボネ　ジョントンジョギン ウィサンイムミダ
お正月や成人式に着ます People wear kimonos on New Years or at coming-of-age ceremonies.	설날이나 성인식에 입습니다 ソルラリナ　ソンインシゲ　イプスムミダ
日本では仏教と神道が一般的な宗教です Buddhism and Shinto are the most common practiced religion in Japan.	일본에서는 불교와 신도가 일반적인 종교입니다 イルボネソヌン　プルギョワ　シンドガ　イルバンジョギン ジョンギョイムミダ
日本人はカラオケが好きです Japanese people like karaoke.	일본인은 가라오케를 좋아합니다 イルボニヌン　カラオケルル　ジョアハムミダ
今は忍者も侍もいません There is no samurai or ninja now.	지금은 닌자도, 사무라이도 없습니다 チグムン　ニンジャド、サムライド　オプスムミダ
あなたは日本にどんなイメージを持っていますか？ What's your image of Japan?	당신은 일본에 대해 어떤 이미지를 가지고 있습니까？ タンシヌン　イルボネ　テヘ　オトン　イミジルル カジゴ　イッスムミカ？

韓国ドラマの中では、日本人は悪役で描かれることがほとんど。そうしたイメージもあって、韓国人の日本観は意外にステレオタイプ的でもあり、驚くことが多い。

相手の国の文化について尋ねる

あなたの国はどんな国ですか？ What's your country like?	당신 나라는 어떤 나라인가요？ タンシン　ナラヌン　オトン　ナラインガヨ？
人口はどれくらいですか？ How large is the population?	인구는 어느 정도인가요？ イングヌン　オヌ　ジョンドインガヨ？
夏／冬は暑い／寒いですか？ Is it hot in summer? / Is it cold in winter?	여름 / 겨울은 더운 / 추운가요？ ヨルム／キョウルン　トウン／チュウンガヨ？
ベストシーズンはいつですか？ When is the best season?	가장 좋은 계절은 언제인가요？ カジャン　チョウン　ケジョルン　オンジェインガヨ？
観光するのにいい場所はありますか？ Can you recommend any places for sightseeing?	관광하기 좋은 장소가 있나요？ クァングァンハギ　ジョウン　ジャンソガ　インナヨ？
伝統料理にはどんなものがありますか？ What traditional dishes are there?	전통 요리는 어떤 것이 있나요？ チョントン　ヨリヌン　オトン　コシ　インナヨ？
おすすめの食べ物は何ですか？ What food is recommended?	권해줄만한 음식은 무엇인가요？ クォネジュルマナン　ウムシグン　ムオシンガヨ？
それは普段からよく食べますか？ Do you often eat it?	그건 평상시에도 자주 먹는 건가요？ クゴン　ピョンサンシエド　ジャジュ　モンヌン　コンガヨ？
普段どんなお酒を飲みますか？ What kind of drinks do you usually have?	평상시에 어떤 술을 마시나요？ ピョンサンシエ　オトン　スルル　マシナヨ？
最も人気のあるビールは何ですか？ What's the most popular beer?	가장 인기 있는 맥주는 무엇인가요？ カジャン　インキ　インヌン　メクチュヌン　ムオシンガヨ？
最も人気のある仕事は何ですか？ What is the most popular job?	가장 인기 있는 직업은 무엇인가요？ カジャン　インキ　インヌン　チゴブン　ムオシンガヨ？
クリスマスは／お正月はどうやって過ごしていますか？ How do you spend the Christmas holidays / the New Year's holidays?	크리스마스는 / 설날은 무얼 하고 지내나요？ クリスマスヌン／ソルラルン　ムオル　ハゴ　ジネナヨ？
お祭りは／年中行事にはどんなものがありますか？ What kinds of festivals / annual events are there?	축제는 / 연중 행사에는 어떤 것이 있나요？ チュクチェヌン／ヨンジュン　ヘンサエヌン　オトン　コシ　インナヨ？
スポーツは何が人気ですか？ What sport is popular?	스포츠는 무엇이 인기가 있나요？ スポチュヌン　ムオシ　インキガ　インナヨ？

普段は穏和な人でも、こと歴史問題や領土問題の話題になると烈火のごとく感情的な発言をする人がわりあい多い。初対面ではそうした話題は避けたほうがよいだろう。

再会を約束する

お会いできて
うれしかったです

만나뵈어서 반가웠습니다
マンナボェオソ　パンガウォッスムミダ

It was nice to see you.

お話しできて楽しかったです

말씀 나눌 수 있어서 즐거웠습니다
マルスム　ナヌル　ス　イッソソ　ジュルゴウォッスムミダ

I had a good time.

こちらこそ

저야 말로
チョヤ　マルロ

Me too.

メールアドレスを
教えてください

메일 주소를 가르쳐 주세요
メイル　ジュソ　カルチョ　ジュセヨ

May I have your e-mail address?

ここに書いてください

여기에 적어 주세요
ヨギエ　ジョゴ　ジュセヨ

Please write it here.

これが私のメールアドレス／
住所です

이게 제 메일 주소 / 주소입니다
イゲ　チェ　メイル　ジュソ／ジュソイムミダ

This is my e-mail address / address.

帰ったらメールします／
手紙を書きます

돌아가면 메일 보내겠습니다
/ 편지 쓰겠습니다
トラガミョン　メイル　ポネゲッスムミダ
／ピョンジ　スゲッスムミダ

I'll e-mail you / write to you after returning to Japan.

写真を送ります

사진을 보내겠습니다
サジヌル　ポネゲッスムミダ

I'll send you pictures.

日本に来るときには
連絡してください

일본에 오실 때에는 연락 주세요
イルボネ　オシル　テエヌン　ヨルラク　ジュセヨ

Please contact me when you come to Japan.

私もそちらに遊びに
行きたいです

저도 그쪽에 놀러 가고 싶어요
チョド　クチョゲ　ノルロ　カゴ　シポヨ

I'd like to visit your country.

またお会いしましょう

또 뵙겠습니다
ト　ポェプケッスムミダ

See you again.

よい1日を／旅行を

좋은 하루를 / 여행을
チョウン　ハルルル／ヨヘンウル

Have a nice day / trip.

ありがとう、あなたも

감사합니다 , 당신도요
カムサハムミダ、タンシンドヨ

Thanks, you too.

気を付けて／さようなら

조심하시고요 / 안녕히
チョシマシゴヨ／アンニョンイ

Take care. / Goodbye.

何かと情に厚いのが韓国人。初めて知り合ったのにいろいろと案内してもらったり世話になったりすることも多いだろう。感謝の気持ちを伝えるのを忘れずに。

相づち／感情表現

そう
그래
クレ
Uh-huh.

なるほど
그렇구나
クロックナ
I see.

そのとおり
맞았어
マジャッソ
That's right. / Exactly!

もちろん！
물론！
ムルロン！
Sure. / Of course.

そうですか？
정말？ 그래요？
チョンマル？／クレヨ？
Really? / Are you sure?

私もそうだよ
나도 그래
ナドグレ
Me too.

そうだといいね
나도 그러길 바래
ナド　グロギル　バレ
I hope so.

信じられない！
믿을 수 없어
ミデゥル　ス　オプソ
Incredible!

すばらしい
훌륭하다
フルリュンハダ
Great! / Wonderful!

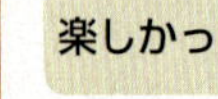

楽しかった
즐거웠다
ジョルゴウォッタ
That was fun.

おもしろい！
재미있다！
チェミイッタ！
That's interesting!

珍しい！
신기해！
シンギヘ！
That's unusual!

わかったよ
알았어
アラッソ
All right.

私にはまったくわかりません
저로서는 도저히 알 수 없습니다
チョロソヌン　トジョヒ　アル　ス　オプスムミダ
I have no idea.

韓国人は一般に婉曲的な表現よりも直接的な表現を好む。感想を言うときは日本的思考の「悪くないと思います」を直訳するのではなく「よいです」と直接的に言おう。

交流のイレカエ単語

観光国	tourists' country	관광국	クァングァンクㇰ
観光名所	tourist attraction	관광명소	クァングァンミョンソ
治安がよい	safe	치안이 잘 되어있다	チアニ　ジャㇽデオイッタ
治安が悪い	dangerous	치안이 잘 되어 있지않다	チアニ　ジャㇽ　デオイッチアンダ
首都圏	the metropolitan area	수도권	スドクォン
郊外	suburb	교외	キョウェ
古都	ancient capital	고도	コド
普通の町	ordinary town	평범한 마을	ピョンボマン　マウㇽ
いなか	countryside	시골	シゴㇽ
故郷	hometown	고향	コヒャン
特産品	famous product	특산품	トゥㇰサンプㇺ
すすめる	recommend	추천하다	チュチョンハダ
～出身	come from	～출신	チュㇽシン
ぜひとも	by all means	꼭	コㇰ
問題ない	no problem	문제없다	ムンジェオㇷ゚タ
島国	an island country	섬나라	ソㇺナラ
鎖国	national isolation	쇄국	セクㇰ
閉鎖的な	closed	쇄국적인	セクㇰジョギン
習慣	custom	습관	スㇷ゚クァン
偏見	prejudice	편견	ピョンギョン
文化交流	cultural exchange	문화교류	ムヌァキョリュ
国境	border	국경	クㇰキョン
かわいい／気の利いた	cute	귀여운	クィヨウン
カッコイイ（男性に対して）	gorgeous	멋있다	モッシッタ
顔立ちのよい	good looking	용모가 뛰어나다	ヨンモガトィオナダ
思いやりのある	sweet	이해심이 있는	イヘシミ　インヌン
自己中心的な	selfish	자기중심적인	チャギジュンシムジョギン
社交的な	out-going	사교적인	サギョジョギン
内向的な	shy	내향적인	ネヒャンジョギン
頑固な	stubborn	완고한	ワンゴハン

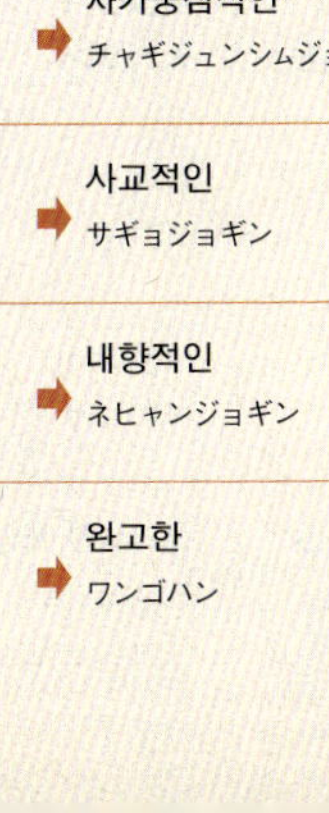

温厚な	gentle	온후한	オンフハン
礼儀正しい	polite	예의가 바른	イェイガ　バルン
もてなし	hospitality	접대	チョㇷ゚テ
男性／女性への呼びかけ	Sir / Ma'am	씨	ッシ
若い女性や店員への呼びかけ	Miss	미스	ミス
職業	occupation	직업	チゴㇷ゚
会社員	office worker	회사원	フェサウォン
（会社を）辞める	quit	(회사를) 그만두다	（フェサㇽㇽ）グマンドゥダ
定年で退職する	retire	정년퇴직하다	チョンニョンテジㇰハダ
主婦	housewife	주부	ジュブ
無職	without job	무직	ムジㇰ
就職活動	hunt for employment	취업활동	チオㇷ゚ファㇽトン
就職難	the difficulty of finding employment	취업난	チオㇷ゚ナン
趣味	interest / hobby	취미	チミ
知り合い	acquaintance	아는 사이	アヌン　サイ
テレビゲーム	playing videogames	텔레비전 게임	テㇽレビジョン　ゲイㇺ
アニメ	animation movies	애니메이션	エニメイション
韓流スター	Korean top star	한류스타	ハㇽリュスタ
年金	pension / annuity	연금	ヨングㇺ
フリーター	part-timer	파트타임	パトタイㇺ
（日本の）皇室	the Imperial Household	황실	ファンシㇽ
皇太子／皇太子妃	the Crown Prince / the Crown Princess	황태자／황태자비	ファンテジャ／ファンテジャビ
プロ野球	professional league baseball	프로야구	プロヤグ
柔道	judo	유도	ユド
テコンドー	taekwondo	태권도	テクォンド
暑い	hot	덥다	トㇷ゚ダ
凍える	freezing	얼다	オㇽダ
涼しい	cool	시원하다	シウォンハダ
少し寒い／ひんやりした	chilly	조금 춥다	チョグㇺ　チュㇷ゚タ
離婚した	divorced	이혼했다	イホンヘッタ
別居中の	separated	별거중	ピョㇽゴジュン
二日酔い	hangover	숙취	スㇰチ

ピンチ

ホー。韓国の救急車は日本と同じ119番で、
警察は112番か…

救急車は覚えやすいけど、警察はどう覚えよう…
1いい 1いい…
「いいけいさつ 11 2っ」だっ!!

ギャ〜〜どろぼーっ!!
よっしゃ〜〜 ピンチだあれ! まかしとき〜〜っ!! 赤ボタン押してからダイヤルだ〜〜っ!

あれ…?? 「いいけいさつ…」 11 「けい」って何番だ?? 『K』か??
『K』と言えばK点? ということは…???
「6」くらいか?? 何となく…
ちょっとー!! マジメにやってよー!!

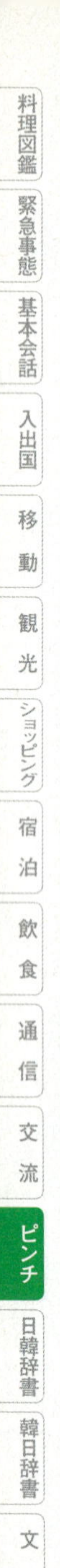

ピンチ 使える10フレーズ これで完璧！

1 パスポートをなくしました

패스포트를 잃어버렸습니다
ペスポトゥルル　イロボリョッスムミダ

I lost my passport.

2 財布を盗まれました

지갑을 도난당했습니다
チガブル　トナンダンヘッスムミダ

Someone stole my wallet.

3 やめて！

그만둬 !
クマンドォ！

Stop it! / Stop!

4 泥棒！

도둑이야 !
トドゥギヤ！

Thief!

5 助けて！

도와주세요 !
トワジュセヨ！

Help!

町の様子や人々の雰囲気が日本と似ているため、韓国ではついつい外国にいるという心構えを忘れそうになる。スリや置き引きに注意するのはもちろんだが、親切を装ってあとから法外な値段をふっかけるヤミガイドや、ぼったくりバーへの注意も怠らないようにしたい。また、深夜の路地裏などには興味本位で近づかないように。

6 警察を呼んでください

경찰을 불러 주세요
キョンチャルル　プルロ　ジュセヨ

Call the police.

7 紛失証明書を発行してください

분실 증명서를 발행해 주세요
プンシル　ジュンミョンソルル　パレンヘ　ジュセヨ

Could you make a report of the loss?

8 具合が悪いです

몸이 안 좋아요
モミ　アン　ジョワヨ

I feel sick.

9 医者に連れて行ってください

의사에게 데려다 주시겠어요？
ウィサエゲ　テリョダ　ジュシゲッソヨ？

Please take me to the doctor.

10 通訳を呼んでください

통역자를 불러 주세요
トンヨクジャルル　ブルロ　ジュセヨ

Please call for an interpreter.

! 忘れた／盗られた／なくした

（店で）昨日、ここにデジカメを忘れました
I left my digital camera here yesterday.
어제 여기에다 디지털 카메라를 놓고 나왔습니다
オジェ　ヨギエダ　ディジトル　カメラルル　ノッコ　ナワッスムミダ

（店で）携帯電話の落とし物がありませんでしたか？
Did anyone find a mobile phone?
휴대폰이 떨어져 있지 않던가요 ?
ヒュデポニ　トロジョ　イッチ　アントンガヨ？

遺失物取扱所はどこですか？
Where is the Lost and Found (lost-property) office?
분실물 취급소는 어디에 있나요 ?
プンシルムル　チュィグプソヌン　オディエ　インナヨ？

この辺でこれくらいの大きさのポーチを見ませんでしたか？
Didn't you see a pouch about this size around here?
이 정도 크기의 포치가 근처에 떨어져 있지 않던가요 ?
イ　ジョンド　クギエ　ポチガ　クンチョエ　トロジョ　イッチ　アントンガヨ？

列車にバッグを置き忘れました
I left my bag on the train.
기차에 백을 놓고 내렸습니다
キチャエ　ペグル　ノッコ　ネリョッスムミダ

パスポートをなくしました
I lost my passport.
패스포트를 잃어버렸습니다
ペスポトゥルル　イロボリョッスムミダ

財布を盗まれました
Someone stole my wallet.
지갑을 도난당했습니다
チガブル　トナンダンヘッスムミダ

バッグがなくなりました
I can't find my bag.
백이 없어졌습니다
ペギ　オプソジョッスムミダ

クレジットカードの使用を止めてください
Could you cancel my credit card?
크레디트 카드 사용을 중지시켜 주세요
クレディトゥ　カドゥ　サヨンウル　チュンジシキョ　ジュセヨ

警察はどこですか？
Where's the police station?
경찰서는 어디에 있나요 ?
キョンチャルソヌン　オディエ　インナヨ？

盗難／紛失証明書を発行してください
Could you make a report of the theft / loss?
도난 / 분실 증명서를 발행해 주세요
トナン／プンシル　ジュンミョンソルル　バレンヘ　ジュセヨ

もし見つかったらこのホテルに連絡してください
Please call this hotel when you find it.
만약 찾았으면 이 호텔로 연락을 주세요
マニャク　チャジャッスミョン　イ　ホテルロ　ヨルラグル　ジュセヨ

日本大使館に連絡してください
Please call the Japanese embassy.
일본 대사관에 연락해 주세요
イルボン　テサグァネ　ヨルラッケ　ジュセヨ

どこに知らせればいいでしょうか？
Who should I ask?
어디에 물어보면 되나요 ?
オディエ　ムロボミョン　トェナヨ？

！駅や地下鉄の車内で忘れ物をしたときは、最寄りの駅員に申し出てみよう。地下鉄にも国鉄にも遺失物保管センターがあり、わりあいと見つかるケースが多い。

バッグの中身はカメラとガイドブックです A camera and a guidebook are inside the bag.	백 안에는 카메라와 가이드북이 들어있어요 ペㇰ アネヌン カメラワ カイドゥブギ トゥロイッソヨ

警察に被害状況（盗難証明書用）を説明する

財布をすられました My wallet was taken.	지갑을 소매치기 당했습니다 チガブル ソメチギ タンヘッスㇺミダ
バッグを切られました／ひったくられました Someone slit / snatched my bag.	백이 잘렸습니다 / 날치기 당했습니다 ペギ チャルリョッスㇺミダ／ナルチギ タンヘッスㇺミダ
犯人はふたり組のようでした There were two, I think.	범인은 2 인조인 것 같았습니다 ポミヌン イインジョイン コッ カタッスㇺミダ

とっさのひとこと

やめて！ Stop it! / Stop!	그만！ クマン！
捕まえて！ Stop him / her!	잡아라！ チャバラ！
誰か来て！ Somebody help me!	누가 좀 도와 주세요！ ヌガ チョㇺ トワ ジュセヨ！
警察に電話して！ Call the police!	경찰을 불러 주세요！ キョンチャルル プルロ ジュセヨ！
緊急事態です！ Emergency!	긴급사태입니다！ キングㇷ゚サテイㇺミダ
危ない！ Look out!	위험해！ ウィホメ！
具合が悪いです I feel sick.	몸이 안 좋아요 モミ アン ジョワヨ
あっちに行け！ Get away!	저리 가！ チョリ カ！

！ トラベラーズチェックの再発行を受けたり、海外旅行傷害保険で盗難品の補償をしてもらうには現地警察の盗難証明書の提出が必要。交番に申告して指示を待とう。

病院に行く前（ホテルなどで）

具合が悪いです
I feel sick.
몸이 안좋아요
モミ　アンジョアヨ

鎮痛剤／胃薬／解熱剤はありますか？
Do you have any pain killers /stomach medicine / fever reducers?
진통제 / 소화제 / 해열제 있나요 ?
チントンジェ／ソホァジェ／ヘヨルジェ　インナヨ？

一番近い薬局はどこですか？
Where's the nearest drugstore (chemist's)?
가장 가까운 약국은 어디인가요 ?
カジャン　カカウン　ヤックグン　オディインガヨ？

薬を飲んでもよくなりません
I took some medicine, but it didn't work.
약을 먹어도 효과가 없어요
ヤグル　モゴド　ヒョクァガ　オプソヨ

医者／救急車を呼んでください
Call a doctor / an ambulance, please.
의사 / 구급차를 불러 주세요
ウィサ／クグプチャルル　プルロ　ジュセヨ

一番近い病院はどこですか？
Where's the nearest hospital?
가장 가까운 병원은 어디인가요 ?
カジャン　カカウン　ピョンウォヌン　オディインガヨ？

（病院に行くので）タクシーを呼んでください
Could you get me a taxi?
택시를 불러 주세요
テクシルル　プルロ　ジュセヨ

日本語／英語の話せる医師はいますか？
Is there a doctor who speaks Japanese / English?
일본어 / 영어 하실 수 있는 의사는 안 계신가요 ?
イルボノ／ヨンオ　ハシル　ス　インヌン　ウィサヌン　アン　ゲシンガヨ？

日本語を通訳できる人はいますか？
Does anyone speak Japanese?
일본어를 통역할 수 있는 사람은 없나요 ?
イルボノルル　トンヨカル　ス　インヌン　サラムン　オムナヨ？

診察、問診に対して

（あらかじめ用意したリストを見せて）既往症と、今処方されている薬の一覧です
My chronic illness and my prescription drugs are on this list.
병력과 지금 처방받고 있는 약의 리스트입니다
ピョンリョククァ　チグム　チョバンバッコ　インヌン　ヤゲ リストゥイムミダ

下痢／便秘です
I have diarrhea. / I'm constipated.
설사 / 변비입니다
ソルサ／ピョンビイムミダ

風邪をひいたみたいです
I think I have a cold.
감기 걸린 거 같아요
カムギ　コルリン　コ　カタヨ

! 日本の各国際空港では検疫所が各国別に病気の言葉や風土病の解説、日本語が通じる医療機関を紹介したパンフレットを無料配布している。もらっておいて損はない。

熱があります
열이 있어요
ヨリ イッソヨ
I have a fever.

悪寒（寒気）がします
오한이 나요
オハニ ナヨ
I feel chilly.

めまいがします
어지러워요
オジロウォヨ
I feel dizzy.

吐き気がします
토할 거 같아요
トハル コ カタヨ
I feel nauseous.

妊娠中です
임신중이에요
イムシンジュンイエヨ
I'm pregnant.

生理中です
생리중이에요
センリジュンイエヨ
I'm having my period.

おなかが／頭が／喉が／歯が痛いです
배가 / 머리가 / 목이 / 이가 아파요
ペガ／モリガ／モギ／イガ アパヨ
I have a stomachache / headache / sore throat / toothache.

ここが非常に／少し痛みます
여기가 매우 / 조금 아파요
ヨギガ メウ／チョグム アパヨ
I have a bad pain / pain here.

ここを押すと痛いです
여기를 누르면 아파요
ヨギルル ヌルミョン アパヨ
It hurts when I press here.

がまんできない痛みではありません
참을 수 없을 정도로 아프지는 않아요
チャムル ス オプスル チョンドロ アプジヌン アナヨ
I can stand this pain.

この症状は昨夜からです
어제 밤부터 증상이 시작되었어요
オジェ パンブト チュンサンイ シジャクテオッソヨ
Since last night.

食欲がありません
식욕이 없어요
シギョギ オプソヨ
I have no appetite.

昨夜／今朝、吐きました
간밤에 / 오늘 아침에, 토했어요
カンバメ／オヌル アチメ トヘッソヨ
I threw up last night / this morning.

1時間に2、3回トイレに行きます
1 시간에 2, 3 번 화장실에 갑니다
ハンシガネ トゥ、セボン ホァジャンシレ カムミダ
I go to the bathroom two or three times an hour.

! 韓国人は薬好きで、薬局は市内の至る所にある。目印はハングルで「약／ヤㇰ・薬」という文字。薬の種類も豊富だが、なかには日本より強いものもあるので注意。

! 病気／ケガで困った

痛みでよく眠れません
I can't sleep for the pain.
아파서 잠이 안와요
アパソ　ジャミ　アンワヨ

手を／腕を／指を／足をケガしました
My hand / arm / finger / foot is injured.
손을 / 팔을 / 손가락을 / 다리를 다쳤습니다
ソヌル／パルル／ソンカラグル／タリルル
タチョッスムミダ

ここを捻挫しました
I sprained it here.
여기를 삐었어요
ヨギルル　ピオッソヨ

血液型は A、RH+ です
My blood type is A-positive.
혈액형은 RH+ A 형입니다
ヒョレキョンウン　アルエイチプルロス　エイヒョンイムミダ

卵に対してアレルギーがあります
I have an allergy to eggs.
계란 알레르기가 있어요
ケラン　アルレルギガ　イッソヨ

子供の頃、喘息を患っていました
I was asthmatic when I was little.
어릴 때에 천식을 앓은 적이 있어요
オリル　テエ　チョンシグル　アルン　チョギ　イッソヨ

私は何の病気ですか？
What disease is it?
무슨 병인가요 ?
ムスン　ピョンインガヨ？

入院しなければなりませんか？
Do I have to stay in the hospital?
입원 해야만 하나요 ?
イブォン　ヘヤマン　ハナヨ？

何日くらい安静が必要ですか？
How long should I rest in bed?
며칠 정도 안정하고 있어야 하나요 ?
ミョチル　チョンド　アンジョンハゴ　イッソヤ　ハナヨ？

お酒を飲んでもいいですか？
May I drink?
술을 마셔도 되나요 ?
スルル　マショド　トェナヨ？

どれくらいで治りますか？
When will I get better again?
언제쯤 나을까요 ?
オンジェチュム　ナウルカヨ？

もう痛みはまったくありません
I have no pain now.
아픈 거는 완전히 없어졌어요
アプン　ゴヌン　ワンジョニ　オプソジョッソヨ

相変わらずよくありません
I'm not getting better.
전혀 나아지지 않아요
チョニョ　ナアジジ　アナヨ

診断書を／領収書をください
Give me a doctor's note / receipt, please.
진단서를 / 영수증을 주세요
チンダンソルル／ヨンスジュンウル　ジュセヨ

! 海外旅行傷害保険で医者にかかるには、保険会社の提携病院に行くか、一般病院で診察後に領収書をもらい、帰国後に還付する方法がある。詳細は契約のしおりで。

図解 体の呼び名

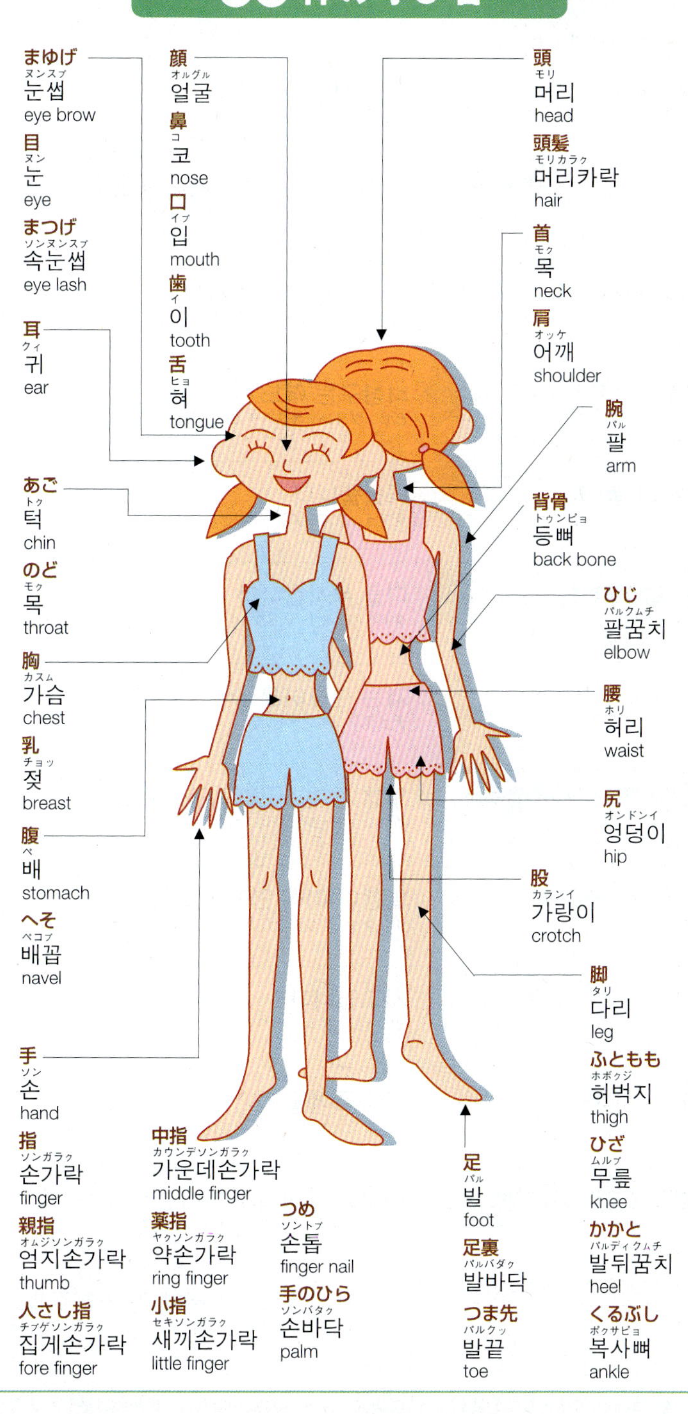

まゆげ
ヌンスプ
눈썹
eye brow
目
ヌン
눈
eye
まつげ
ソンヌンスプ
속눈썹
eye lash
耳
クィ
귀
ear
あご
トク
턱
chin
のど
モク
목
throat
胸
カスム
가슴
chest
乳
チョッ
젖
breast
腹
ペ
배
stomach
へそ
ペコプ
배꼽
navel
手
ソン
손
hand
指
ソンガラク
손가락
finger
親指
オムジソンガラク
엄지손가락
thumb
人さし指
チプゲソンガラク
집게손가락
fore finger
顔
オルグル
얼굴
鼻
コ
코
nose
口
イプ
입
mouth
歯
イ
이
tooth
舌
ヒョ
혀
tongue
中指
カウンデソンガラク
가운데손가락
middle finger
薬指
ヤクソンガラク
약손가락
ring finger
小指
セキソンガラク
새끼손가락
little finger
つめ
ソントプ
손톱
finger nail
手のひら
ソンバタク
손바닥
palm
頭
モリ
머리
head
頭髪
モリカラク
머리카락
hair
首
モク
목
neck
肩
オッケ
어깨
shoulder
腕
パル
팔
arm
背骨
トゥンピョ
등뼈
back bone
ひじ
パルクムチ
팔꿈치
elbow
腰
ホリ
허리
waist
尻
オンドンイ
엉덩이
hip
股
カランイ
가랑이
crotch
脚
タリ
다리
leg
ふともも
ホボクジ
허벅지
thigh
ひざ
ムルプ
무릎
knee
かかと
パルディクムチ
발뒤꿈치
heel
くるぶし
ポクサピョ
복사뼈
ankle
足
パル
발
foot
足裏
パルバダク
발바닥
つま先
パルクッ
발끝
toe

! 災害／事故

火事です！／地震です！
화재입니다！/ 지진입니다！
ホァジェイムミダ／チジニムミダ
Fire! / Earthquake!

緊急事態です
긴급 상황입니다
キングプ　サンホァンイムミダ
Emergency.

警察に／消防署に連絡してください
경찰에 / 소방서에 연락해 주세요
キョンチャレ／ソバンソエ　ヨルラッケ　ジュセヨ
Call the police / fire station, please.

非常ベルを鳴らしてください
비상벨을 눌러 주세요
ピサンベルル　ヌルロ　ジュセヨ
Ring the alarm bell, please.

非常口はどこですか？
비상구는 어느 쪽인가요？
ピサングヌン　オヌ　チョギンガヨ？
Where's the emergency exit?

ケガをしました
다쳤습니다
タチョッスムミダ
I'm injured.

みんな無事です
다들 무사합니다
タドゥル　ムサハムミダ
No one is injured.

私は大丈夫です
저는 괜찮아요
チョヌン　ケンチャナヨ
I'm OK.

同行者がひとり足りません
일행 중 한 사람이 안 보여요
イレン　チュン　ハン　サラミ　アン　ボヨヨ
There should be one more person.

仲間がまだ中にいます
일행이 아직 안에 있어요
イレンイ　アジク　アネ　イッソヨ
My friend is still inside.

事故です！
사고입니다！
サゴイムミダ！
Accident!

助けてください！
도와 주세요！
トワ　ジュセヨ！
Help!

電話はどこにありますか？
전화기는 어디에 있나요？
チョヌァギヌン　オディエ　インナヨ？
Where's a phone?

警察に／レンタカー会社に連絡してください
경찰에 / 렌트카 회사에 연락해 주세요
キョンチャレ／レントゥカ　ホェサエ　ヨルラクケ　ジュセヨ
Call the police / car-rental agency, please.

！ 韓国の消防・救急の通報番号は日本と同じく「119」。ただし、日本語は通じないので近くにいる人やホテルのフロントなどに頼んで呼んでもらうのがいいだろう。

日本語がわかる人を呼んでください
일본어 할 수 있는 사람을 불러 주세요
イルボノ ハル ス インヌン サラムル プルロ ジュセヨ
Does anyone speak Japanese?

交通事故に遭いました
교통사고를 당했습니다
キョトンサゴルル タンヘッスムミダ
I had a traffic accident.

交差点で追突されました
교차로에서 추돌 되었습니다
キョチャロエソ チュドル トェオッスムミダ
I was hit from behind at the crossing.

駐車場で当て逃げされました
주차장에서 뺑소니 당했어요
チュチャジャンエソ ペンソニ タンヘッソヨ
I had a hit-and-run accident in the parking lot (car park).

私の責任ではありません
제 책임이 아닙니다
チェ チェギミ アニムミダ
It's not my fault.

あなたが前を見ていませんでした
당신이 앞을 보고 있지 않았습니다
タンシニ アプル ポゴ イッチ アナッスムミダ
You didn't look where you were going.

あなたが確認せずにバックしてきました
당신이 확인도 않고 후진해 왔습니다
タンシニ ホァギンド アンコ フジネ ワッスムミダ
You backed your car without looking first.

人が倒れています
사람이 쓰러져 있습니다
サラミ スロジョ イッスムミダ
Someone is on the ground.

骨が折れています
뼈가 부러졌습니다
ピョガ プロジョッスムミダ
I have a broken bone.

出血しています
피가 흐르고 있습니다
ピガ フルゴ イッスムミダ
It's bleeding.

ここが痛みます
여기가 아픕니다
ヨギガ アプムミダ
I have pain here.

立てません／動けません
서지 못 하겠어요 / 못 움직이겠어요
ソジ モッ タゲッソヨ／モッ ウムジギゲッソヨ
I can't stand up / move.

救急車を呼んでください
구급차를 불러 주세요
クグプチャルル プルロ ジュセヨ
Call an ambulance, please.

事故証明書を発行してください
사고 증명서를 발행해 주세요
サゴ チュンミョンソルル バレンへ ジュセヨ
Could you make a report of the accident?

！ 公衆電話から警察「112」や消防・救急「119」に電話するときは、通常ボタンの横にある赤色のボタンを押してから緊急番号を押す。カードやコインは不要。

物が壊れて困った

腕時計／カメラの電池を換えてください
Please change the battery in my watch / camera.
손목시계 / 카메라의 전지를 갈아 주세요
ソンモクシゲ／カメラエ ジョンジルル カラ ジュセヨ

ここで修理はできますか？
Can you repair it here?
여기서 수리할 수 있나요 ?
ヨギソ スリハル ス インナヨ？

動かなくなったので見てください
It doesn't work. Could you look at it?
움직이지 않아요 , 좀 봐주시겠어요 ?
ウムジギジ アナヨ、チョム ボァ ジュシゲッソヨ？

直りそうですか？
Can you repair it soon?
고쳐질까요 ?
コチョジルカヨ？

すぐに直してもらえますか？
Could you repair it now?
지금 바로 고쳐 주시겠어요 ?
チグム パロ コチョ ジュシゲッソヨ？

どれくらいの時間がかかりますか？
How long will it take?
어느 정도 시간이 걸리나요 ?
オヌ ジョンド シガニ コルリナヨ？

いくらくらいかかりますか？
How much will it be?
얼마 정도 들까요 ?
オルマ ジョンド トゥルカヨ？

カメラのシャッターが下りません
The shutter doesn't come down.
카메라 셔터가 안 움직여요
カメラ ショトガ アン ウムジギョヨ

これに合う電池をください
I need a battery for this camera.
이 카메라에 넣을 건전지를 주세요
イ カメラエ ノウル コンジョンジルル ジュセヨ

はがれた靴底を直してください
Please repair the shoe sole.
구두 밑창을 갈아 주세요
クドゥ ミッチャンウル カラ ジュセヨ

この近くに修理を頼める店はありますか？
Is there a repair shop near here?
이 근처에 수리를 맡길 만한 가게는 없나요 ?
イ クンチョエ スリルル マッキル マナン カゲヌン オムナヨ？

鍵が壊れてしまいました
The key is broken.
열쇠가 망가져 버렸어요
ヨルソェガ マンガジョ ボリョッソヨ

皮革用／布用／プラスチック用ボンドはありますか？
Do you have adhesive for leather / cloth / plastic?
가죽용 / 천용 / 플라스틱용 본드 있나요 ?
カジュンヨン／チョンヨン／プルラスティンヨン ポンドゥ インナヨ？

ペンチ／ドライバーを貸してください
Please lend me pliers / a screwdriver.
펜치 / 드라이버를 빌려 주세요
ペンチ／ドゥライボルル ピルリョ ジュセヨ

！ 簡単な修理のためのボンドや工具、ビニールテープなどはＥマートやロッテマートなどの大型スーパーマーケットに行けば手に入る。最近では地方都市にもあるので便利だ。

! 移動で困った

列車／バス

切符をなくしました I lost my ticket.	차표를 잃어버렸어요 チャピョルル　イロボリョッソヨ
どうすればいいですか？ What should I do?	어떻게 하면 될까요 ? オットケ　ハミョン　トェルカヨ？
私は龍山駅から乗車しました I got on at Yongsan station.	저는 용산역에서 타고 왔어요 チョヌン　ヨンサンヨゲソ　タゴ　ワッソヨ
再発行してもらえますか？ May I have it reissued?	재발행해 주시겠어요 ? チェバレンヘ　ジュシゲッソヨ？
新しく買い直さなければなりませんか？ Do I have to buy a new ticket?	다시 사지 않으면 안되나요 ? タシ　サジ　アヌミョン　アンドェナヨ？
予約した列車に乗り遅れてしまいました I made a reservation (booking), but missed my train.	예매한 열차를 놓치고 말았어요 イェメハン　ヨルチャルル　ノッチゴ　マラッソヨ
予約し直すことはできますか？ Can I make a new reservation (booking)?	예약을 다시 해도 됩니까 ? イェヤグル　ダシ　ヘド　デンミカ？
間違ったバスに乗ってしまいました I took the wrong bus.	다른 버스에 타고 말았어요 タルン　ボスエ　タゴ　マラッソヨ
どうやって戻ればいいですか？ How do I get back?	어떻게 돌아가면 되나요 ? オットケ　トラガミョン　トェナヨ？
乗り越してしまいました I missed my station.	지나치고 말았어요 チナチゴ　マラッソヨ
乗り越しの精算はどこでできますか？ Where can I adjust the fare?	요금 정산은 어디서 하면 되나요 ? ヨグム　チョンサヌン　オディソ　ハミョン　トェナヨ？
同行者とはぐれてしまいました I was separated from my company.	일행과 떨어지고 말았습니다 イレングァ　トロジゴ　マラッスムミダ
なぜこの列車／バスは停まってしまったのですか？ Why did this train / bus stop?	왜 이 기차 / 버스는 서있나요 ? ウェ　イ　キチャ／ポスヌン　ソインナヨ？

! 鉄道の乗車券は出発時刻前なら手数料無料で列車の変更が可能。払い戻しは持っている切符の列車の到着予定時刻まで可能だが手数料が必要。到着後の払い戻しは不可。

! 移動で困った

今アナウンスで何と言いましたか？
지금 안내방송에서 뭐라고 한건가요 ?
チグム　アンネバンソンエソ　ムォラゴ　ハンゴンガヨ？
What was the announcement?

別の移動手段はありますか？
다른 이동 수단이 있을까요 ?
タルン　イドン　スダニ　イッスルカヨ？
Are there other means of transportation?

振替輸送は行なわれていますか？
다른 운송편으로 대체해 주나요 ?
タルン　ウンソンピョヌロ　テチェヘ　ジュナヨ？
Is there any alternative transportation?

地下鉄はすべて停まっているのですか？
지하철은 모두 서있나요 ?
チハチョルン　モドゥ　ソインナヨ？
Are all the subways (undergrounds) tied up?

テロですか／ストライキですか？
테러인가요 ? / 파업인가요 ?
テロインガヨ？／パオビンガヨ？
Terrorism? / Strike?

いつまで続きそうですか？
언제까지 계속 될까요 ?
オンジェカジ　ケソク　トェルカヨ？
When will it be over?

バスは動いていますか？
버스는 움직이고 있나요 ?
ポスヌン　ウムジギゴ　インナヨ？
Is the bus service available?

切符の払い戻しをお願いします
승차권을 돈으로 돌려 주세요
スンチャクォヌル　トヌロ　トルリョ　ジュセヨ
Can I have a refund?

タクシーで

ここから空港まで相場はいくらですか？
여기서 공항까지는 대체로 요금이 얼마정도 나오나요 ?
ヨギソ　コンハンカジヌン　テチェロ　ヨグミ　オルマジョンド　ナオナヨ？
How much is the usual amount from here to the airport?

(乗る前にドライバーに交渉する)空港まで6万ウォンでどうですか？
공항까지 6 만원에 어떠세요 ?
コンハンカジ　ユンマヌォネ　オトセヨ？
How about sixty thousands Won to the airport?

数字 ▶P.236

相場は3万ウォンと聞いています
듣기로는 3 만원 정도로 알고 있는데요
トゥッキロヌン　サムマヌォン　チョンドロ　アルゴ　インヌンデヨ
I heard it's usually about thirty thousands Won.

ひとり5万ウォンではなく、車1台で5万ウォンでいいですね？
한 사람당 5 만원이 아니라 , 차 한대에 5 만원이지요 ?
ハンサラムダン　オマヌォニ　アニラ、チャ　ハンデエ　オマヌォンイジヨ？
It's fifty thousands Won altogether, not per person?

結構です、ほかのタクシーをあたります
됐습니다 , 다른 택시를 타겠습니다
トェッスムミダ、タルン　テクシルル　タゲッスムミダ
No, thank you. I'll ask someone else.

! タクシーはメーターで走るのが基本だが、済州などの観光地では1日定額でチャーターもできる。値段は交渉なので、事前にホテルなどで相場を聞いておきたい。

メーターを倒してください Could you turn the meter on?	미터기를 눌러 주세요 ミトギルル　ヌルロ　ジュセヨ
メーターが動いていませんよ The meter isn't working.	미터기가 움직이지 않고 있는데요 ミトギガ　ウムジギジ　アンコ　インヌンデヨ
○○に向かっていますか？ Are you driving to ○○ ?	○○으로 가고 있나요 ? ○○ウロ　カゴ　インナヨ？
方向が違っていませんか？ Isn't this the wrong way?	방향이 틀린 것 아닌가요 ? パンヒャンイ　トゥルリン　コッ　アニンガヨ？
遠回りしていませんか？ Aren't you going the long way around?	먼 길로 돌아가고 있는 것 아닌가요 ? モン　キルロ　トラガゴ　インヌン　コッ　アニンガヨ？
停めてください Stop here, please.	세워 주세요 セウォ　ジュセヨ
もうここで降ります I'll get off here.	여기서 내리겠어요 ヨギソ　ネリゲッソヨ
そんなに高いはずないでしょう！ It can't be that expensive!	이렇게 비쌀 리가 없잖아요 ! イロッケ　ピサル　リガ　オプチャナヨ
あなたは1台で○○ウォンと言いました。ひとりあたりじゃありません You said ○○ Won altogether, not per person.	당신은 1 대에 ○○원이라고 했어요 , 한 사람당이라고 하지 않았어요 タンシヌン　ハンデエ　○○ウォニラゴ　ヘッソヨ、ハン　サラムダンイラゴ　ハジ　アナッソヨ
おつりをください May I have my change?	거스름돈 주세요 コスルムトン　ジュセヨ
おつりが足りません You gave me the wrong change.	거스름돈이 모자란데요 コスルムトニ　モジャランデヨ
私は今1万ウォン札を渡しました I gave you a one ten thousands Won bill.	저는 지금 만원 지폐를 드렸어요 チョヌン　チグム　マヌォン　チペルル　トゥリョッソヨ
このぼったくり野郎！ Scammer!	바가지 같으니 ! パガジ　カトゥニ！
警察を呼びますよ I'll call the police.	경찰을 부르겠어요 キョンチャルル　プルゲッソヨ

！ 少なくなったとはいえ、タクシーのトラブルはいまだに聞かれる。よくあるケースは、遠回りや改造メーター、メーター不使用、タクシーに似せた白タク、相乗りなど。

! 場面ごとに困った

空港で困った

荷物が壊れています
My baggage (luggage) is damaged.
짐이 손상됐어요
チミ　ソンサントェッソヨ

私の荷物ではありません
It's not my baggage (luggage).
제 짐이 아닙니다
チェ　ジミ　アニムミダ

誰からも荷物を預かっていません
I'm not carrying baggage (luggage) for anyone.
누구로부터도 짐을 맡은 적 없어요
ヌグロブトド　チムル　マットゥン　ジョク　オプソヨ

無実です／濡れぎぬです
I'm innocent. / I'm being wrongly accused.
결백합니다 / 누명입니다
キョルベクカムミダ／ヌミョンイムミダ

通訳を呼んでください
Please call for an interpreter.
통역을 불러 주세요
トンヨグル　プルロ　ジュセヨ

現地ツアー（オプショナル）で困った

まだ迎えが来ません
Nobody has come to pick me up yet.
아직 마중하러 아무도 안 오네요
アジク　マジュンハロ　アムド　ア　ノネヨ

約束の時間からもう１時間も遅れています
It's already been an hour since the appointed meeting time.
약속한 시간에서 벌써 1 시간이나 지났어요
ヤクソカン　シガネソ　ポルソ　ハンシガニナ　ジナッソヨ
数字 ▶P.237

これはもともと料金に入っているでしょう
Isn't this included in the charge?
그건 처음부터 요금에 포함된 것 아닌가요 ?
クゴン　チョウムブト　ヨグメ　ポハムドェン　コッ　アニンガヨ？

代金は最初に支払いました
I paid first.
처음에 지급했습니다
チョウメ　チクペッスムミダ

何故倍の料金を払わなければならないのですか？
Why do I have to pay double price?
어째서 더 지급해야 하나요 ?
オチェソ　ト　チクペヤ　ハナヨ？

あなたはひとり 10 万ウォンと言いましたよ
You said hundred thousand Won per person.
당신은 한 사람당 10 만 원이라고 했어요
タンシヌン　ハン　サラムダン　シムマヌォンイラゴ　ヘッソヨ
数字 ▶P.236

これ以上払うつもりはありません
I won't pay any more.
이 이상 지급할 수 없어요
イ　イサン　チクパル　ス　オプソヨ

! 到着空港でターンテーブルから荷物が出てこないときや、荷物が破損していたときはすぐに苦情受付カウンターに相談する。航空会社の職員が適宜処理してくれる。

町／買い物で困った

トイレはどこですか？ Where's a lavatory?	화장실은 어디에 있나요？ ファジャンシルン　オディエ　インナヨ？
ATM からお金が出てきません Money won't come out of the ATM.	현금 인출기에서 돈이 안 나와요 ヒョングム　インチュルギエソ　トニ　アン　ナワヨ
ATM からカードが出てきません My card won't come out of the ATM.	카드가 기계에 들어간 채로 안 나와요 カドゥガ　キゲエ　トゥロガン　チェロ　アン　ナワヨ
あちらの自販機にお金を入れましたが、商品が出ません I put a coin in the vending machine over there, but nothing came out.	바깥의 자동 판매기에 돈을 넣었는데，아무 것도 안 나와요 パカッテ　チャドン　パンメギエ　トヌル　ノオンヌンデ、アム　ゴット　アン　ナワヨ
(デパートなどで) 仲間とはぐれました。呼び出してください I'm separated from my friend.Would you page him / her?	일행과 엇갈렸는데요，방송으로 불러 주시겠어요？ イレングァ　オッカルリョンヌンデヨ、パンソンウロ　プルロ ジュシゲッソヨ？
失敗したカード明細を、今ここで破ってください Please tear up the invalid receipt here and now.	실수한 그 카드 명세서는 여기서 찢어 주세요 シルスハン　ク　カドゥ　ミョンセソヌン　ヨギソ　チジョ　ジュセヨ
待って！　奥でカードリーダーに通すなら、現金で払います Wait! Don't swipe the card in the back-room. I'll pay cash.	잠깐만요，안 보이는 곳에서 카드 리더기를 쓰실 거면，현금으로 지급하겠습니다 チャムカンマンヨ、アンボイヌン　コセソ　カドゥ　リドギルル スシル　コミョン、ヒョングムロ　チクパゲッスムミダ
あなたの国の銀行で両替したお札ですが、何か問題でも？ I got these bills at the bank in this country. What's the problem?	이곳 은행에서 바꾼 지폐인데요，문제라도 있나요？ イゴッ　ウネンエソ　バクン チペインデヨ、ムンジェラド　インナヨ？

ホテルで困った

ドアは開けません I won't open the door.	문이 안열려요 ムニ　アンヨルリョヨ
泥棒に入られました I've been robbed.	도둑이 들었어요 トドゥギ　トゥロッソヨ
鍵はかけていました I locked the door.	문은 잠궜습니다 ムヌン　ジャムグォッスムミダ
(フロントに) 廊下が騒がしいので注意してください The hallway is noisy. Please issue a warning at once.	복도가 소란스러운데요，주의 좀 주세요 ポクトガ　ソランスロウンデヨ、チュイ　チョム　ジュセヨ

！ 韓国ではクレジットカードが広く普及している。多くの店でカードが使える反面、スキミングの被害にも遭いやすいので、怪しげな店では使わないなどの自衛を。

! 人間関係で困った

通訳を呼んでください
통역을 불러 주세요
トンヨグル　プルロ　ジュセヨ
Please call for an interpreter.

私の話を聞いてください
제 말을 들어보세요
チェ　マルル　トゥロボセヨ
Please listen to me.

そういうつもりでは
なかったのです
그런 뜻이 아니었어요
クロン　トゥシ　アニオッソヨ
I didn't mean that.

それは誤解です
그건 오해에요
クゴン　オヘエヨ
That's not what I mean.

心配しなくていいですよ
걱정하지 않아도 괜찮아요
コクチョンハジ　アナド　ケンチャナヨ
Don't worry.

たいしたことはありません
별 일 아니예요
ピョル　イル　アニエヨ
That's nothing.

気にしていません
맘에 두고 있지 않아요
マメ　トゥゴ　イッチ　アナヨ
I don't mind.

気にしないでください
마음 쓰지 마세요
マウム　スジ　マセヨ
Please don't worry about it.

私が悪かったです
제가 나빴어요
チェガ　ナパッソヨ
It's my fault.

私も悪かったです
저도 나빴어요
チョド　ナパッソヨ
I was also wrong.

ごめんなさい
죄송해요
チェソンヘヨ
I'm sorry.

仲直りしましょう
화해해요
ホァヘヘヨ
Let's get back together.

誰のせいでもありません
누구 탓도 아니에요
ヌグ　タット　アニエヨ
It's nobody's fault.

タイミングが
悪かっただけです
타이밍이 나빴을 뿐이에요
タイミンイ　ナパッスル　プニエヨ
It was just bad timing, I guess.

! 韓国はよくも悪くも、見栄っ張りで面子にこだわることが多い国。相手の面子をつぶすような発言や行動をすると人間関係が壊れて修復も難しくなるので注意しよう。

自分でやります
제가 하겠어요
チェガ　ハゲッソヨ
I'll do it myself.

やめておきます
그만 두겠어요
クマン　トゥゲッソヨ
I'll pass.

予定があります
예정이 있어요
イェジョンイ　イッソヨ
I already have plans.

急いでいます
급합니다
クッパムミダ
I'm in a hurry.

欲しくありません
필요 없어요
ピリョ　オプソヨ
I don't want it.

興味がありません
흥미 없어요
フンミ　オプソヨ
I'm not interested.

やめてください
그만 둬 주세요
クマン　ドゥォ　ジュセヨ
Do you mind?

話しかけないでください
말 걸지 마세요
マル　コルジ　マセヨ
Don't talk to me.

あなたには関係ありません
당신이랑 관계 없어요
タンシンイラン　クァンゲ　オプソヨ
It's none of your business.

ほっといてください
내버려 둬 주세요
ネボリョ　トゥォ　ジュセヨ
Leave me alone.

いいかげんにして
정도껏 하세요
チョンドコッ　ハセヨ
That's enough.

いらないと言ってるじゃないですか！
필요 없다니깐！
ピリョ　オプタニカン！
I said I don't want it.

あっちに行って！
저리 가！
チョリ　カ！
Go away!

触らないで！
건드리지 마！
コンドゥリジ　マ！
Don't touch!

! ソウルの南大門市場や梨泰院のショッピング街にはしつこい客引きがいまだにいる。ニセブランド商品を強引にすすめられたりするので注意。断るときはきっぱりと。

ピンチのイレカエ単語

盗難／紛失

手荷物預かり証 claim tag	수화물 인환증 スファムル　インファンジュン
航空会社地上係員 ground staff	항공회사 지상사원 ハンゴンフェサ　ジサンサウォン
盗難／紛失証明書 theft / lost report	도난 분실증명서 ドナン　ブンシルジュンミョンソ
警察 police	경찰 キョンチャル
警察署 police station	경찰서 キョンチャルソ
現金 cash	현금 ヒョングム
財布 wallet / purse	지갑 チカブ
パスポート passport	여권 ヨグォン
貴金属 precious metals	귀금속 クィグムソク
再発行する reissue	재발행하다 チェバレンハダ
発行の控え record of checks	대비발행 テビハレン

病気／ケガ

心臓 heart	심장 シムジャン
肝臓 liver	간장 カンジャン
口 mouth	입 イブ
のど throat	목 モク
鼻 nose	코 コ
耳 ear	귀 クィ
頭 head	머리 モリ
胸 chest	가슴 カスム
手 hand	손 ソン
腕 arm	팔 パル
足 foot	발 バル
脚 leg	다리 タリ
背中 back	등 トゥン
腰 waist	허리 ホリ
血圧 blood pressure	혈압 ヒョラブ
脈拍 pulse	맥박 メッパク
熱 fever	열 ヨル

体温 temperature	체온 チェオン
肺炎 pneumonia	폐염 ペヨム
ぜん息 asthma	천식 チョンシク
下痢 diarrhea	설사 ソルサ
便秘 constipation	변비 ピョンビ
じんましん nettle rash / hives	두드러기 トゥドゥロギ
へんとうせん炎 tonsillitis	편도선염 ピョンドソンヨム
気管支炎 bronchitis	기관지염 キグァンジヨム
脳震とう concussion	뇌진탕 ネジンタン
胃けいれん stomach convulsion	위경련 ウィキョンニョン
打撲 bruise	타박 タバク
捻挫 sprain	염좌 ヨムジャ
切りキズ cut	칼자국 カルチャクク
やけど burn	화상 ファサン
ひっかきキズ scratch	긁힌자국 クルキンジャクク
病院 hospital	병원 ピョンウォン

救急車 ambulance	구급차 クグプチャ
応急処置 first aid	응급처치 ウンクプチョチ
あせも heat rash / prickly heat	땀띠 タムティ
炎症 inflammation	염증 ヨムチョン
せき cough	기침 キチム
めまい dizziness	현기증 ヒョンギジュン
くしゃみ sneezing	기침 キチム
嘔吐 vomiting	구토 クト
風邪 cold	감기 カムギ
消化不良 indigestion	소화불량 ソファブルリャン
腹痛 stomachache	복통 ポクトン
頭痛 headache	두통 トゥトン
歯痛 toothache	치통 チトン
伝染病 infectious diseases	전염병 チョンヨムビョン
薬 medicine	약 ヤク
注射 injection	주사 チュサ

韓国入出国カード／税関申告書記入例

入出国カードの書き方

入国カードと出国カードはひとつづりになっており、出発地／目的地と便名／船名欄以外は同じデータを記入する。カードは機内や船内で配布されるほか、入国審査場手前にも備え付けがある。入国カードは韓国入国時に回収され、出国カードが手渡される。出国カードは出国時に提出するので、旅行中はなくさないように注意しよう。

대한민국 입국신고서 /ARRIVAL CARD ①
REPUBLIC OF KOREA 入國申告書 IMMIGRATION SERVICE
뒷면 안내사항을 참조하십시오.

한글성명 / Surname / 姓	漢字姓名
① Chikyu	② 地球 歩
Given Names / 名	
③ Ayumi	

생년월일 / Date of Birth / 生年月日 ④ Year/年 월/Mon./月 일/Day/日	주민등록 뒷번호	⑥
19770115	⑤	남/MALE/男 M 여/FEMALE/女 ✓

국적/Nationality/國籍	여권번호/Passport No./旅券番號
⑦ Japanese	⑧ MP0123456
한국내 주소 / Address in Korea / 韓國內 住所	
⑨ Hotel Lotte, Seoul (Tel: (02)771-1000)	
직업·직장명/Occupation/職業	여행목적/Purpose of visit/旅行目的
⑩ Office Worker	⑪ Sightseeing
출발지(국가/도시) / 出發地 Last City / Port of Boarding	입국편명·선명 / 入國便名·船名 Flight No. / Vessel on Arrival
⑫ Narita	KE706 ⑬
공용란(公用欄) Official Use Only	서명 / Signature / 署名
KEC07707684E	⑭ 地球 歩

심사인

양쪽 모두 기재 TYPE OR PRINT BOTH SIDES. 兩側記載

대한민국 출국신고서 /DEPARTURE CARD ②
REPUBLIC OF KOREA 出國申告書 IMMIGRATION SERVICE
REFER TO THE BACK HOW TO FILL UP

한글성명 / Surname / 姓	漢字姓名
① Chikyu	② 地球 歩
Given Names / 名	
③ Ayumi	

생년월일 / Date of Birth / 生年月日 ④ Year/年 월/Mon./月 일/Day/日	주민등록 뒷번호	⑥
19770115	⑤	남/MALE/男 M 여/FEMALE/女 ✓

국적/Nationality/國籍	여권번호/Passport No./旅券番號
⑦ Japanese	⑧ MP0123456
한국내 주소 / Address in Korea / 韓國內 住所	
⑨ Hotel Lotte, Seoul (Tel: (02)771-1000)	
직업·직장명/Occupation/職業	여행목적/Purpose of visit/旅行目的
⑩ Office Worker	⑪ Sightseeing
목적지(국가/도시) / 目的地 Next City / Port of Landing	출국편명·선명 / 出國便名·船名 Flight No. / Vessel on Departure
⑫ Narita	KE 705 ⑬
공용란(公用欄) Official Use Only	서명 / Signature / 署名
KEC07707684D	⑭ 地球 歩

심사인

入出国カード

① 名字をローマ字で
② 名字と名前を漢字で
③ 名前をローマ字で
④ 生年月日を西暦で
⑤ 日本国籍の人は何も書かない
（韓国人の住民登録番号欄）
⑥ 性別にチェックを入れる
⑦ 国籍を英語で
⑧ パスポート番号
⑨ 滞在ホテル名と電話番号
⑩ 職業を英語で
会社員：Office Worker
公務員：Government Employee
主婦：Housewife
学生：Student
サービス業：Service job
自営業：Self-employed
無職：Without occupation
⑪ 旅行目的を英語で
／観光ならSightseeing
⑫ 出発空港名をローマ字で
（出国申告書には到着空港名を書く）
⑬ 便名や船名を書く
／搭乗券などで確認を
⑭ パスポートと同じサインを
（漢字でもよい）

税関申告書の書き方

免税範囲内の場合と申告対象物品を所持しない場合（いずれも申告書に詳細説明あり）は原則申告書を提出する必要はない。ただし、新品のゴルフクラブや未使用のビデオカメラ、パソコンなどは念のため申告しておいたほうがよい。また、釜山港から入国の際は申告書記載を求められるケースが多い。申告用紙は日本語表示だが、記入はローマ字が望ましい。

表

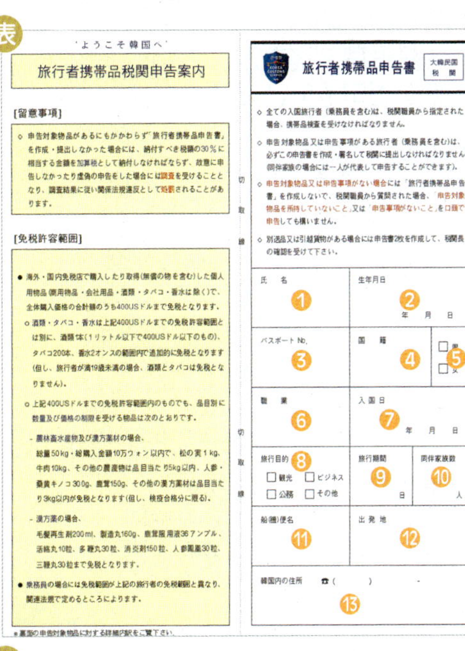
'ようこそ韓国へ'

旅行者携帯品税関申告案内

[留意事項]

○ 申告対象物品があるにもかかわらず「旅行者携帯品申告書」を作成・提出しなかった場合には、納付すべき税額の30％に相当する金額を加算税として納付しなければならず、故意に申告しなかったり虚偽の申告をした場合には調査を受けることとなり、調査結果に従い関係法規違反として処罰されることがあります。

[免税許容範囲]

● 海外・国内免税店で購入したり取得(無償の物を含む)した個人用物品(商用物品・会社用品・酒類・タバコ・香水は除く)で、全体購入価格の合計額のうち400USドルまで免税となります。
  ○ 酒類・タバコ・香水は上記400USドルまでの免税許容範囲とは別に、酒類1本(1リットル以下で400USドル以下のもの)、タバコ200本、香水2オンスの範囲内で追加的に免税となります(但し、旅行者が満19歳未満の場合、酒類とタバコは免税となりません)。
  ○ 上記400USドルまでの免税許容範囲内のものでも、品目別に数量及び価格の制限を受ける物品は次のとおりです。
    - 農林畜水産物及び漢方薬材の場合、総量50kg・総購入金額10万ウォン以内で、松の実1kg、牛肉10kg、その他の農産物は品目当たり5kg以内、人参・桑黄キノコ300g、鹿茸150g、その他の漢方薬材は品目当たり3kg以内が免税となります(但し、検疫合格分に限る)。
    - 漢方薬の場合、毛髪再生剤200ml、製造丸160g、鹿茸服用液36アンプル、活絡丸10粒、多鞭丸30粒、消炎剤150粒、人参鳳凰30粒、三鞭丸30粒まで免税となります。
● 乗務員の場合には免税範囲が上記の旅行者の免税範囲と異なり、関連法規で定めるところによります。

＊裏面の申告対象物品に対する詳細内訳をご覧下さい。

切取線

旅行者携帯品申告書　大韓民国 税関

◇ 全ての入国旅行者（乗務員を含む)は、税関職員から指定された場合、携帯品検査を受けなければなりません。
◇ 申告対象物品又は申告事項がある旅行者（乗務員を含む)は、必ずこの申告書を作成・署名して税関に提出しなければなりません(同伴家族の場合には一人が代表して申告することができます)。
◇ 申告対象物品又は申告事項がない場合には「旅行者携帯品申告書」を作成しないで、税関職員から質問された場合、「申告対象物品を所持していないこと」又は「申告事項がないこと」を口頭で申告しても構いません。
◇ 別送品又は引越貨物がある場合には申告書2枚を作成して、税関長の確認を受けて下さい。

氏名 ①	生年月日 ② 年 月 日	
パスポートNo. ③	国籍 ④	□男 □女 ⑤
職業 ⑥	入国日 ⑦ 年 月 日	
旅行目的 ⑧ □観光 □ビジネス □公務 □その他	旅行期間 ⑨ 日	同伴家族数 ⑩ 人
船(機)便名 ⑪	出発地 ⑫	
韓国内の住所 ☎（　　） - ⑬		

裏

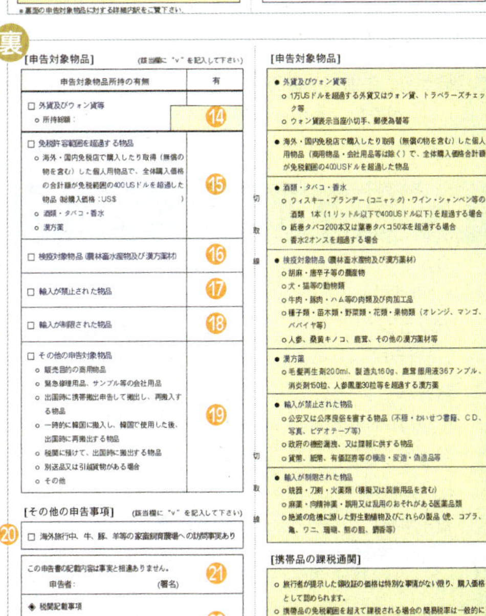
[申告対象物品]　(該当欄に"v"を記入して下さい)

申告対象物品所持の有無	有
□ 外貨及びウォン貨等 ○ 所持総額：	⑭
□ 免税許容範囲を超過する物品 ○ 海外・国内免税店で購入したり取得（無償の物を含む）した個人用物品で、全体購入価格の合計額が免税範囲の400USドルを超過した物品（総購入価格：US$　　） ○ 酒類・タバコ・香水 ○ 漢方薬	⑮
□ 検疫対象物品（農林畜水産物及び漢方薬材）	⑯
□ 輸入が禁止された物品	⑰
□ 輸入が制限された物品	⑱
□ その他の申告対象物品 ○ 販売目的の商用物品 ○ 緊急修理用品、サンプル等の会社用品 ○ 出国時に携帯搬出申告して搬出し、再搬入する物品 ○ 一時的に韓国に搬入し、韓国で使用した後、出国時に再搬出する物品 ○ 税関に預けて、出国時に搬出する物品 ○ 別送品又は引越貨物がある場合 ○ その他	⑲

[その他の申告事項]　(該当欄に"v"を記入して下さい)

⑳ □ 海外旅行中、牛、豚、羊等の家畜飼育農場への訪問事実あり

この申告書の記載内容は事実と相違ありません。㉑
申告者：　　　　(署名)

◆ 税関記載事項 ㉒
◇ 検査結果：
◇ 検査者(職員コード)：

切取線

[申告対象物品]

● 外貨及びウォン貨等
  ○ 1万USドルを超過する外貨又はウォン貨、トラベラーズチェック等
  ○ ウォン貨表示当座小切手、郵便為替等
● 海外・国内免税店で購入したり取得（無償の物を含む）した個人用物品（商用物品・会社用品等は除く）で、全体購入価格合計額が免税範囲の400USドルを超過した物品
● 酒類・タバコ・香水
  ○ ウィスキー・ブランデー（コニャック）・ワイン・シャンペン等の酒類　1本（1リットル以下で400USドル以下）を超過する場合
  ○ 紙巻タバコ200本又は葉巻タバコ50本を超過する場合
  ○ 香水2オンスを超過する場合
● 検疫対象物品（農林畜水産物及び漢方薬材）
  ○ 胡麻・唐辛子等の農産物
  ○ 犬・猫等の動物類
  ○ 牛肉・豚肉・ハム等の肉類及び肉加工品
  ○ 種子類・苗木類・野菜類・花類・果物類（オレンジ、マンゴ、パパイヤ等）
  ○ 人参、桑黄キノコ、鹿茸、その他の漢方薬材等
● 漢方薬
  ○ 毛髪再生剤200ml、製造丸160g、鹿茸服用液36アンプル、消炎剤150粒、人参鳳凰30粒等を超過する漢方薬
● 輸入が禁止された物品
  ○ 公安又は公序良俗を害する物品（不穏・わいせつ書籍、CD、写真、ビデオテープ等）
  ○ 政府の機密漏洩、又は諜報に供する物品
  ○ 貨幣、紙幣、有価証券等の模造・変造・偽造品等
● 輸入が制限された物品
  ○ 銃器・刀剣・火薬類（模擬又は装飾用品を含む）
  ○ 麻薬・向精神薬・誤用又は乱用のおそれがある医薬品類
  ○ 絶滅の危機に瀕した野生動植物及びこれらの製品（虎、コブラ、亀、ワニ、珊瑚、熊の胆、麝香等）

[携帯品の課税通関]

○ 旅行者が提示した領収証の価格は特別な事情がない限り、購入価格として認められます。
○ 携帯品の免税範囲を超えて課税される場合の簡易税率は一般的に20%であり、宝石・貴金属・毛皮衣類・高級時計・高級カメラ・ゴルフクラブ・酒類などは高税率が適用されます。

税関申告書

1. 名字と名前をローマ字で
2. 生年月日を西暦で
3. パスポート番号
4. 国籍を英語で／日本人ならJapanese
5. 性別にチェックを入れる
6. 職業を英語で／入出国カード記入例を参照
7. 入国日を西暦で
8. 旅行目的にチェックを入れる
9. 旅行日数を記入
10. 同伴する家族がいれば人数を記入
11. 飛行機や船の便名
12. 出発地をローマ字で
13. 滞在するホテル名などをローマ字で
14. 所持の場合はチェックを入れて金額を記入
15. 所持の場合はチェックを入れて要目を記入

⑯⑰⑱⑲ 所持の場合はチェックを入れる

⑳ 当てはまっていればチェックを入れる

㉑ 名字と名前をローマ字で。サインはパスポートと同じもので

㉒ ここは無記入（韓国税関の記入欄）

紛失届／盗難届のサンプル

紛失届／盗難届
분실신고 / 도난신고

紛失証明書／盗難証明書を作成してください
분실증명서 / 도난증명서를 작성해 주세요.

名前
이름

宿泊先
숙박연락처 : (　　　　　　　　　　　　　　　　　　　)

日本の住所
일본주소 : (　　　　　　　　　　　　　　　　　　　)

事件の種類 사건종류	紛失 □ 분실	スリ □ 소매치기
	ひったくり □ 날치기	強盗 □ 강도

発生日：年／月／日
발생일 :　　/　　/

発生時刻：午前／午後○○時から、午前／午後○○時の間
발생시간 : 오전 / 오후　　　　시부터, 오전 / 오후　　　　시 사이

紛失した／盗まれたもの 분실한 / 도둑맞은 물건

財布 □ 지갑	カメラ □ 카메라	時計 □ 시계
ビデオカメラ □ 비디오 카메라	パソコン □ 컴퓨터	指輪／ネックレス □ 반지 / 목걸이
ハンドバッグ □ 핸드백	旅行バッグ □ 여행가방	スーツケース □ 스트케이스
リュック □ 룩색	ジャケット □ 자켓	靴 □ 구두
コート □ 코트	電子手帳 □ 전자수첩	携帯電話 □ 휴대폰

旅先で、大事なものを落としたりなくしたりした際に警察に状況を説明したうえで、紛失証明書／盗難証明書を発行してもらうための書類です。この書面にチェックや書き込みをすることで、書類作成の手助けにしてください。

航空券：（①航空会社、便名）
（②出発都市、到着都市）
☐ 항공권:(① 항공회사 , 편명)
(② 출발도시 , 도착도시)

パスポート（パスポート番号）
☐ 여권 (여권번호)

トラベラーズチェック：(金額)
☐ 여행자수표: (금액)

発行銀行：
발행은행: ( )

クレジットカード
☐ 크레디트 카드명 (☐ AMEX ☐ JCB ☐ MasteCard ☐ VISA)

クレジットカード番号
☐ 크레디트 카드번호(( )

現金：（金額）
☐ 현금 : (금액)

被害総額：（金額）
피해총액 : (금액)

発生場所　발생장소

路上：（通り名）
☐ 노상 : (거리 이름)

地下鉄車内：（○○号線、○○行き）
☐ 지하철 내 : (호선, 행)

バス車内：（○○番、○○行き）
☐ 버스 내 :(번 행)

列車内：（○○駅と○○駅の間、列車番号）
☐ 열차 내 : (역과 역 사이, 열차번호)

駅：（駅名）
☐ 역 : (역명)

ホテル内：（ホテル名）
☐ 호텔 내 : (호텔명)

レストラン内：（レストラン名）
☐ 레스토랑 내 : ((레스토랑명)

数字

0	ジェロ・ヨン・コン	제로・영・공
1／ひとつ（1個）	イル／ハナ（ハンゲ）	일 / 하나(한 개)
2／ふたつ（2個）	イ／トゥル（トゥゲ）	이 / 둘(두 개)
3／みっつ（3個）	サム／セッ（セ ゲ）	삼 / 셋(세 개)
4／よっつ（4個）	サ／ネッ（ネ ゲ）	사 / 넷(네 개)
5／いつつ（5個）	オ／タソッ（タソッケ）	오 / 다섯(다섯 개)
6／むっつ（6個）	ユク／ヨソッ（ヨソッケ）	육 / 여섯(여섯 개)
7／ななつ（7個）	チル／イルゴプ（イルゴッケ）	칠 / 일곱(일곱 개)
8／やっつ（8個）	パル／ヨドゥル（ヨドゥルケ）	팔 / 여덟(여덟 개)
9／ここのつ（9個）	ク／アホプ（アホッケ）	구 / 아홉(아홉 개)
10／とお（10個）	シプ／ヨル（ヨルケ）	십 / 열(열 개)
11／じゅういち（11個）	シビル／ヨラナ（ヨランケ）	십일 / 열하나(열한 개)
12／じゅうに（12個）	シビ／ヨルドゥル（ヨルドゥルケ）	십이 / 열둘(열두 개)
13／じゅうさん（13個）	シプサム／ヨルセッ（ヨルセゲ）	십삼 / 열셋(열세 개)
14／じゅうし（14個）	シプサ／ヨルネッ（ヨルネゲ）	십사 / 열넷(열네 개)
15／じゅうご（15個）	シボ／ヨルタソッ（ヨルタソッケ）	십오 / 열다섯(열다섯 개)
16／じゅうろく（16個）	シムニュク／ヨルヨソッ（ヨルヨソッケ）	십육 / 열여섯(열여섯 개)
17／じゅうしち（17個）	シプチル／ヨルイルゴプ（ヨルイルゴッケ）	십칠 / 열일곱(열일곱 개)
18／じゅうはち（18個）	シパル／ヨルヨドゥル（ヨルヨドゥルケ）	십팔 / 열여덟(열여덟 개)
19／じゅうく（19個）	シプク／ヨルアホプ（ヨルアホッケ）	십구 / 열아홉(열아홉 개)
20／にじゅう（20個）	イシプ／スムル（スムゲ）	이십 / 스물(스무 개)
21／にじゅういち（21個）	イシビル／スムラナ（スムルハンゲ）	이십일 / 스물하나(스물한 개)
30／さんじゅう（32個）	サムシプ／ソルン（ソルントゥゲ）	삼십 / 서른(서른두 개)
40／よんじゅう（43個）	サシプ／マフン（マフンセゲ）	사십 / 마흔(마흔세 개)
50／ごじゅう（54個）	オシプ／スィン（スィンネゲ）	오십 / 쉰(쉰네 개)
60／ろくじゅう（65個）	ユクシプ／イェスン（イェスンタソッケ）	육십 / 예순(예순다섯 개)
70／ななじゅう（76個）	チルシプ／イルン（イルニョソッケ）	칠십 / 일흔(일흔여섯 개)
80／はちじゅう（87個）	パルシプ／ヨドゥン（ヨドゥニルゴッケ）	팔십 / 여든(여든일곱 개)
90／きゅうじゅう（98個）	クシプ／アフン（アフニョドルケ）	구십 / 아흔(아흔여덟 개)
100／100個	ペク／ペッケ	백 / 백 개
105／105個	ペゴ／ペッタソッケ	백오 / 백다섯 개
200／200個	イペク／イペッケ	이백 / 이백 개
1,000／1000個	チョン／チョンゲ	천 / 천 개
2,000／2000個	イチョン／イチョンゲ	이천 / 이천 개
10,000／1万個	マン／マンゲ	만 / 만 개
20,000／2万個	イマン／イマンゲ	이만 / 이만 개
100,000／10万個	シムマン／シンマンゲ	십만 / 십만 개
1,000,000／100万個	ペンマン／ペンマンゲ	백만 / 백만 개
2,000,000／200万個	イペンマン／イペンマンゲ	이백만 / 이백만 개
10,000,000／1億個	オク／オッケ	억 / 억 개
100,000,000／100億個	ペゴク／ペゴッケ	백억 / 백억 개

数十の	スシブィ	수십의
数百の	スベグィ	수백의
数千の	スチョヌィ	수천의
数百万の	スベンマヌィ	수백만의
2倍	ドゥベ	두 배
3倍	セベ	세 배
4倍	ネベ	네 배
1/2／半分	イブヌィイル／パン	이분의일 / 반
1/3	サムブネイル	삼분의일
1/4	サブネイル	사분의 일
1/5	オブネイル	오분의 일
1/10	シップネイル	십분의일
5と1/2	オワ イブネイル	오와 이분의일
1.15	イルチョム イロ	일점 일오
1度	イルト	일도
2度	イド	이도
3度	サムド	삼도
第1	チェイル	제일
第2	チェイ	제이
第3	チェサム	제삼
1人分	イリンブン	일 인분
2人分	イインブン	이 인분
3人分	サミンブン	삼 인분
1回	ハンボン	한 번
2回	ドゥボン	두 번
3回	セボン	세 번
1人	ハンミョン（ハンサラム）	한 명(한 사람)
2人	トゥミョン（トゥサラム）	두 명(두 사람)
3人	セミョン（セサラム）	세 명(세 사람)
1枚	ハンジャン	한 장
2枚	ドゥジャン	두 장
3枚	セジャン	세 장
1本	ハンビョン	한 병
2本	ドゥビョン	두 병
3本	セビョン	세 병
1冊	ハングォン	한 권
2冊	ドゥグォン	두 권
3冊	セグォン	세 권
1日	ハル	하루
2日	イトゥル	이틀
3日	サフル	사흘

時間・曜日・月・年・季節

時間・日

1秒　일 초（イルチョ）
10秒　십 초（シプチョ）
1分　일 분（イルブン）
5分　오 분（オブン）
30分　삼십 분（サムシップン）
1時間　한 시간（ハンシガン）
2時間　두 시간（ドゥシガン）
半日　반일（バニル）
1日　일일（イリル）
(午前/午後) 10時　열 시（ヨルシ）
10時15分　열 시 십오 분（ヨルシ シボブン）
10時30分(10時半)　열 시 삼십 분(열 시반)（ヨルシ サムシップン (ヨルシバン)）
10時15分前　열 시 십오 분 전（ヨルシ シボブンジョン）
10時15分過ぎ　열 시 십오 분 지나서（ヨルシ シボブンジナソ）
午前9時に　오전 아홉 시에（オジョン アホプシエ）
午後3時に　오후 세 시에（オフ セ シエ）
今晩8時に　오늘밤 여덟 시에（オヌルバム ヨドゥルシエ）
一昨日　그저께（グジョケ）
昨日　어제（オジェ）
今日　오늘（オヌル）
明日　내일（ネイル）
明後日　모레（モレ）
毎日　매일（メイル）
午前　오전（オジョン）
正午　정오（ジョンオ）
午後　오후（オフ）
夕方　저녁때（チョニョクテ）
夜　밤（バム）
昨晩　어젯밤（オジェッバム）
今朝　오늘 아침（オヌルアチム）
今日の午後　오늘 오후（オヌルオフ）
今晩　오늘 밤（オヌルバム）
明晩　내일 밤（ネイルバム）
毎朝　매일 아침（メイルアチム）
毎晩　매일 밤（メイルバム）

週・曜日

週　주（チュ）
先々週　지 지난주（チジナンジュ）
先週　지난주（チナンジュ）
今週　이번 주（イボンジュ）
来週　다음 주（タウムジュ）
再来週　다다음 주（タダウムジュ）
毎週　매주（メジュ）
平日　평일（ピョンイル）
週末　주말（チュマル）
祝日　휴일（ヒュイル）
公休日　공휴일（コンヒュイル）
記念日　기념일（キニョミル）
日曜日　일요일（イリョイル）
月曜日　월요일（ウォリョイル）
火曜日　화요일（ファヨイル）
水曜日　수요일（スヨイル）
木曜日　목요일（モギョイル）
金曜日　금요일（グムヨイル）
土曜日　토요일（トヨイル）

月・年・季節

月　달（タル）
先々月　지지난달（チジナンダル）
先月　지난달（チナンダル）
今月　이번달（イボンタル）
来月　다음달（タウムタル）
再来月　다다음달（タダウムタル）
1月　일월（イルウォル）
2月　이월（イウォル）
3月　삼월（サムウォル）
4月　사월（サウォル）
5月　오월（オウォル）
6月　육월（ユゴル）
7月　칠월（チルウォル）
8月　팔월（パルウォル）
9月　구월（クウォル）
10月　시월（シウォル）
11月　십일월（シビルウォル）
12月　십이월（シビウォル）
季節　계절（ケジョル）
春　봄（ボム）
夏　여름（ヨルム）
秋　가을（ガウル）
冬　겨울（キョウル）
正月　설 / 설날（ソル / ソルラル）
秋夕*　추석（チュソク）　*陰暦8月15日、中秋のこと
年　년（ニョン）
一昨年　재작년（チェジャンニョン）
昨年　작년（ジャンニョン）
今年　올해（オレ）
来年　내년（ネニョン）
再来年　내후년（ネフニョン）
1999年に　천구백구십구년에（チョングベクグシプクニョネ）
2008年に　이천팔년에（イチョンパルリョネ）

色・風合い・柄・素材

色

	白	흰색 ヒンセㇰ			赤	빨간색 パルガンセㇰ
	黄色	노란색 ノランセㇰ			茶	갈색 カルセㇰ
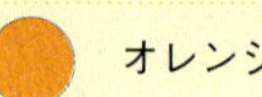	オレンジ	오렌지색 オレンジセㇰ			ベージュ	베이지색 ペイジセㇰ
	黄緑	황녹색 ファンノㇰセㇰ			黒	검은색 コムンセㇰ
	緑	녹색 ノㇰセㇰ			灰色	회색 フェセㇰ
	水色	하늘색 ハヌルセㇰ			金	금색 クムセㇰ
	青	파란색 パランセㇰ			銀	은색 ウンセㇰ
	紫	보라색 ポラセㇰ			紺	짙은청색 チットゥン チョンセㇰ
	ピンク	핑크색 ピンクセㇰ			朱色	자주색 チャジュセㇰ

風合い

明るい	밝은 パルグン	地味な	수수한 ススハン
暗い	어두운 オドゥウン	派手な	화려한 ファリョハン
濃い	짙은 チットゥン	鮮やかな	선명한 ソンミョンハン
薄い	옅은 ヨトゥン	柔らかい	부드러운 プドゥロウン

柄

無地	무지 ムジ	縦縞模様	세로줄무늬 セロジュルムニ
花柄模様	꽃무늬 コンムニ	横縞模様	옆줄무늬 ヨㇷ゚ジュルムニ
チェック模様	체크무늬 チェクムニ	格子縞模様	크로스줄무늬 クロスジュルムニ
縞模様	줄무늬 チュルムニ	水玉模様	물방울무늬 ムルパンウルムニ

素材

絹	실크 シルク	アンゴラ	앙고라 アンゴラ
綿	면 ミョン	化学繊維	화학섬유 ファハㇰソムニュ
麻	마 マ	スエード	스웨드 スウェドゥ
ナイロン	나일론 ナイルロン	革	가죽 カジュㇰ
ポリエステル	폴리에스텔 ポルリエステル	牛革	소가죽 ソガジュㇰ
レーヨン	레이온 レイオン	羊革	양가죽 ヤンガジュㇰ
アクリル	아크릴 アクリル	人工皮革	인공가죽 インゴンガジュㇰ
ビロード	우단 ウダン	毛皮	모피 モピ
ウール	울 ウル	デニム	면직물 ミョンジンムル
カシミア	캐시미어 ケシミオ	防水加工	방수가공 パンスガゴン

計量単位換算表

世界のほとんどの国は計量単位としてメートル法を採用している。

韓国でも日本の尺貫法に相当する伝統的な単位が長いあいだ使われていたが、現在ではメートル法が広く一般的に採用されている。ただし在来市場などではごく稀に伝統単位を表示している例もある。具体的にはチマ・チョゴリなどの布地の長さを表す「폭(幅)／ポㇰ→1ポㇰ＝1ヤード＝91.44cm」や「마（碼）／マ→1マ＝90cm」、部屋や土地の面積を表す 평（坪）／ピョン→1ピョン＝3.3m²」、高麗人参などの重さを表す「근（斤）／グン→1グン＝600g」などがある。

長さの換算表 길이

	センチメートル cm	メートル m	キロメートル km	インチ inch	フィート feet	ヤード yard	マイル mile
センチメートル	1	0.0100	—	0.3937	0.0328	0.0109	—
メートル	100	1	0.0001	39.370	3.2808	1.0936	0.0006
キロメートル	100000	1000.0	1	39370	3280.8	1093.6	0.6214
インチ	2.5399	0.0254	—	1	0.0833	0.0277	—
フィート	30.479	0.3047	—	12.000	1	0.333	—
ヤード	91.440	0.9144	—	36.000	3.0000	1	—
マイル	—	1609.3	1.6093	—	—	—	1

面積の換算表 면적

	平方メートル m²	平方キロメートル km²	平方インチ square inch	平方フィート square feet	平方ヤード square yard	ヘクタール ha	エーカー acre
平方メートル	1	—	1550.0	10.764	1.1960	—	—
平方キロメートル	—	1	—	—	—	100.00	247.11
平方インチ	0.0006	—	1	0.0069	0.0007	—	—
平方フィート	0.0922	—	144.00	1	0.0111	—	—
平方ヤード	0.8360	—	1296.0	9.0000	1	—	—
ヘクタール	—	0.0100	—	—	—	1	2.4711
エーカー	—	0.0040	—	—	—	0.4047	1

体積の換算表 체적

	立方メートル m³	立方インチ cubic inch	立方フィート cubic feet	立方ヤード cubic yard	リットル liter	英ガロン english galon	米ガロン american galon
立方メートル	1	61027	35.316	1.3080	1000.0	220.20	264.20
立方インチ	—	1	0.0005	—	0.0163	0.0035	0.0042
立方フィート	0.0283	1728.0	1	0.3703	283.10	62.338	74.867
立方ヤード	0.7645	46656	27.000	1	764.52	168.34	202.17
リットル	0.0010	61.027	0.0353	0.0013	1	0.2202	0.2642
英ガロン	—	—	160.54	5.9460	4.5459	1	1.2010
米ガロン	—	228.61	0.1323	0.0049	3.7853	0.3827	1

重さの換算表 무게

	キログラム kg	ポンド pound	オンス ounce
キログラム	1	2.2046	35.270
ポンド	0.4536	1	0.0005
オンス	0.0283	0.0623	1

気温の換算公式

$$摂氏(℃) = (華氏 - 32) \times \frac{5}{9}$$

$$華氏(℉) = 摂氏 \times \frac{9}{5} + 32$$

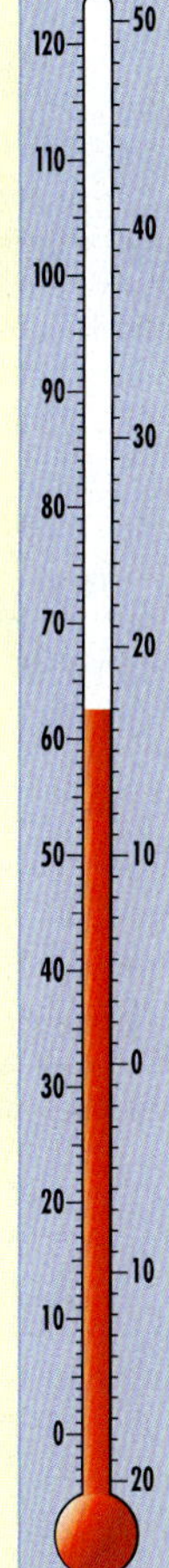

電話のかけ方

国番号

韓国82　日本81

公衆電話

テレホンカードは絵柄を下向きに（磁気情報面を上に）差し込む

韓国では公衆電話は至る所にあり、標準的なタイプではほぼすべてが国際通話も可能。電話機はカード専用とコインも使えるタイプがあるほか、ホテルなどには国際通話専用機が設置されているケースも。

カード専用タイプ

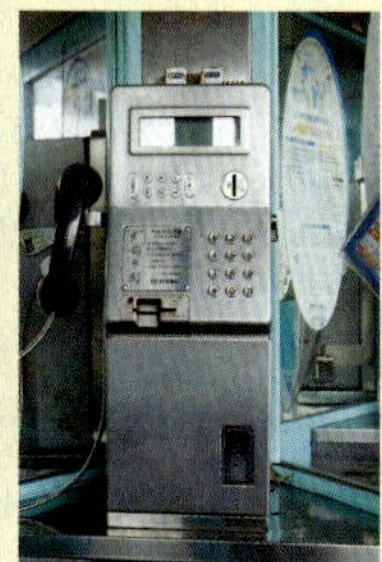
コインが使えるタイプ

テレホンカード（전화카드 チョヌァカドゥ）はコンビニや雑貨店、キオスクなどで売っており、₩3000、₩5000、₩1万の3種。使うときは日本と逆で絵柄を下向きに挿入する。コレクトコールや暗証番号式プリペイドカードを使った通話、フリーダイヤル、カードの盗難報告などの通話の際は赤色のボタンを押してから番号をプッシュすればつながる。

韓国国内の電話

日本同様、市外局番と市内局番があり、同一市内の場合は市内局番のみ、他都市へかける場合は0で始まる市外局番を頭に付けてプッシュする。1588で始まる8ケタの番号は韓国内フリーダイヤル、また局番なしの1330はその地方の観光案内所に直接つながる観光案内フリーダイヤルだ（一部は日本語対応可能）。市外局番をプラスするとその地区の観光案内センターにつながる。

日本への電話

公衆電話から日本へかける場合は下記のとおり。ホテルの部屋からは外線につながる番号を頭に付ける。

日本への電話のかけ方

001または002（国際電話会社識別番号） ＋ 81（日本の国番号） ＋ 市外局番から0を除いた番号 ＋ 個別の電話番号

例：東京(03)1234-5678にかける場合

001 ＋ 81 ＋ 3 ＋ 1234-5678

日本から韓国への電話

マイラインの国際区分登録がしてある場合は、電話会社識別番号は不要。010からプッシュする。

日本から韓国への電話のかけ方

電話会社識別番号 ＋ 010 ＋ 82（韓国の国番号） ＋ 市外局番から0を除いた番号 ＋ 個別の電話番号

例：ソウル(02)1234-5678にかける場合

(001/0033/0041など) ＋ 010 ＋ 82 ＋ 2 ＋ 1234-5678

★電話会社識別番号　KDDI：001
NTTコミュニケーションズ：0033
日本テレコム：0041

辞書／文法

50音順検索

CONTENTS

料理図鑑 / 緊急事態 / 基本会話 / 入出国 / 移動 / 観光 / ショッピング / 宿泊 / 飲食 / 通信 / 交流 / ピンチ / 日韓辞書 / 韓日辞書 / 文法 / 50音順検索

あ

日本語	韓国語	読み
合鍵 spare key	스페어키	スペオキ
曖昧な obscure / vague	애매한	エメハン
アイロンをかける press	다림질을 하다	タリムジルル ハダ
会う／迎える meet	만나다	マンナダ
(サイズが) 合う fit	맞다	マッタ
青信号 green signal (light)	파란불	パランブル
赤信号 red signal (light)	빨간불	パルガンブル
明るい light	밝은	パルグン
(性格が) 明るい cheerful	밝다	パクダ
赤ん坊 baby	갓난아기	カンナンアギ
秋 fall / autumn	가을	カウル
空きの vacant	빈	ピン
空き部屋 vacant room	빈방	ピンバン
握手する shake hands	악수하다	アクスハダ
アクセル accelerator	엑셀	エクセル
開ける open	열다	ヨルダ
上げる raise	올리다	オルリダ
麻 linen	마	マ
浅い shallow	얇다	ヤルダ
鮮やかな bright	선명한	ソンミョンハン
足 foot (feet)	발	パル
脚 leg	다리	タリ
味 taste / flavor	맛	マッ
アスピリン aspirin	아스피린	アスピリン
汗 sweat	땀	タム
あそこ over there	저기	チョギ
与える give	주다	チュダ
暖かい warm	따뜻한	タトゥッタン
暖める heat	따뜻하게 하다	タトゥッタゲ ハダ
頭がよい smart	머리가 좋다	モリガ チョッタ
厚い thick	두껍다	トゥコップタ
熱い／暑い hot	덥다	トプタ
集める collect	모으다	モウダ
穴 hole	구멍	クモン
アナウンス announcement	방송	パンソン
アパート apartment house	아파트	アパトゥ
アヒル duck	오리	オリ
危ない／危険な dangerous	위험하다	ウィホマダ
油 oil	기름	キルム
甘い sweet	달다	タルダ
雨傘 umbrella	우산	ウサン
アメジスト（紫水晶） amethyst	자수정 / 자석영	チャスジョン／チャソギョン
謝る apologize	사과하다	サグァハダ
荒い rough	거칠다	コチルダ
アルコール類 alcohol	알콜류	アルコルリュウ
アルバイト part time job	아르바이트	アルバイトゥ
アレルギー allergy	알레르기	アルレルギ
暗証番号 code number	비밀번호	ピミルボノ
安全な safe	안전한	アンジョナン
安全ベルト seat belt	안전벨트	アンジョン ベルトゥ
安全保障 security	안전보장	アンジョン ボジャン
案内（所） information	안내 (소)	アンネ（ソ）
案内係 receptionist	안내담당	アンネダムダン

い

日本語	韓国語	読み
胃 stomach	위	ウィ
言う say / tell	말하다	マルハダ
家 house	집	チプ
イカ squid / cuttlefish	오징어	オジンオ
息 breath	숨	スム
行き先 destination	행선지	ヘンソンジ
生きる live	살다	サルダ
行く go	가다	カダ
いくつか some / any	몇 개	ミョッ　ケ
池 pond	못	モッ
意見 opinion	의견	ウィギョン
維持する maintain / support	유지하다	ユジハダ
遺失物取扱所 Lost & Found	분실물취급소	プンシルムル チェグプソ
異常な abnormal	이상한	イサンハン
イス chair	의자	ウィジャ
遺跡 ruins	유적	ユジョク
忙しい busy	바쁘다	パップタ

板	board	판	パン
偉大な	great	위대한	ウィデハン
痛み	pain	고통	コトン
痛む	hurt	아프다	アプダ
炒める	fry	볶다	ポクタ
1日券	one day ticket	일일권	イリルグォン
市場	market	시장	シジャン
胃腸薬	intestinal medicine	위장약	ウィジャンヤク
いつ	when	언제	オンジェ
1階（日本式）	first floor / ground floor	일층	イルチュン
一生懸命に	hard	열심히	ヨルシミ
一緒に	together	함께	ハムッケ
一対の	pair	페어	ペオ
いっぱいの	full	가득찬	カドゥッチャン
一般的な	general	일반적인	イルバンジョギン
一品料理の	à la carte	일품요리	イルプムヨリ
一方通行	one way	일방통행	イルバントンヘン
いつも	always	항상	ハンサン
糸	thread	실	シル
移動する	move	이동하다	イドンハダ
いとこ	cousin	사촌	サチョン
いなか	countryside	시골	シゴル
犬	dog	개	ケ
意味する	mean	의미하다	ウィミハダ
イヤリング	earrings	귀걸이	クィコリ
入口	entrance	입구	イプグ
いろいろな	various	여러가지의	ヨロカジエ
岩	rock	바위	パウィ
祝う	celebrate	축하하다	チュッカハダ
印象	impression	인상	インサン
インターネットカフェ	internet cafe	인터넷카페	イントネッカペ

う

ウエスト	waist	허리	ホリ
受け入れる	accept	받아들이다	パダドゥリダ
受取人	addressee	받는사람	パッヌンサラム
受け取る	receive	받다	パッタ
ウサギ	rabbit	토끼	トッキ
牛	cow	소	ソ
失う	lose	잃어버리다	イロボリダ
薄い（色）	light	엷다	ヨッタ
薄い（幅）	thin	얇다	ヤルダ
嘘	lie	거짓말	コジンマル
疑う	doubt	의심하다	ウェシムハダ
打ち身	bruise	타박상	タバクサン
打つ	hit	치다	チダ
腕	arm	팔	パル
腕時計	wristwatch	손목시계	ソンモクシゲ
馬	horse	말	マル
うまく	well	잘	チャル
海	sea	바다	パダ
売り出し	sale	세일	セイル
売る	sell	팔다	パルダ
ウール	wool	울	ウル
うるさい	noisy	시끄럽다	シックロプダ
うれしい	glad	기쁘다	キップダ
上着	jacket	자켓	チャゲッ
噂	rumor	소문	ソムン
運賃	fare	운임	ウニム
運転手	driver	운전기사	ウンジョンギサ
運転する	drive	운전하다	ウンジョンハダ
運転免許証	driver's license	운전면허증	ウンジョンミョノジュン
運動	sports	운동	ウンドン
運輸	transportation	운수	ウンス

え

絵	picture	그림	クリム
エアコン	air conditioner	에어컨	エオコン
映画	movie / film	영화	ヨンファ
映画館	movie theater	영화관	ヨンファグァン
永久的な	permanent / eternal	영구적인	ヨングジョギン
影響	influence	영향	ヨンヒャン
営業	business	영업	ヨンオプ
駅	station	역	ヨク

日本語	韓国語	読み
エスカレーター escalator	에스컬레이터	エスコルレイト
絵ハガキ picture postcard	그림엽서	クリムヨプソ
エビ shrimp	새우	セウ
絵本 picture book	그림책	クリムチェク
エメラルド emerald	에메랄드	エメラルドゥ
選ぶ choose / select	고르다	コルダ
えり collar	칼라	カルラ
得る get / gain	얻다	オッタ
エレベーター elevator / lift	엘리베이터	エルレベイト
延期する postpone / put off	연기하다	ヨンギハダ
演劇 play	연극	ヨングク
エンジニア engineer	엔지니어	エンジニオ
援助 aid / help	원조	ウォンジョ
炎症 inflammation	염증	ヨムジュン
エンジン engine	엔진	エンジン
延長 extension / prolongation	연장	ヨンジャン
煙突 chimney	굴뚝	クルットゥク
鉛筆 pencil	연필	ヨンピル

お

日本語	韓国語	読み
甥 nephew	조카	チョカ
追越禁止 no passing	추월금지	チュウォルクムジ
おいしい good / delicious	맛있다	マシッタ
応急手当 first aid	응급치료	ウングプチリョ
嘔吐 vomiting	구토	クト
往復切符 round trip ticket / return ticket	왕복티켓	ワンボクティケッ
大売り出し bargain sale	바겐세일	パゲンセイル
大きさ size	크기	クギ
大きな big / large	큰	クン
大きな声で loudly	큰소리로	クンソリロ
おおざっぱ rough	엉성함	オンソンハン
大通り main street / boulevard	큰길	クンキル
おおらか broad minded	유연한	ユヨナン
置き時計 clock	시계	シゲ
起きる get up	일어나다	イロナダ
置く put	놓다	ノッタ
贈り物 gift / present	선물	ソンムル
贈る present	선물하다	ソンムルハダ
送る send	보내다	ポネダ
遅れる be late for	늦다	ヌッタ
起こす wake up	깨우다	ケウダ
怒った angry	화난	ファナン
起こる happen / occur	일어나다	イロナダ
伯父／叔父 uncle	숙부	スクブ
教える teach	가르치다	カルチダ
おしろい face powder	페이스 파우더	ペイスパウド
押す push	밀다	ミルダ
遅い（時間） late	늦다	ヌッタ
遅い（スピード） slow	느리다	ヌリダ
落ちる fall	떨어지다	トロジダ
おつり change	잔돈	チャンドン
男／男性の man / male	남자/남성의	ナムジャ／ナムソンエ
落とす drop	떨어뜨리다	トルロットゥリダ
訪れる visit	방문하다	パンムンハダ
おととい the day before yesterday	그저께	クジョケ
大人 adult	어른	オルン
オートバイ motorcycle	오토바이	オトバイ
オートロック automatic lock	자동으로 잠김	チャドンウロチャムギム
踊る dance	춤추다	チュムチュダ
驚く be surprised	놀라다	ノルラダ
同じ same	같은	カットゥン
伯母／叔母 aunt	숙모	スクモ
覚えている remember	기억하다	キオクハダ
重い heavy	무겁다	ムゴプタ
思い出す recall	생각나다	センガクナダ
思い出 recollections / memories	추억	チュオク
思う think	생각하다	センガクハダ
重さ weight	무게	ムゲ
おもしろい interesting	재미있다	チェミイッタ
おもちゃ toy	장난감	チャンナンガム
親 parent	부모	プモ
泳ぐ swim	헤엄치다	ヘオムチダ
（乗物から）降りる get off	내리다	ネリダ

オリンピック the Olympic Games	올림픽	オルリムピク
折る fold	접다	チョプタ
終わり end	끝	クッ
終わる／終える finish / stop	끝내다	クッネダ
音楽家 musician	음악가	ウマッカ
温泉 hot spring	온천	オンチョン
オンドル部屋 ondol room	온돌방	オンドルバン
女／女性の woman / female	여자／여성의	ヨジャ／ヨソンエ

か

蚊 mosquito	모기	モギ
貝 shellfish	조개	チョゲ
会員証 membership card	회원증	フェウォンジュン
外貨 foreign currency	외화	ウェホァ
海岸 beach / seashore	해안	ヘアン
海軍 navy	해군	ヘグン
会計 account	회계	フェゲェ
会計係 cashier	회계담당	フェゲェダムダン
解決 solution	해결	ヘギョル
外交官 diplomat	외교관	ウェギョグァン
外国人 foreigner	외국인	ウェグギン
外国の foreign	외국의	ウェグゲ
改札口 wicket	개찰구	ケチャルグ
会社 company / firm	회사	フェサ
会社員 office worker / company employee	회사원	フェサウォン
海藻 seaweed	해초	ヘチョ
階段 stairway / stairs	계단	ケダン
懐中電灯 flashlight	손전등	ソンジョンドゥン
快適な comfortable	쾌적한	クェジョカン
回復する get well / recover	회복하다	フェボクハダ
開放的 open	개방적	ケバンジョク
潰瘍 ulcer	궤양	クェヤン
海路 sea route	뱃길	ペッキル
会話 conversation	회화	フェファ
買う buy	사다	サダ
帰る return	돌아가다	トラガダ
カエル frog	개구리	ケグリ
顔 face	얼굴	オルグル
化学 chemistry	화학	ファハク
科学 science	과학	クァハク
鏡 mirror	거울	コウル
カキ（貝） oyster	굴	クル
鍵 key	열쇠	ヨルソェ
書留 registered mail	등기	トゥンギ
鍵をかける lock	열쇠를 잠그다	ヨルソェルル チャムグダ
書く write	쓰다	スダ
描く draw	그리다	クリダ
家具 furniture	가구	カグ
隠す hide	숨기다	スムギダ
確認する confirm	확인하다	ファギンハダ
家具屋 furniture store	가구점	カグジョム
かご basket	바구니	パグニ
傘 umbrella	우산	ウサン
菓子 confectionery / candy	과자	クァジャ
火事 fire	화재	ファジェ
賢い clever / wise	영리하다	ヨンリハダ
貸自転車 bicycle for rentl	자전거임대	チャジョンゴイムデ
貸スキー ski for rent	스키렌털	スキレントル
カジノ casino	카지노	カジノ
歌手 singer	가수	カス
貸す loan / lend	빌려주다	ピルリョジュダ
数 number	수	ス
風 wind	바람	パラム
風邪 cold	감기	カムギ
ガーゼ gauze	거즈	コジュ
課税 duty	과세	クァセ
風邪薬 cold medicine	감기약	カムギヤク
ガソリン gasoline / petrol	휘발유	フィバルユ
ガソリンスタンド gas station / petrol station	주유소	チュユソ
肩 shoulder	어깨	オッケ
型 model / type	형	ヒョン
固い hard	단단하다	タンダンハダ
形 shape / form	모양	モヤン

日本語	韓国語	読み
片道切符 one way ticket / single ticket	편도차표	ピョンド チャピョ
価値ある worth / valuable	가치가 있다	カチガ　イッタ
勝つ win	이기다	イギダ
カッコイイ cool	멋있다	モシッタ
かつて once	이전에	イジョネ
活発 active	활발	ファルバル
角 corner	코너	コノ
悲しい sad	슬프다	スルプダ
金物類 hardware	철물류	チョルムル リュ
カニ crab	게	ケ
金持ちの rich	부유한	プユハン
可能な possible	가능한	カヌンハン
カバン bag	가방	カバン
花ビン vase	꽃병	コッビョン
壁 wall	벽	ビョク
壁かけ tapestry	벽걸이	ピョッコリ
カーペット carpet	카펫	カペッ
カボチャ pumpkin	호박	ホバク
髪 hair	머리	モリ
紙 paper	종이	チョンイ
紙コップ paper cup	종이컵	チョンイコプ
紙皿 paper plate	종이접시	チョンイ ジョプシ
カミソリ razor	면도칼	ミョンドカル
雷 thunder	천둥	チョンドン
かむ bite	물다	ムルダ
ガム chewing gum	껌	コム
カメ turtle	거북이	コブギ
粥 porridge	죽	チュク
かゆい itchy	가렵다	カリョプタ
辛い hot	맵다	メプタ
カラオケボックス karaoke room	노래방	ノレバン
カラシ mustard	겨자	キョジャ
体 body	몸	モム
空手 karate	맨손 / 빈손	メンソン ／ピンソン
空の empty	빈	ピン
カラーフィルム color film	칼라필름	カルラピルルム
借りる borrow	빌리다	ピルリダ
軽い light	가벼운	カビョウン
革／皮 leather	가죽	カジュク
川 river	강	カン
かわいい pretty / cute	귀엽다	クィヨプタ
かわいた dry	마르다	マルダ
為替レート exchange rate	환율	ファニュル
変わり者 eccentric / strange	별난사람	ピョルラン サラム
がん cancer	암	アム
韓屋（韓国の伝統家屋） Korean style house	한옥	ハノク
眼科医 eye doctor	안과의사	アングァウェサ
考える consider	생각하다	センガカダ
感覚 sense	감각	カムガク
環境 environment	환경	ファンギョン
簡潔な concise	간결한	カンギョラン
観光 sightseeing	관광	クァングァン
観光バス sightseeing bus	관광버스	クァングァン ボス
韓国 korea	한국	ハングク
看護師 nurse	간호사	カノサ
観察 observation	관찰	クァンチャル
患者 patient	환자	ファンジャ
勘定書 check / bill	감증서	カムジュンソ
関税 tariff	관세	クァンセ
肝臓 liver	간장	カンジャン
乾燥機 dryer	건조기	コンジョギ
感嘆する admire	감탄하다	カムタンハダ
簡単な easy	간단한	カンダナン
韓服（韓国の民族衣装） Korean folk clothes	한복	ハンボク
漢（韓）方薬 herb medicine	한약	ハニャク
歓楽街 amusement area	환락가	ファルラッガ
韓流スター Korean top star	한류스타	ハルリュスタ

き

日本語	韓国語	読み
木 tree	나무	ナム
（車の）キー key	키	キ
気温 temperature	기온	キオン
飢餓 starvation	기아	キア

気が合う	hit it off well	마음이 맞다	マウミ　マッタ
機会	opportunity / chance	기회	キフェ
気が長い	patient	성격이 느리다	ソンギョギ　ヌリダ
期間	term / period	기간	キガン
気管支炎	bronchitis	기관지염	キグァンジヨム
危機	crisis	위기	ウェギ
企業	enterprise	기업	キオプ
貴金属	precious metals	귀금속	クィクムソク
聞く	listen to / hear	듣다	トゥッタ
器具	instrument	악기	アッキ
喜劇	comedy	희극	フェグク
危険	danger / peril	위험	ウィホム
気候	climate	기후	キフ
既婚の	married	기혼	キホン
記事	article	기사	キサ
技師	engineer	기술자	キスルジャ
記者	reporter	기자	キジャ
記述	description	기술	キスル
黄信号	yellow signal (light)	노란신호	ノランシノ
既製の	ready made	규제	キュジェ
規則	rule / regulation	규칙	キュチク
北	north	북쪽	プクチョク
北朝鮮	North Korea	북한	プッカン
汚い	dirty	더럽다	トロプタ
基地（軍事基地）	military base	기지	キジ
貴重品	valuables	귀중품	クィジュンプム
貴重品預かりボックス	safety box	귀중품보관함	クィジュンプム　ボグァンハム
きつい	tight	꽉 조이다	クァクチョイダ
喫煙室	smoking room	흡연실	フビョンシル
喫煙車	smoking car	흡연차	フビョンチャ
喫煙する	smoke	흡연하다	フビョンハダ
気付く	notice	알아차리다	アラチャリダ
喫茶室	coffee shop / tea room	커피숍	コピショプ
切手	stamp	우표	ウピョ
切符	ticket	차표	チャピョ
切符売り場	ticket office	표 파는 곳	ピョ　パヌン　ゴッ
記入する	fill out	기입하다	キイプハダ
絹	silk	실크	シルク
記念切手	commemorative stamp	기념우표	キニョムウピョ
記念碑	monument	기념비	キニョムビ
記念日	anniversary	기념일	キニョミル
希望	hope / wish	희망	フェマン
義務	duty / obligation	의무	ウィム
キムチ	kimchi	김치	キムチ
客室乗務員	flight attendant	객실승무원	ケクシル　スンムウォン
キャッシュカード	cash card	현금카드	ヒョングム　カドゥ
キャンセル待ち	standby	캔슬대기	ケンスルテギ
休暇	vacation / holiday	휴가	ヒュガ
牛革	cowhide	소가죽	ソカジュク
救急車	ambulance	구급차	クグプチャ
休憩	intermission	휴게	ヒュゲ
旧姓	maiden name	본래의 성	ポルレエ　ソン
旧跡	historic spot	고적	コジョク
休息	rest	휴식	ヒュシク
宮殿	palace	궁전	クンジョン
牛肉	beef	쇠고기	セコギ
救命胴衣	life jacket	구명조끼	クミョン　ジョッキ
キュウリ	cucumber	오이	オイ
教育	education	교육	キョユク
教科書	textbook	교과서	キョグァソ
競技場	stadium	경기장	キョンギジャン
供給する	supply / provide	공급하다	コングプハダ
教師	teacher	교사	キョサ
行事	event	행사	ヘンサ
教授	professor	교수	キョス
兄弟	brother	형제	ヒョンジェ
興味深い	interesting	흥미있는	フンミインヌン
協力	cooperation	협력	ヒョプニョク
許可	permission	허가	ホガ
魚介類（食べ物）	seafood	어패류	オペリュ
去年	last year	작년	チャンニョン
距離	distance	거리	コリ

料理図鑑 緊急事態 基本会話 入出国 移動 観光 ショッピング 宿泊 飲食 通信 交流 ピンチ 日韓辞書 韓日辞書 文法 50音順検索

日本語	韓国語	読み
霧 mist / fog	안개	アンゲ
切る cut	자르다	チャルダ
着る wear / put on	입다	イプダ
きれいな beautiful	예쁜	イェップン
禁煙 Non Smoking	금연	クミョン
緊急 emergency	긴급	キングプ
緊急電話 emergency call	긴급전화	キングプジョヌァ
緊急の urgent	긴급한	キングパン
銀行員 bank clerk	은행원	ウネンウォン
禁止する prohibit / forbid	금지하다	クムジハダ
筋肉 muscle	근육	クニュク

く

日本語	韓国語	読み
空軍 air force	공군	コングン
空港 airport	공항	コンハン
空港税 airport tax	공항세	コンハンセ
空車 vacant	빈차	ピンチャ
偶然に accidentally	우연히	ウヨニ
区画 block	구획	クホェク
腐る spoil	상하다	サンハダ
くしゃみ sneeze	기침	キチム
苦情を言う complain	불평하다	プルピョンハダ
くずかご waste basket / trash basket	휴지통	ヒュジトン
薬 medicine	약	ヤク
薬屋 pharmacy / chemist's	약국	ヤクグク
百済 Paekche	백제	ペクチェ
口 mouth	입	イプ
口紅 lipstick	립스틱	リプスティク
靴 shoes	구두 / 신발	クドゥ／シンバル
靴下 socks	양말	ヤンマル
靴ひも shoelaces	신발끈	シンバルクン
靴屋 shoe store	구두가게	クドゥカゲ
首 neck	목	モク
首回り neck size	목둘레	モクトゥルレ
クモ spider	거미	コミ
曇り cloudy	흐림	フリム
暗い dark	어둡다	オドゥプタ
(性格が) 暗い gloomy	어둡다	オドゥプタ
クラッチ clutch	클러치	クルロチ
クリ chestnuts	밤	パム
繰り返す repeat	반복하다	パンボクハダ
クリーニング laundry	세탁소	セタクソ
車 car	차	チャ
クレジットカード credit card	크레디트 카드	クレディトゥ カドゥ
苦労 trouble	고생	コセン
加わる join	더하다	トハダ
軍隊 armed forces	군대	クンデ

け

日本語	韓国語	読み
経営学 business administration	경영학	キョンヨンハク
計画 plan	계획	ケホェク
渓谷 valley	계곡	ケゴク
経済 economy	경제	キョンジェ
警察 police	경찰	キョンチャル
警察署 police station	경찰서	キョンチャルソ
計算する calculate	계산하다	ケサンハダ
掲示板 bulletin board	게시판	ケシパン
軽食スタンド snack bar	스낵코너	スネクコノ
携帯品預かり所 checkroom / cloakroom	휴대품보관소	ヒュデプムボクァンソ
警笛 horn	경적	キョンジョク
競馬 race horse	경마	キョンマ
警報 alarm	경보	キョンボ
契約／契約書 contract	계약/계약서	ケヤク／ケヤクソ
経理 accounting	경리	キョンニ
経路 route	경로	キョンノ
毛織物 wool	모직물	モジンムル
ケガ injury	부상	プサン
外科 surgery	외과	ウェグァ
毛皮 fur	모피	モピ
ケガをする get injured	다치다	タチダ
ケーキ cake	케이크	ケイク
劇 play	연극	ヨングク
劇場 theater / theatre	극장	ククジャン
下剤 laxative	설사약	ソルサヤク

景色 scenery / view	경관	キョングァン
下宿 boarding house	하숙	ハスㇰ
化粧水 facial lotion	화장수	ファジャンス
化粧品 cosmetics	화장품	ファジャンプム
下段 lower berth	하단	ハダン
血圧 blood pressure	혈압	ヒョラプ
結果 effect / result	결과	キョルグァ
結婚 marriage	결혼	キョルホン
決定する decide	결정하다	キョルジョン ハダ
ゲート（門） gate	문	ムン
解熱剤 febrifuge	해열제	ヘヨルジェ
下痢 diarrhea	설사	ソルサ
下痢止め binding medicine	설사 멈추는 약	ソルサ モムチュヌン ヤㇰ
原因 cause	원인	ウォニン
検疫所 quarantine	검역소	コミョㇰソ
研究する research	연구하다	ヨングハダ
現金 cash	현금	ヒョングム
言語 language	언어	オノ
健康な healthy	건강한	コンガンハン
検査 inspection	조사	チョサ
減少する decrease	감소하다	カムソハダ
現像 development	현상	ヒョンサン
現代の modern	현대의	ヒョンデエ
建築家 architect	건축가	コンチュㇰカ
倹約 economy / thrift	절약	チョリャㇰ

こ

濃い dark	짙다	チッタ
コインロッカー coin locker	코인로커 / 보관함	コインロコ ／ポグァンハム
工員 factory worker	공원	コンウォン
幸運な lucky	행운의	ヘンウネ
公演 performance	공연	コンヨン
硬貨 coin	주화	チュファ
効果 effect	효과	ヒョグァ
後悔する regret	후회하다	フフェハダ
公害 pollution	공해	コンヘ
郊外 suburb	교외	キョウェ
公会堂 city hall	공회당	コンフェダン
交換手 operator	교환수	キョワンス
講義 lecture	강의	カンイ
工業化 industrialization	공업화	コンオプファ
公共の public	공공의	コンゴンエ
航空会社 airlines	항공회사	ハンゴンフェサ
航空券 airline ticket	항공권	ハンゴングォン
航空便 airmail	항공편	ハンゴンピョン
高校 senior high school	고등학교	コドゥン ハッキョ
広告 advertisement	광고	クァンゴ
交差点 crossing / intersection	교차로	キョチャロ
口座番号 account number	구좌번호	クジァボノ
講師 instructor	강사	カンサ
工事中 under construction	공사중	コンサジュン
公衆電話 public phone / pay phone	공중전화	コンジュン ジョヌァ
工場 factory	공장	コンジャン
交渉する negotiate	교섭하다	キョソプハダ
香水 perfume	향수	ヒャンス
高層ビル skyscraper	고층빌딩	コチュン ビルディン
高速道路 express way	고속도로	コソㇰドロ
光沢 luster	광택	クァンテㇰ
交通規則 traffic regulations	교통규칙	キョトン キュチㇰ
行動 conduct / behavior	행동	ヘンドン
購入する purchase	구입하다	クイプハダ
後方 rear	후방	フバン
公務員 public employee	공무원	コンムウォン
項目（品目） item	항목 (품목)	ハンモㇰ（プムモㇰ）
考慮する consider	고려하다	コリョハダ
声 voice	목소리	モㇰソリ
凍る freeze	얼다	オルダ
語学 language	어학	オハㇰ
小切手 check	수표	スピョ
ゴキブリ cockroach	바퀴벌레	パクィボルレ
故郷 home	고향	コヒャン
国際線 international service	국제선	クㇰジェソン
国際電話 international call	국제전화	クㇰジェ ジョヌァ

日本語	韓国語	読み
国際免許証 international driver's license	국제면허증	ククジェ ミョノジュン
国籍 nationality	국적	ククジョク
告知する announce	알리다	アルリダ
国内線 domestic service	국내선	クンネソン
国立の national	국립의	クンニベ
ここ here	여기	ヨギ
午後 afternoon	오후	オフ
心地よい comfortable	기분 좋다	キブン チョッタ
心地悪い uncomfortable	기분 나쁘다	キブン ナプタ
腰 waist	허리	ホリ
故障中 out of order	고장중	コジャンジュン
個人の personal	개인의	ケイネ
個性的 unique	개성적	ケソンジョク
小銭 change	잔돈	チャンドン
午前 morning	오전	オジョン
古代の ancient	고대의	コデエ
答える answer / reply	대답하다	テダプハダ
こちら側 this side	이쪽의	イチョゲ
国境 border	국경	クッキョン
骨折 fracture	골절	コルジョル
小包 parcel	소포	ソポ
骨とう品 antique	골동품	コルドンプム
古都 ancient capital	옛 도읍	イェッ トウプ
子供 child	어린이	オリニ
子供服 children's wear	어린이 옷	オリニ オッ
小鳥 small bird	작은 새	チャグン セ
ことわざ proverb	속담	ソクダム
断る decline	거절하다	コジョルハダ
粉 powder	가루	カル
粉雪 powdery snow	가랑눈	カランヌン
ご飯 rice	밥	パプ
古風な old fashioned	고풍의	コプンエ
ゴマ油 sesame oil	참기름	チャムキルム
ゴミ garbage	쓰레기	スレギ
ゴミ箱 trash box	쓰레기 통	スレギトン
ゴミ袋 trash bag	쓰레기 봉투	スレギボントゥ
小麦粉 flour	밀가루	ミルカル
ゴルフ場 golf course	골프장	コルプジャン
これ this	이것	イゴッ
コレクトコール collect call	콜렉트 콜	コルレクトゥコル
これら these	이것들	イゴッドゥル
壊す・壊れる break	부수다	プスダ
混合 mixture	혼합	ホンハプ
コンサートホール concert hall	콘서트 홀	コンソトゥホル
コンセント outlet / socket	콘센트	コンセントゥ
コンタクトレンズ contact lens	콘택트렌즈	コンテクトゥ レンジュ
コンドーム condom	콘돔	コンドム

さ

日本語	韓国語	読み
再確認する reconfirm	재확인하다	チェファギンハダ
最近 lately / recently	최근	チェグン
さいころ dice	주사위	チュサウィ
最小の minimum	최소의	チェソエ
最新の the latest	최근의	チェグネ
最大の maximum	최대의	チェデエ
才能がある talented	재능이 있다	チェヌンイ イッタ
再発行する reissue	재발행하다	チェバレンハダ
裁判 justice	재판	チェパン
財布 wallet / purse	지갑	チガプ
材料 material	재료	チェリョ
サイン signature	사인	サイン
探す look for / search	찾다	チャッタ
魚 fish	생선	センソン
咲く bloom	피다	ピダ
叫ぶ shout	외치다	ウェチダ
避ける avoid	피하다	ピハダ
酒類 liquor	주류	チュリュ
匙 spoon	숟가락	スッカラク
差出人 sender	보내는 사람	ポネヌン サラム
刺身 sliced raw fish	회	フェ
査証 visa	비자	ビジャ
座席 seat	좌석	チャソク
座席番号 seat number	좌석번호	チャソクポノ

～させる	let	시키다	シキダ
撮影禁止	No Photographs	촬영금지	チャリョンクムジ
サッカー	soccer / football	축구	チュック
雑貨屋	general store / drugstore	잡화점	チャパジョム
雑誌	magazine	잡지	チャプジ
砂糖	sugar	설탕	ソルタン
悟る	realize	깨닫다	ケダッタ
サービス料	service charge	서비스료	ソビスリョ
さびた	rusty	녹슨	ノクスン
寒い	cold	춥다	チュプタ
寒気	chills	한기	ハンギ
皿	plate / dish	접시	チョプシ
去る	leave	떠나다	トナダ
猿	monkey	원숭이	ウォンスンイ
参照	reference	참조	チャムジョ
賛成する	approve of	찬성하다	チャンソンハダ
酸素マスク	oxygen mask	산소마스크	サンソマスク
サンドウィッチ	sandwich	샌드위치	センドゥウィチ
産婦人科	gynecology	산부인과	サンブイングァ

し

市	city	시	シ
寺院	temple	사원	サウォン
私営の	private	사적인	サジョギン
塩辛い	salty	짜다	チャダ
しおり	bookmark	책갈피	チェッカルピ
歯科医	dentist	치과의사	チグァイサ
市街地図	city map	시내지도	シネジド
市外番号	area code	시외번호	シウェボノ
シカ皮	buckskin	사슴가죽	サスムカジュク
時間	time / hour	시간	シガン
試験	examination	시험	シホム
資源	resources	자원	チャウォン
事件	occurrence	사건	サゴン
事故	accident	사고	サゴ
時刻表	timetable	시간표	シガンピョ
仕事	job / work	일	イル
仕事で	on business	일로	イルロ
時差	time difference	시차	シチャ
時差ボケ	jetlag	시차로 생활리듬이 깨짐	シチャロ センファルリドゥミ ケジム
磁石（方位）	compass	방위	パンウィ
ししゅうした	embroidered	수놓은	スノウン
辞書	dictionary	사전	サジョン
次女	second daughter	차녀	チャニョ
事情	circumstances	사정	サジョン
地震	earthquake	지진	チジン
静かな	quiet	조용한	チョヨンハン
沈む	sink	가라앉다	カラアンダ
史跡	historic spot	사적	サジョク
自然	nature	자연	チャヨン
舌	tongue	혀	ヒョ
時代遅れの	out of date	시대에 뒤떨어진	シデエ テットロジン
下着	underwear	속옷	ソゴッ
試着する	try on	입어보다	イボボダ
市庁舎	city hall	시청사	シチョンサ
シーツ	sheet	시트	シトゥ
質	quality	질	チル
歯痛	toothache	치통	チトン
実家	parents' home	친정	チンジョン
失業	unemployment	실업	シロプ
実業家	businessman	실업가	シロプガ
実際に	actually	실제로	シルジェロ
湿度	humidity	습도	スプト
失敗	failure	실패	シルペ
湿布	poultice / compress	찜질	チムジル
質問	question	질문	チルムン
指定席	reserved seat	지정석	チジョンソク
自転車	bicycle	자전거	チャジョンゴ
自動車	automobile / car	자동차	チャドンチャ
自動車事故保険	vehicle accident insurance	자동차사고 보험	チャドンチャサゴ ポホム
自動販売機	vending machine	자동판매기	チャドンパンメギ
シートベルト着用	fasten seat belt	시트벨트 착용	シトゥベルトゥ チャギョン
市内電話	local call	시내전화	シネジョヌァ

日本語	English	韓国語	読み
支配人	manager	지배인	チベイン
始発電車	first train	첫차	チョッチャ
芝生	lawn	잔디	チャンディ
支払い	payment	지불	チブㇽ
支払う	pay	지불/지급하다	チブㇽ／チクㇷ゚ハダ
縛る	bind / tie	묶다	ムㇰタ
耳鼻咽喉科医	ear,nose and throat surgeon	이빈후과의사	イビヌグァイサ
紙幣	bill / bank note	지폐	チペ
脂肪	fat	지방	チバン
資本主義	capitalism	자본주의	チャボンジュイ
島	island	섬	ソㇺ
縞（ストライプ）	stripe	줄	チュㇽ
姉妹	sister	자매	チャメ
地味な	plain	수수한	ススハン
湿った	wet	습기찬	スㇷ゚キチャン
閉める／閉まる	close / shut	닫다	タッタ
締める	fasten	조르다	チョㇽダ
地面	ground	지면	チミョン
社会	society	사회	サフェ
社会学	sociology	사회학	サフェハㇰ
社会福祉	social welfare	사회복지	サフェボㇰジ
ジャガイモ	potato	감자	カㇺジャ
市役所	city hall	시청	シチョン
写真	picture / photo	사진	サジン
写真店	photography shop	사진가게	サジンカゲ
社長	president	사장	サジャン
シャツ	shirt	셔츠	ショチュ
シャッターボタン	shutter release	셔터버튼	ショトボトゥン
ジャーナリスト	journalist	저널리스트	チョノㇽリストゥ
邪魔する	disturb	방해하다	パンヘハダ
ジャム	jam	잼	チェㇺ
シャンプー	shampoo	샴푸	シャㇺプ
自由	freedom / liberty	자유	チャユ
習慣	custom / habit	습관	スㇷ゚グァン
宗教	religion	종교	チョンギョ
収集	collection	수집	スジㇷ゚
住所	address	주소	チュソ
就職活動	hunt for employment	취업활동	チオㇷ゚ファㇽトン
十字路	crossroads	십자로/사거리	シㇷ゚チャロ／サゴリ
修正	modification	수정	スジョン
自由席	non reserved seat	자유석	チャユソㇰ
絨毯	carpet	융단	ユンダン
終電	last train	막차	マㇰチャ
柔軟剤	softener	유연제	ユヨンジェ
充分な／充分に	enough	충분한	チュンブナン
自由貿易	free trade	자유무역	チャユㇺヨㇰ
重役	director	중역	チュンヨㇰ
周遊旅行	excursion / round trip	유람여행	ユラㇺヨヘン
重要な	important	중요한	チュンヨハン
修理	repair	수리	スリ
修理店	repair shop	수리점	スリジョㇺ
儒教	Confucianism	유교	ユギョ
熟した	ripe	익다	イㇰタ
宿泊客	guest / client	숙박객	スㇰパㇰケㇰ
手芸品	handicraft	수예품	スイェプㇺ
手術	operation	수술	ススㇽ
手段	means	수단	スダン
主張する	insist on	주장하다	チュジャンハダ
出血	bleeding	출혈	チュリョㇽ
出国カード	embarkation card	출국카드	チュㇽグㇰカドゥ
出発	departure	출발	チュㇽバㇽ
出発時刻	departure time	출발시간	チュㇽバㇽシガン
出発する	depart / leave	출발하다	チュㇽバㇽハダ
出版社	publisher	출판사	チュㇽパンサ
首都（州都）	capital	수도	スド
主婦	housewife	주부	チュブ
趣味	hobby	취미	チミ
主要な	main	주요한	チュヨハン
種類	kind / sort	종류	チョンリュ
純金	pure gold	순금	スングㇺ
純粋な	pure	순수한	スンスハン
準備	preparation	준비	チュンビ

準備のできた ready	준비가 된	チュンビガ デン
上演 performance	상연	サンヨン
紹介する introduce	소개하다	ソゲハダ
消火器 fire extinguisher	소화기	ソファギ
正月 the New Year	새해	セヘ
小学校 elementary school / primary school	초등학교	チョドゥン ハクキョ
消化不良 indigestion	소화불량	ソファ ブルリャン
乗客 passenger	승객	スンゲク
上級 higher class	상급	サングプ
状況 situation / condition	상황	サンファン
消極的な negative	소극적인	ソグクチョギン
条件 condition	조건	チョゴン
証拠 proof / evidence	증거	チュンゴ
詳細 details	상세	サンセ
賞賛する praise	칭찬하다	チンチャンハダ
正直な honest	정직한	チョンジカン
少女 girl	소녀	ソニョ
症状 symptom	증상	チュンサン
上手な be good at	잘하는	チャラヌン
肖像 portrait	초상	チョサン
招待 invitation	초대	チョデ
冗談 joke	농담	ノンダム
上段 upper berth	상단	サンダン
使用中 occupied	사용중	サヨンジュン
商店街 shopping street	상점가	サンジョムガ
消毒薬 disinfectant	소독약	ソドンニャク
商人 merchant	상인	サンイン
乗馬 horseback riding	승마	スンマ
消費者 consumer	소비자	ソビジャ
賞品／賞 prize	상품	サンプム
上品な elegant	고상한	コサンハン
丈夫な sturdy	튼튼한	トゥントゥナン
情報 information	정보	チョンボ
情報誌 information magazine	정보지	チョンボジ
消防署 fire station	소방서	ソバンソ
証明書 certificate	증명서	チュンミョンソ

正面 front	정면	チョンミョン
しょう油 soy sauce	간장	カンジャン
使用料 fee	사용료	サヨンリョ
除外する exclude	제외하다	チェウェハダ
初級 junior class / beginner's class	초급	チョグプ
食あたり food poisoning	식중독	シクジュンドク
職業 occupation	직업	チゴプ
食事 meal	식사	シクサ
食事休憩 meal stop	식사휴식	シクサヒュシク
食堂 dining room	식당	シクダン
食堂車 dining car / restaurant car	식당차	シクダンチャ
植物園 botanical garden	식물원	シンムルウォン
植民地 colony	식민지	シンミンジ
食用油 cooking oil	식용유	シギョンユ
食欲 appetite	식욕	シギョク
食料品 food	식료품	シンニョプム
食料品店 grocery store	식료품점	シンニョプム ジョム
徐行 slow	서행	ソヘン
食器類 tableware	식기류	シクキリュ
所得 income	소득	ソドゥク
処方せん prescription	처방전	チョバンジョン
署名 signature	서명	ソミョン
所有物 property	소유물	ソユムル
書類 document	서류	ソリュ
書類カバン briefcase	서류가방	ソリュカバン
新羅（しらぎ） Silla	신라	シルラ
知らせる inform	알리다	アルリダ
調べる inspect	조사하다	チョサハダ
知り合い acquaintance	아는 사이	アヌン　サイ
知る know	알다	アルダ
城 castle	성	ソン
神経質 nervous	신경질	シンギョンジル
神経痛 neuralgia	신경통	シンギョントン
信号 traffic signal / traffic light	신호	シノ
人口 population	인구	イング
人工の artificial	인공의	インゴンエ

日本語	韓国語	読み
申告する declare	신고하다	シンゴハダ
新婚旅行 honeymoon	신혼여행	シノンヨヘン
診察 consultation	진찰	チンチャル
真実 truth	진실	チンシル
紳士的 gentlemanlike	신사적	シンサジョク
真珠 pearl	펄	ポル
ジーンズ blue jeans	청바지	チョンバジ
申請する apply	신청하다	シンチョンハダ
親戚 relative	친척	チンチョク
親切な kind	친절한	チンジョラン
心臓 heart	심장	シムジャン
寝台車 sleeping car	침대차	チムデチャ
心配する be anxious about / worry about	걱정하다	コクジョンハダ
進歩的な progressive	진보적인	チンボジョギン
じんましん nettle rash / hives	두드러기	トゥドゥロギ
信頼する trust	신뢰하다	シルレハダ
心理学 psychology	심리학	シムニハク
診療室 clinic	진찰실	チンチャルシル

す

日本語	韓国語	読み
酢 vinegar	식초	シクチョ
遂行する fulfill	수행하다	スヘンハダ
推薦 recommendation	추천	チュチョン
水族館 aquarium	수족관	スジョックァン
スイッチ switch	스위치	スウィチ
水道 running water	수도	スド
睡眠薬 sleeping pills / sleep medicine	수면제	スミョンジェ
数学 mathematics	수학	スハク
姿 figure	모습	モスプ
好き like	좋아하다	チョアハダ
ずきずき痛む sting	욱신욱신 아프다	オクシンオクシン　アプダ
すぐに soon / at once	곧	コッ
少し a few / a little	조금	チョグム
寿司 sushi	초밥	チョバプ
涼しい cool	시원하다	シウォンハダ
スズメ sparrow	참새	チャムセ
すそ丈 skirtbottom	치마단 / 바지단	チマダン／パジダン
スーツ suit	수트	ストゥ
頭痛 headache	두통	トゥトン
スーツケース suitcase	수트케이스	ストゥケイス
すっぱい sour	시다	シダ
すてきな nice	멋진	モッチン
すでに already	벌써	ポルッソ
ステープラー stapler	호치키스	ホチキス
ストッキング stockings	스타킹	スタキン
砂 sand	모래	モレ
スナックバー snack bar	스낵바	スネクバ
スニーカー sneakers	스니커	スニコ
スーパーマーケット supermarket	슈퍼마켓	シュポマケッ
素早く quickly	재빨리	チェッパルリ
すばらしい wonderful	훌륭한	フルリュンハン
スピード speed	스피드	スピドゥ
スープ soup	국	クク
スプーン spoon	숟가락	スッカラク
すべて（の） all / whole	전부	チョンブ
スポーツジム gym	스포츠센터	スポチュセント
ズボン pants / trousers	바지	パジ
すまない sorry	미안하다	ミアナダ
住む live	살다	サルダ
スリ pickpocket	소매치기	ソメチギ
する do	하다	ハダ
鋭い sharp / keen	날카롭다	ナルカロプタ
座る sit / take a seat	앉다	アンダ

せ

日本語	韓国語	読み
姓 surname / family name	성	ソン
正確に exactly	정확하게	チョンファカゲ
税関 customs	세관	セグァン
税関検査 custom inspection	세관검사	セグァンゴムサ
税関申告書 customs declaration form	세관신고서	セグァンシンゴソ
世紀 century	세기	セギ
正義 justice	정의	チョンイ
請求金額 charge	청구금액	チョンググメク
請求書 bill	청구서	チョングソ

税金	tax	세금	セグム
清潔な	clean	청결한	チョンギョラン
制限	limit	제한	チェハン
成功する	succeed	성공하다	ソンゴンハダ
生産する	produce	생산하다	センサンハダ
政治	politics	정치	チョンチ
政治家	politician / statesman	정치가	チョンチガ
正常な	normal	정상적인	チョンサンジョギン
精神科医	psychiatrist	정신과의	チョンシングァイ
製造業者	maker	제조업자	チェジョオブジャ
贅沢な	luxurious	사치스러운	サチスロウン
成長する	grow	성장하다	ソンジャンハダ
生年月日	date of birth	생년월일	センニョンウォリル
性別	sex	성별	ソンビョル
清涼飲料	soft drink	청량음료	チョンリャンウムリョ
生理用品	sanitary napkin	생리용품	センニヨンプム
咳	cough	기침	キチム
責任	responsibility	적임	チョギム
赤面する	blush	얼굴을 붉히다	オルグルルブルキダ
席料	cover charge	자릿세	チャリッセ
セクシーな	sexy	섹시한	セクシハン
セーター	sweater	스웨터	スウェト
積極的な	positive	적극적인	チョククッジョギン
接近	approach	접근	チョプグン
石けん	soap	비누	ピヌ
摂氏	centigrade	섭씨	ソプシ
接続路線	connection	접속노선	チョプソンノソン
接着剤	glue	접착제	チョプチャクジェ
設備品	equipment	설비품	ソルビプム
説明	explanation	설명	ソルミョン
節約する	save	절약하다	チョリャカダ
設立	establishment	설립	ソルリプ
背中	back	등	ドゥン
背広	suit	신사복	シンサボク
狭い	narrow	좁다	チョプタ
セルフサービス	self service	셀프서비스	セルプソビス
セロテープ	scotch tape	스카치 테이프	スカチテイプ
洗顔料	facial soap	세안용 비누	セアンニョンピヌ
選挙	election	선수	ソンス
専攻	major	전공	チョンゴン
繊細	sensitive	섬세함	ソムセハム
洗剤	detergent	세제	セジェ
戦車	tank	전차	チョンチャ
先進国	advanced country	선진국	ソンジングク
戦争	war	전쟁	チョンジェン
ぜん息	asthma	천식	チョンシク
全体／全体の	total	전체 / 전체의	チョンチェ／チョンチェエ
洗濯	wash / cleaning	세탁	セタク
洗濯機	washing machine	세탁기	セタクキ
宣伝	advertisement	선언	ソノン
栓抜き	corkscrew	병따개	ピョンタゲ
前方の	front	전방의	チョンバンエ
洗面台	washbasin	세면대	セミョンデ

そ

像	statue	상	サン
増加	increase	증가	チュンガ
双眼鏡	binoculars	쌍안경	サンアンギョン
送迎	take to and from	송영	ソンヨン
捜索	search	수사	スサ
操作する	operate / handle	조작하다	チョジャカダ
掃除	cleaning	청소	チョンソ
操縦士	pilot	조종사	チョジョンサ
想像する	imagine	상상하다	サンサンハダ
相談する	talk over with / consult with	상담하다	サンダムハダ
属する	belong to	속하다	ソカダ
速達	special delivery / express mail	속달	ソクタル
底	bottom	밑바닥	ミッパダク
そこ	there	거기	コギ
組織	organization	조직	チョジク
そして	and	그리고	クリゴ
注ぐ	pour	붓다	プッタ
卒業	graduation	졸업	チョロブ

日本語	韓国語	読み
率直な frank	솔직한	ソルジガン
そで sleeve	소매	ソメ
そで丈 length of a sleeve	소매길이	ソメギリ
そのとき／それから then	그때	クッテ
祖父 grandfather	조부	チョブ
ソフトドリンク soft drinks	소프트 드링크	ソプトゥ ドゥリンク
祖母 grandmother	조모	チョモ
空 sky	하늘	ハヌル
それ that	그것	クゴッ
それら those	그것들	クゴッドゥル
損害 damage	손해	ソネ
尊敬する respect	존경하다	チョンギョンハダ

た

日本語	韓国語	読み
体温 temperature	체온	チェオン
体温計 clinical thermometer	체온계	チェオンゲ
大学 university / college	대학	テハク
大学生 university / college student	대학생	テハクセン
滞在する stay in	체재하다	チェジェハダ
大使館 embassy	대사관	テサグァン
大丈夫 all right	괜찮다	ケンチャンタ
耐水性の／防水の waterproof	내수성의 / 방수의	ネスソンエ／パンスエ
体操 exercise	체조	チェジョ
態度 attitude	태도	テド
大統領 president	대통령	テドンリョン
台所 kitchen	부엌	プオク
耐熱性の heatproof	내열성의	ネヨルソンエ
タイピン tie pin	넥타이 핀	ネクタイ ピン
台風 typhoon	태풍	テプン
大変に very	매우	メウ
逮捕する arrest	체포하다	チェポハダ
タイヤ tire / tyre	타이어	タイオ
ダイヤモンド diamond	다이아몬드	タイアモンドゥ
大陸の continental	대륙의	テリュゲ
代理人 agent	대리인	テリイン
耐える bear / stand	견디다	キョンディダ
(値段が) 高い expensive	비싸다	ピッサダ
(背が) 高い tall	크다	クダ
滝 waterfall	폭포	ポクポ
たくさんの a lot of	많은	マヌン
タクシー taxi / cab	택시	テクシ
タクシー乗り場 Taxi Stand	택시타는 곳	テクシ タヌン ゴッ
宅配サービス delivery service	택배서비스	テクベソビス
タコ octopus	문어	ムノ
確かに certainly	확실히	ファクシリ
助ける help	돕다	トプタ
尋ねる ask	방문하다	パンムンハダ
正しい right	옳다	オルダ
立入禁止 Off Limits	출입금지	チュリプクムジ
立つ stand	서다	ソダ
達成する achieve	달성하다	タルソンハダ
建物 building	건물	コンムル
建てる build	짓다	チッタ
棚 shelf	선반	ソンバン
谷 valley	계곡	ケェゴク
楽しい happy	즐거운	チュルゴウン
楽しむ enjoy	즐기다	チュルギダ
タバコ cigarette / tobacco	담배	タンベ
たびたび often	자주	チャジュ
たぶん probably	아마	アマ
食べる eat / have	먹다	モクダ
試す try	시험하다	シホマダ
保つ hold / keep	유지하다	ユジハダ
誰 who	누구	ヌグ
誰か someone / anyone	누군가	ヌグンガ
短気 short tempered	성급함	ソングパム
炭酸 soda	탄산	タンサン
単純な simple	단순한	タンスナン
短所 demerit	단점	タンジョム
誕生石 birthstone	탄생석	タンセンソク
タンス drawers	장농	チャンノン
短大 junior college	전문대학	チョンムンデハク
田んぼ rice field	논	ノン

暖房 heating	➡ 난방	ナンバン

ち

血 blood	➡ 피	ピ
治安がよい safe	➡ 치안이 잘 되어있다	チアニ チャル テオイッタ
治安が悪い dangerous	➡ 치안이 잘 되어있지 않다	チアニ チャル テオイッチ アンダ
地位 position	➡ 지위	チイ
地域 area / region	➡ 지역	チヨㇰ
地下 basement	➡ 지하	チハ
近い near	➡ 가까운	カッカウン
違い difference	➡ 다른	タルン
違う different	➡ 다르다	タルダ
地下鉄 subway / underground (tube)	➡ 지하철	チハチョル
地下道 underground / subway	➡ 지하도	チハド
近道 shortcut	➡ 지름길	チルムギル
地球 Earth	➡ 지구	チグ
地区 district	➡ 지구	チグ
ちくちく痛む prick	➡ 콕콕 찌르듯이 아프다	コクコク チル ドゥシ アプダ
知識 knowledge	➡ 지식	チシㇰ
地図 map	➡ 지도	チド
縮む shrink	➡ 줄다	チュルダ
知的な intelligent	➡ 지적인	チジョギン
地方の local	➡ 지방의	チバンエ
茶 tea	➡ 차	チャ
着陸 landing	➡ 착륙	チャンニュㇰ
(交通カードの) チャージ charging	➡ 충전	チュンジョン
中学校 junior high school	➡ 중학교	チュンハㇰキョ
中級 middle class	➡ 중급	チュングㇷ゚
忠告 advice	➡ 충고	チュンゴ
注射 injection / shot	➡ 주사	チュサ
駐車禁止 No Parking	➡ 주차금지	チュチャグムチ
駐車場 parking lot	➡ 주차장	チュチャジャン
駐車する park	➡ 주차하다	チュチャハダ
昼食 lunch	➡ 점심	チョムシム
虫垂炎 appendicitis	➡ 맹장염	メンジャンヨム
中段 middle berth	➡ 중단	チュンダン
躊躇する hesitate	➡ 주저하다	チュジョハダ
注文する order	➡ 주문하다	チュムンハンダ
蝶 butterfly	➡ 나비	ナビ
超過 excess	➡ 초과	チョグァ
長距離バス long distance bus / coach	➡ 장거리버스	チャンゴリボス
調査 investigation	➡ 조사	チョサ
長所 merit	➡ 장점	チャンジョム
頂上 top	➡ 정상	チョンサン
朝食 breakfast	➡ 아침식사	アチムシㇰサ
調整する adjust / arrange	➡ 조정하다	チョジョンハダ
ちょうど just	➡ 알맞게	アルマッケ
調味料 seasoning	➡ 조미료	チョミリョ
直通バス non stop bus / direct bus	➡ 직통버스	チㇰトンボス
治療する cure	➡ 치료하다	チリョハダ
鎮痛剤 pain killer	➡ 진통제	チントンジェ

つ

追加の additional	➡ 추가의	チュガエ
費やす spend	➡ 낭비하다	ナンビハダ
通貨 currency	➡ 통화	トンファ
通過 transit	➡ 통과	トングァ
通過パス transit pass	➡ 통과버스	トングァボス
通行止め Road Closed	➡ 통행금지	トンヘングムジ
通訳する interpret	➡ 통역하다	トンヨカダ
通路側 aisle seat	➡ 통로 쪽	トンノ チュㇰ
使う use	➡ 사용하다	サヨンハダ
捕まえる catch	➡ 잡다	チャㇷ゚ダ
疲れた tired	➡ 피곤한	ピゴナン
月 moon	➡ 달	タル
次の next	➡ 다음의	タウメ
作る make	➡ 만들다	マンドゥルダ
続く continue	➡ 계속하다	ケソカダ
包む wrap	➡ 싸다	サダ
つづり spelling	➡ 철자	チョルジャ
つなぐ connect	➡ 잇다	イッタ
翼 wing	➡ 날개	ナルゲ
つまようじ toothpick	➡ 이쑤시개	イッスシゲ
爪切り nail clipper	➡ 손톱깎이	ソントㇷ゚カッキ

日本語 / English	韓国語	読み
釣り fishing	낚시	ナクシ
つり銭 change	거스름돈	コスルムトン

て

日本語 / English	韓国語	読み
提案する propose	제안하다	チェアナダ
庭園 garden	정원	チョンウォン
定食 course meal	정식	チョンシク
ていねいに politely	정중하게	チョンジュン ハゲ
停留所 bus stop	정류소	チョンリュソ
適当な fit / suitable	적당한	チョクタンハン
出口 exit	출구	チュルグ
手首 wrist	손목	ソンモク
テコンドー taekwondo	태권도	テクォンド
手数料 commission	수수료	ススリョ
手製の handmade	수제의	スジェエ
手帳 memo book	수첩	スチョプ
手荷物 baggage / luggage	수화물	スファムル
手荷物預かり証 claim tag	수화물 인환증	スファムル イヌァンジュン
手荷物一時預かり所 left luggage	수화물 임시보관소	スファムル イムシボグァンソ
手のひら palm	손바닥	ソンバダク
デパート department store	백화점	ペックァジョム
手袋 gloves / mittens	장갑	チャンガプ
寺 temple	절	チョル
テレビゲーム playing videogames	텔레비전 게임	テルレビジョン ケイム
店員 salesman / saleswoman	점원	チョムォン
天気 weather	날씨	ナルッシ
電気 electricity	전기	チョンギ
天気予報 weather report	일기예보	イルギイェボ
伝言 message	전언	チョノン
天災 disaster	천재	チョンジェ
展示／展示会 exhibition	전시 / 전시회	チョンシ ／チョンシフェ
天井 ceiling	천장	チョンジャン
添乗員 conductor	안내자	アンネジャ
伝染病 infection	전염병	チョニョム ビョン
電池 battery	전지	チョンジ
テント tent	텐트	テントゥ
電灯 light / lamp	전등	チョンドゥン
伝統的な traditional	전통적인	チョントン ジョギン
展望台 observatory	전망대	チョンマンデ
電話案内 telephone information	전화안내	チョヌァアンネ
電話帳 telephone directory	전화부	チョヌァブ
電話ボックス phone booth	전화박스	チョヌァバクス

と

日本語 / English	韓国語	読み
戸／扉 door	문	ムン
トイレ lavatory / rest room / toilet	화장실	ファジャンシル
トイレットペーパー toilet paper	화장지	ファジャンジ
トウガラシ red pepper	고추	コチュ
トウガラシミソ bean paste with red pepper	고추장	コチュジャン
陶器 pottery / china	도기	トギ
洞窟 cave	동굴	トングル
陶磁器 ceramic ware	도자기	トジャギ
搭乗 boarding	탑승	タプスン
同情 sympathy	동정	トンジョン
搭乗口 boarding gate	탑승구	タプスング
搭乗券 boarding pass	탑승권	タプスングォン
到着 arrival	도착	トチャク
到着時間 arrival time	도착시간	トチャクシガン
道徳 moral	도덕	トドク
糖尿病 diabetes	당뇨병	タンニョビョン
同封する enclose	동봉하다	トンボンハダ
東洋 the Orient	동양	トンヤン
同僚 colleague	동료	トンリョ
道路 road	도로	トロ
登録 register	등록	トゥンノク
遠い far	먼	モン
ときどき sometimes	가끔	カクム
毒 poison	독	トク
得意な be good at	만족한	マンジョカン
特産物 special product	특산물	トゥクサンムル
読書 reading	독서	トクソ
独身の single	독신의	トクシネ
独占 monopoly	독점	トクジョム
特徴 feature / peculiarity	특징	トゥクジン

日本語	韓国語	読み
独特な unique	독특한	トゥクトゥガン
特別の special	특별한	トゥクビョラン
時計 watch / clock	시계	シゲ
どこ where	어디	オディ
登山 mountain climbing	등산	トゥンサン
図書館 library	도서관	トソグァン
都心 city center	도심	トシム
戸棚 closet	붙박이 장	プッバギ ジャン
土地 land	토지	トジ
途中下車する stop over	도중 하차하다	トジュン ハチャハダ
突然に abruptly	갑자기	カプジャギ
突然の abrupt	갑작스러운	カプジャク スロウン
届ける send	보내다	ポネダ
飛ぶ fly	날다	ナルダ
ドブロク Makkolri	막걸리	マッコルリ
徒歩で on foot	걸어서	コロソ
ドライクリーニング dry cleaner	드라이클리닝	ドゥライクルリ ニン
ドラッグストア drug store	약국	ヤックク
トラベラーズチェック traveler's checks	트래블 체크	トゥレブル チェク
トランク trunk / boot	트렁크	トゥロンク
トランプ playing cards	트럼프	トゥロムプ
取り扱い注意 Handle with Care	취급주의	チェグプジュイ
取り換える exchange	바꾸다	パクダ
取り消す cancel	취소하다	チェソハダ
トリートメント treatment	트리트먼트	トゥリトゥ モントゥ
鶏肉 chicken	닭고기	タクコギ
努力 effort	노력	ノリョク
取る take	잡다	チャプダ
どれ which	어느 것	オヌゴッ
泥棒 thief / robber	도둑	トドゥク

な

日本語	韓国語	読み
内科 internal medicine	내과	ネグァ
内向的 introverted	내향적	ネヒャンジョク
内臓 internal organs	내장	ネジャン
内容 contents	내용	ネヨン
ナイロン nylon	나일론	ナイルロン
長そで long sleeves	긴 소매	キン　ソメ
泣く cry	울다	ウルダ
なくなる lose	없어지다	オプソジダ
投げる throw	던지다	トンジダ
ナシ pear	배	ペ
ナス eggplant	가지	カジ
何故 why	왜	ウェ
何故ならば because	왜냐하면	ウェニャ ハミョン
夏休み summer vacation	여름방학	ヨルムバンハク
何 what	무엇	ムオッ
何か something / anything	무언가	ムオンガ
ナプキン napkin	냅킨	ネプキン
鍋 pan	냄비	ネムビ
鍋物 hot pot	찌개종류	チゲチョンニュ
生の raw	덜익은	トリグン
鉛 lead	납	ナプ
涙 tears	눈물	ヌンムル
なる become	되다	テダ
軟膏 ointment	연골	ヨンゴル

に

日本語	韓国語	読み
似合う become	어울리다	オウルリダ
匂う／臭う smell	냄새가 나다	ネムセガナダ
苦い bitter	쓰다	スダ
肉切り包丁 meat knife	고기 써는 칼	コギ　ソヌン カル
肉屋 butcher	정육점	チョンユクジョム
逃げる escape / run away	도망가다	トマンガダ
西 west	서쪽	ソチョク
虹 rainbow	무지개	ムジゲ
偽物 imitation	위조품	ウェジョプム
似た similar	닮았다	タルマッタ
日用品 daily necessaries	일용품	イリョンプム
2倍 twice	두 배	トゥ　ベ
鈍い dull	둔하다	トゥナダ
日本総領事館 Japanese consul general	일본총영사관	イルボンチョン ヨンサグァン
荷物 baggage / luggage	짐	チム
荷物預かり証 claim tag	수화물 인환증	スファムル イヌァンジュン

日本語	韓国語	読み
乳液 milky lotion	로션	ロション
入金 deposit	입금	イプグム
入国 entry	입국	イプグク
入国カード disembarkation card	입국카드	イプグクカドゥ
入国管理 immigration	입국관리	イプグク クァルリ
入国ビザ entry visa	입국비자	イプグクビジャ
入場 admittance	입장	イプジャン
入場料 admission fee	입장료	イプジャンリョ
乳製品 dairy product	유제품	ユジェプム
庭 yard / garden	정원	チョンウォン
人気のある popular	인기있는	インギインヌン
人形 doll	인형	イニョン
妊娠 pregnancy	임신	イムシン
(高麗) ニンジン ginseng	인삼	インサム
ニンニク garlic	마늘	マヌル

ぬ

日本語	韓国語	読み
ぬいぐるみ stuffed animal	봉제 완구	ポンジェワング
縫う sew	깁다	キプダ
脱ぐ take off	벗다	ポッタ

ね

日本語	韓国語	読み
値打ち value	값어치	カポチ
猫 cat	고양이	コヤンイ
ねじ screw	나사	ナサ
ネズミ mouse	쥐	チ
熱 fever	열	ヨル
ネックレス necklace	목걸이	モッコリ
値引きする discount	할인하다	ハリンハダ
値札 price tag	가격표	カギョクピョ
眠る sleep	잠들다	チャムドゥルダ
寝る go to bed	자다	チャダ
捻挫 sprain	관절을 삠	クァンジョルル ピム
燃料 fuel	연료	ヨンリョ

の

日本語	韓国語	読み
農業 agriculture	농업	ノンオプ
脳震とう concussion	뇌진탕	ネジンタン
農夫 farmer	농부	ノンブ
ノックする knock	노크하다	ノクハダ
のど throat	목	モク
登る climb	오르다	オルダ
昇る rise	떠오르다	トオルダ
飲み物 beverage / drinks	음료수	ウムリョス
飲む drink	마시다	マシダ
海苔 laver	김	キム
乗り換え・乗り換える transfer	갈아타다	カラタダ
海苔巻き rice rolled in laver	김밥	キムパプ
乗り物 vehicle	탈것	タルゴッ
乗る get on / ride	타다	タダ

は

日本語	韓国語	読み
歯 tooth(teeth)	이 (빨)	イ (パル)
場合 case / occasion	경우	キョンウ
肺炎 pneumonia	폐렴	ペエリョム
ハイキング hiking	하이킹	ハイキン
灰皿 ashtray	재떨이	チェットリ
配達する deliver	배달하다	ペダルハダ
入る enter	들어가다	トゥロカダ
ハエ fly	파리	パリ
墓 tomb / grave	무덤	ムドム
はかり scale	저울	チョウル
履き物 footgear	신발	シンバル
吐く vomit	토하다	トハダ
莫大な huge / immense	막대한	マクテハン
博物館 museum	박물관	パンムルグァン
箱 box	상자	サンジャ
運ぶ carry / convey	운반하다	ウンバナダ
ハサミ scissors	가위	カウィ
橋 bridge	다리	タリ
箸 chopsticks	젓가락	チョッカラク
始まる／始める begin / start	시작하다	シジャカダ
パジャマ pajamas	잠옷	チャモッ
場所 place	장소	チャンソ
走る run	달리다	タルリダ
恥ずかしい be ashamed of	부끄럽다	プクロプタ

料理図鑑 緊急事態 基本会話 入出国 移動 観光 ショッピング 宿泊 飲食 通信 交流 ピンチ 日韓辞書 韓日辞書 文法 50音順検索

バスタオル bath towel ➡ 목욕수건 モギョクスゴン
バスターミナル bus depot / bus terminal ➡ 버스터미널 ポストミノル
バスト bust ➡ 가슴 カスム
働く work ➡ 일하다 イラダ
ハチ bee ➡ 벌 ポル
ハチミツ honey ➡ 꿀 クル
発給機関 issuing authority ➡ 발급기관 パルグプキグァン
発行 issuance ➡ 발행 パレン
発信人 sender ➡ 발행인 パレンイン
バッテリー battery ➡ 배터리 ベトリ
派手な gaudy ➡ 화려한 ファリョハン
鳩 dove / pigeon ➡ 비둘기 ピドゥルギ
鼻 nose ➡ 코 コ
話 story ➡ 이야기 イヤギ
話す speak / talk to ➡ 이야기하다 イヤギハダ
母 mother ➡ 어머니 オモニ
省く omit ➡ 생략하다 センリャカダ
歯ブラシ toothbrush ➡ 칫솔 チッソル
パーマ permanent ➡ 파마 パマ
葉巻 cigar ➡ 시거 シゴ
歯みがき粉 toothpaste ➡ 치약 チヤク
早い early ➡ 빠르다 パルダ
速い fast ➡ 빠르다 パルダ
林 woods ➡ 숲 スプ
バラ rose ➡ 장미 チャンミ
払い戻し refund ➡ 환불 ファンブル
針 needle ➡ 바늘 パヌル
針金 wire ➡ 철사 チョルサ
貼り紙 notice ➡ 벽보 ピョクポ
春 spring ➡ 봄 ポム
春休み spring vacation ➡ 봄방학 ポムバンハク
晴れた fine / fair ➡ 맑다 マクタ
晩 evening ➡ 밤 パム
範囲 extent ➡ 범위 ポムィ
繁栄 prosperity ➡ 번영 ポニョン
版画 print ➡ 판화 パンファ
繁華街 downtown ➡ 번화가 ポヌァガ
ハンカチ handkerchief ➡ 손수건 ソンスゴン
反感 antipathy ➡ 반감 パンガム
犯罪 crime ➡ 범죄 ポムジェ
ハンサムな handsome ➡ 핸섬한 ヘンソマン
ばんそうこう adhesive tape ➡ 반창고 パンチャンゴ
半そで half-length sleeves ➡ 반팔 パンパル
反対側の opposite ➡ 반대 측의 パンデチュゲ
半島 peninsula ➡ 반도 パンド
販売業 sales business ➡ 판매업 パンメオプ
パンフレット brochure / pamphlet ➡ 팜플렛 パムプルレッ
半分 half ➡ 반 パン
パン屋 bakery ➡ 빵가게 パンカゲ

ひ

日当たりがよい sunny ➡ 햇볕이 잘 든다 ヘッピョッチャル トゥンダ
日当たりが悪い dark / dim ➡ 햇볕이 잘 안 든다 ヘッピョッチャラントゥンダ
皮革製品 leather goods ➡ 피혁제품 ピヒョクジェプム
日陰 shadow ➡ 양산 ヤンサン
東 east ➡ 동쪽 トンチョク
引き受ける undertake ➡ 맡다 マッタ
非居住者 non residents ➡ 비거주자 ピゴジュジャ
ひく（演奏する） play ➡ 연주하다 ヨンジュハダ
引く pull ➡ 당기다 タンギダ
低い low / short ➡ 낮은 ナジュン
ひげ（あごひげ） beard ➡ 턱수염 トクスヨム
ひげ（口ひげ） mustache ➡ 콧수염 コッスヨム
ひげそり shaving ➡ 면도기 ミョンドギ
飛行機酔い airsickness ➡ 비행기 멀미 ピヘンギモルミ
ひざ knee ➡ 무릎 ムルプ
ひじ elbow ➡ 팔꿈치 パルクムチ
美術館 art gallery ➡ 미술관 ミスルグァン
秘書 secretary ➡ 비서 ピソ
非常階段 emergency stairs ➡ 비상계단 ピサンケダン
非常口 emergency exit ➡ 비상구 ピサング
美人 beauty ➡ 미인 ミイン
左 left ➡ 왼쪽 ウェンチョク

日本語	韓国語	読み
ひっかきキズ scratch	긁힌상처	クルギン サンチョ
日付 date	날짜	ナルチャ
羊 mutton	양	ヤン
ヒップ hip	힙	ヒプ
必要書類 necessary documents	필요서류	ピリョソリュ
必要とする need	필요로 하다	ピリョロ ハダ
人 human	사람	サラム
ひどい terrible	심하다	シマダ
等しい equal	같다	カッタ
ひとりで alone	혼자서	ホンジャソ
ひとり部屋 single room	독방	トゥバン
非難 blame	비난	ピナン
日の入り sunset	일몰	イルモル
日の出 sunrise	일출	イルチュル
皮膚科 dermatology	피부과	ピブグァ
暇な free	한가한	ハンガハン
秘密 secret	비밀	ピミル
日焼け suntan / sunburn	햇볕에 그을리다	ヘッピョテ クウルリダ
費用 expenses	비용	ピヨン
美容院 beauty salon	미장원	ミジャンウォン
病院 hospital	병원	ピョンウォン
評価する estimate	평가하다	ピョンガハダ
病気の sick / ill	병	ピョン
表現する express	표현하다	ピョヒョナダ
表示 indication	표시	ピョシ
美容師 beautician	미용사	ミヨンサ
標準 standard	표준	ピョジュン
ピル（経口避妊薬） pill	경구 피임약	キョング ピイムミャク
ビール beer	맥주	メクチュ
昼休み lunch break	점심시간	チョムシム シガン
広い wide	넓다	ノルダ
広げる spread	펼치다	ピョルチダ
広場 open space	광장	クァンジャン
ビン bottle	병	ピョン
貧血 anemia	빈혈	ピニョル
便名 flight number	편명	ピョンミョン
品目 item	품목	プンムク

ふ

日本語	韓国語	読み
封筒 envelope	봉투	ポントゥ
フォーマルな formal	형식적인	ヒョンシク ジョギン
深い deep	깊다	キプタ
吹く blow	불다	プルダ
拭く wipe	닦다	タクタ
フグ swellfish	복어	ポゴ
複雑な complex / complicated	복잡한	ポクジャパン
福祉 welfare	복지	ポクジ
腹痛 stomachache	복통	ポクトン
含む include	포함하다	ポハマダ
部署 division	부서	プソ
婦人科 gynecology	산부인과	サンブイングァ
防ぐ prevent	방지하다	パンジハダ
舞台 stage	무대	ムデ
再び again	다시	タシ
豚肉 pork	돼지고기	テジコギ
ふたり部屋 twin room	트윈룸	トゥウィンルム
普段着 casual clothes	평상복	ピョンサンボク
部長 manager	부장	プジャン
ブーツ boots	부츠	プチュ
普通の ordinary	보통의	ポトンエ
普通の町 ordinary town	평범한 마을	ピョンボマン マウル
物価 price of commodities	물가	ムルカ
二日酔い hangover	숙취	スクチ
仏教 Buddhism	불교	プルギョ
物品 article	물품	ムルプム
ブティック boutique	부티크	プティク
埠頭 pier	부두	プドゥ
ブドウ grapes	포도	ポド
不動産 real estate	부동산	プドゥンサン
不得意な be not good at	부득이한	プドゥギハン
太った fat	살찌다	サルチダ
船便 seamail	배편	ペピョン
船 boat / ship	배	ペ

吹雪 snowstorm → 눈보라 ヌンボラ

部分 part → 부분 プブン

不便な inconvenient → 불편한 プルピョナン

踏切 railroad crossing → 건널목 コンノルモク

冬 winter → 겨울 キョウル

冬休み winter vacation → 겨울방학 キョウル バンハク

フライパン frying pan → 프라이팬 プライペン

ブラシ brush → 솔 ソル

ブラジャー brassiere → 브래지어 プレジオ

プラスティック plastic → 플라스틱 プルラスティク

プラチナ platinum → 백금 ペックム

フラッシュ flash → 플러시 プルロシ

フラッシュ禁止 No Flashbulbs → 플러시 금지 プルロシ クムジ

プラットホーム platform → 플랫폼 プルレッポム

フリーター part-timer → 파트타임 パトタイム

古い old → 오래되다 オレデダ

古着 secondhand clothing → 헌옷 ホノッ

ブレーキ brake → 브레이크 プレイク

ブレザー blazer → 블레이저 プルレイジョ

ブレスレット bracelet → 팔찌 パルチ

触れる touch → 닿다 タッダ

風呂 bath → 목욕탕 モギョクタン

プロスポーツ選手 pro athlete → 프로 스포츠 선수 プロ スポチュ ソンス

ブローチ brooch → 브로치 プロチ

プロテスタント protestant → 프로테스탄트 プロテスタントゥ

フロント front desk / reception desk → 프런트 プロントゥ

雰囲気 atmosphere → 분위기 プヌィギ

文化 culture → 문화 ムヌァ

文学 literature → 문학 ムナク

文化交流 cultural exchange → 문화교류 ムヌァキョリュ

紛失証明書 lost report → 분실증명서 プンシル ジュンミョンソ

噴水 fountain → 분수 プンス

分析する analyze → 분석하다 プンソカダ

文房具屋 stationery store → 문구점 ムングジョム

文明 civilization → 문명 ムンミョン

へ

ヘアブラシ hairbrush → 헤어브러시 ヘオブロシ

ヘアブロー blow dry → 헤어블로 ヘオブルロ

平均 average → 평균 ピョンギュン

閉鎖的 exclusive → 폐쇄적 ペェセジョク

平和 peace → 평화 ピョンファ

ベスト vest → 베스트 ベストゥ

別料金 extra charge → 별도요금 ピョルドヨグム

ヘビ snake → 뱀 ペム

ベランダ veranda → 베란다 ベランダ

ベルト belt → 벨트 ベルトゥ

弁解 excuse → 변명 ピョンミョン

偏見 prejudice → 편견 ピョンギョン

変更 change → 변경 ピョンギョン

弁護士 lawyer → 변호사 ピョノサ

ベンチ bench → 벤치 ベンチ

弁当 box lunch → 도시락 トシラク

へんとうせん炎 tonsillitis → 편도선염 ピョンドソニョム

便秘 constipation → 변비 ピョンビ

返品する return → 반품하다 パンプムハダ

便利な convenient → 편리한 ピョルリハン

ほ

防衛 defense → 방위 パンウィ

貿易 trade → 무역 ムヨク

望遠鏡 telescope → 망원경 マンウォンギョン

方角／方向 direction → 방향 パンヒャン

法学 law → 법학 ポハク

帽子 hat → 모자 モジャ

宝石 jewel → 보석 ポソク

放送 broadcast → 방송 パンソン

包装する wrap → 포장하다 ポジャンハダ

包帯 bandage → 붕대 プンデ

防犯ベル burglar alarm / crime alarm → 방범벨 パンボムベル

方法 method / way → 방법 パンボプ

法律 law → 법률 ポムニュル

ボウル bowl → 볼 ポル

ホウレンソウ spinach → 시금치 シグムチ

日本語	English	韓国語	読み
ほかの	other	이외에	イウェエ
ポケット	pocket	포켓	ポケッ
保険	insurance	보험	ポホム
保険会社	insurance company	보험회사	ポホムフェサ
保護	protection	보호	ポホ
ほこり	dirt	먼지	モンジ
誇る	be proud of	자랑하다	チャランハダ
星	star	별	ピョル
欲しい	want	원하다	ウォナダ
保守	conservatism	보수	ポス
補償	compensation	보상	ポサン
保証金	deposit	보증금	ポジュングム
保証書	written guarantee	보증서	ポジュンソ
保証する	guarantee	보증하다	ポジュンハダ
ポスト	mail box	우체통	ウチェトン
ポーター	porter	짐꾼	チムックン
ボタン	button	단추	タンチュ
墓地	cemetery	묘지	ミョジ
ホテル	hotel	호텔	ホテル
ボート	boat	보트	ポトゥ
歩道	sidewalk / pavement	보도	ポド
ほとんど	almost	거의	コエ
骨	bone	뼈	ピョ
ほほ	cheek	볼	ポル
ほほえみ	smile	미소	ミソ
ホームステイ	home stay	홈스테이	ホムステイ
保養地	resort	리조트	リジョトゥ
ホラー映画	horror film	공포영화	コンポヨンファ
ボランティア	volunteer	자원 봉사자	チャウォン ポンサジャ
ポリエステル	polyester	폴리에스테르	ポルリエステル
ボールペン	ballpoint pen	볼펜	ポルペン
ホルモン（大腸）	colon	대창	テチャン
ポロシャツ	polo shirt	폴로 셔츠	ポルロシャチュ
本	book	책	チェク
本籍	permanent address	본적	ポンジョク
ほんとうに	really	정말로	チョンマルロ

日本語	English	韓国語	読み
本物の	real	진짜	チンチャ
本屋	bookstore	서점	ソジョム
翻訳する	translate	번역하다	ポニョカダ

ま

日本語	English	韓国語	読み
（パソコンの）マウス	mouse	마우스	マウス
前売券	advance ticket	예매권	イェメグォン
前金	deposit	선금	ソングム
曲がる	turn	휘다	フィダ
マグカップ	mug	머그컵	モグコプ
枕	pillow	베개	ペゲ
枕カバー	pillowcase	베개커버	ペゲコボ
マグロ	tuna	참치	チャムチ
孫	grandchild	손자	ソンジャ
真面目な	serious	성실한	ソンシラン
貧しい	poor	가난하다	カナナダ
待合室	waiting room	대합실	テハプシル
間違い	mistake	잘못	チャルモッ
間違った	wrong	틀리다	トゥルリダ
町役場	town hall	동사무소	トンサムソ
松	pine tree	소나무	ソナム
待つ	wait for	기다리다	キダリダ
まつ毛	eyelash	속눈썹	ソンヌンソプ
真っすぐな	straight	곧은	コドゥン
祭	festival	축제	チュクチェ
～まで	till / by	까지	カジ
窓ガラス	windowpane	유리창	ユリチャン
学ぶ	learn	배우다	ペウダ
マフラー	muffler	머플러	モプルロ
マメ	bean	콩	コン
麻薬	drug	마약	マヤク
まゆ	eyebrow	눈썹	ヌンソプ
丸い	round	둥근	トングン
満足する	be satisfied with	만족하다	マンジョカダ
真ん中	middle	중간	チュンガン
万年筆	fountain pen	만년필	マンニョンピル

み

料理図鑑 緊急事態 基本会話 入出国 移動 観光 ショッピング 宿泊 飲食 通信 交流 ピンチ 日韓辞書 韓日辞書 文法 50音順検索

見送る	see off / send off	배웅하다	ペウンハダ
右	right	오른쪽	オルンチョク
未婚	single	미혼	ミホン
岬	cape	갑	カプ
短い	short	짧다	チャルダ
湖	lake	호수	ホス
水玉	dot	물방울	ムルバンウル
店	shop	가게	カゲ
見せる	show	보이다	ポイダ
ミソ	bean paste	된장	テンジャン
道順	route	루트	ルトゥ
見つける	find	발견하다	パルギョナダ
認める	recognize	확인하다	ファギンハダ
港	harbor / port	항구	ハング
南	south	남쪽	ナムチョク
見習い	trainee	견습	キョンスプ
身分証明書	identification card	신분증명서	シンブンジュンミョンソ
耳	ear	귀	クィ
耳かき	earpick	귀이개	クィイゲ
脈搏	pulse	맥박	メクパク
みやげ品店	souvenir shop	토산품점	トサンプムジョム
魅力的	attractive	매력적	メリョクジョク
見る	see / look at / watch	보다	ポダ
民芸品	folkcraft	민예품	ミネェプム
民宿	private rental room	민숙 / 민박	ミンスク／ミンバク
民族	people / race	민족	ミンジョク
民族音楽	folk music	민족음악	ミンジョグマク
民俗酒場	Korean style pub	민속술집 / 주막	ミンソクスルチプ／チュマク
民族美術	ethnic art	민족미술	ミンジョクミスル
民俗舞踊	folk dance	민족무용	ミンジョクムヨン

む

無効	void	무효	ムヒョ
向こう側	opposite side	건너편	コンノピョン
無効の	invalid	무효의	ムヒョエ
虫	bug	벌레	ポルレ
無地	plain	무지	ムジ
無職	without job	무직	ムジク
蒸す	steam	찌다	チダ
難しい	difficult	어렵다	オリョプタ
息子	son	아들	アドゥル
娘	daughter	딸	タル
夢中になる	be crazy about	열중하다	ヨルジュンハダ
胸	chest	가슴	カスム
胸やけ	heartburn	가슴앓이	カスマリ
無謀な	reckless	무모한	ムモハン
村	village	마을	マウル

め

姪	niece	조카딸	チョカッタル
名所	famous spots	명소	ミョンソ
名声	fame	명성	ミョンソン
明瞭な	clean	명료	ミョンリョ
迷惑	nuisance	폐	ペェ
メガネ	glasses	안경	アンギョン
目薬	eye drops	안약	アニャク
目指す	aim at~	향하다	ヒャンハダ
目印	(land) mark	표시	ピョシ
メス	female	암컷	アムコッ
珍しい	unusual / strange	드물다	トゥムルダ
目立たない	not stand out	눈에 띄지않다	ヌネティジアンダ
目立つ	stand out	눈에 띄다	ヌネティダ
めまい	dizziness	현기증	ヒョンギジュン
メモ用紙	memo pad	메모용지	メモヨンジ
綿	cotton	면	ミョン
麺	noodle	국수 / 면	クケス／ミョン
免税店	tax free shop	면세품	ミョンセプム
免税の	duty (tax) free	면세	ミョンセ

も

申込書	application	신청서	シンチョンソ
毛布	blanket	담요	タムヨ
目的	purpose	목적	モクジョク
目的地	destination	목적지	モクジョクジ
目標	object	목표	モクピョ

日本語	韓国語	読み
餅 rice cake	떡	トク
持っている have / hold / keep	가지고 있다	カジゴ イッタ
持ってくる bring	가지고 오다	カジゴ オダ
もてなし hospitality	접대	チャプテ
モーテル motel	모텔	モテル
もみじ maple	단풍	タンプン
モモ peach	복숭아	ポクスンア
模様 pattern	모양	モヤン
最寄り駅 nearest station	가까운 역	カカウン ヨク
森 forest	숲	スプ
門 gate	문	ムン
門限 curfew	문 닫는 시간	ムン タンヌン シガン
問題 problem	문제	ムンジェ

や

日本語	韓国語	読み
やかん kettle	주전자	チュジョンジャ
(カルビ) 焼肉 Galbigui	갈비구이	カルビグイ
焼き増し additional print	복사 인화	ポクサ イヌァ
約 about	약	ヤク
焼く bake	굽다	クプタ
約束 appointment / promise	약속	ヤクソク
役に立つ useful	도움이 되다	トウミテダ
やけど burn	화상	ファサン
野菜 vegetable	야채	ヤチェ
やさしい easy	상냥하다	サンニョンハダ
優しい kind	친절하다	チンジョラダ
安い cheap / inexpensive	싸다	サダ
やせた thin	마르다	マルダ
家賃 rent	집세	チプセ
薬局 pharmacy	약국	ヤククク
宿屋 inn	숙소	スクソ
屋根 roof	지붕	チブン
山 mountain	산	サン
(会社を) 辞める quit	(회사를) 그만두다	(フェサルル) グマンドゥダ
柔らかい soft	부드럽다	プドゥロプタ

ゆ

日本語	韓国語	読み
湯 hot water	더운물	トウンムル
遊園地 amusement park	유원지	ユウォンジ
有効な valid / available	유효한	ユヒョハン
夕食 supper	저녁식사	チョニョク シクサ
郵送する mail / send	우송하다	ウソンハダ
郵便料金 postage	우편요금	ウピョンヨグム
有名な famous	유명한	ユミョンハン
遊覧 cruise	유람	ユラム
遊覧船 sightseeing boat	유람선	ユラムソン
有料道路 toll road	유료도로	ユリョドロ
床 floor	마루	マル
輸出 export	수출	スチュル
ユズ citron	유자	ユジャ
ユースホステル youth hostel	유스호스텔	ユスホステル
ゆっくりと slowly	천천히	チョンチョニ
輸入 import	수입	スイプ
指 finger	손가락	ソンガラク
ユーモア humor	유머	ユモ
緩い loose	느슨하다	ヌスナダ

よ

日本語	韓国語	読み
夜明け dawn	새벽	セビョク
よい good (better / best)	좋은	チョウン
要因 factor	요인	ヨイン
要求する demand / request	요구하다	ヨグハダ
ようじ toothpick	이쑤시개	イッスシゲ
用心 caution	주의	チュイ
幼稚園 kindergarten	유치원	ユチウォン
洋服ダンス wardrobe	옷장	オッチャン
余暇 leisure	여유	ヨユ
予期する expect	예상하다	イェサンハダ
浴室 bathroom	욕실	ヨクシル
浴槽 bathtub	욕탕	ヨクタン
横 side	옆	ヨプ
横になる lie down	눕다	ヌプタ
予算 budget	예산	イェサン
予定 schedule	예정	イェジョン
呼ぶ call	부르다	プルダ

日本語	韓国語	読み
予防注射 preventive shot	예방주사	イェバンジュサ
読む read	읽다	イクタ
予約 reservation / booking	예약	イェヤク
弱い weak	약하다	ヤカダ

ら

日本語	韓国語	読み
ラップ（音楽） rap	랩	レプ
ランドリールーム laundry room	빨래방	パレバン

り

日本語	韓国語	読み
理解する understand	이해하다	イヘハダ
陸 land	육지	ユクチ
陸軍 army	육군	ユククン
陸路 land route	육로	ユンノ
リス squirrel	다람쥐	タラムチ
立派な fine	훌륭한	フルリュンハン
理髪店 barbershop	이발소	イバルソ
リフト ski lift	리프트	リプトゥ
理由 reason	이유	イユ
流感 influenza	유감	ユガム
量 quantity	양	ヤン
両替所 money exchange	환전소	ファンジョンソ
料金 rate	요금	ヨグム
料金所 tollgate	요금 내는 곳	ヨグム　ネヌン　コッ
領事館 consulate	영사관	ヨンサグァン
領収証 receipt	영수증	ヨンスジュン
両親 parents	양친	ヤンチン
領土 territory	영토	ヨント
利用パス pass	패스	ペス
両方とも both	양쪽 다	ヤンチョク　タ
料理 dishes	요리	ヨリ
旅館 inn	여관	ヨグァン
旅券番号 passport number	여권번호	ヨグォンボノ
旅行 travel	여행	ヨヘン
旅行者 traveler / tourist	여행자	ヨヘンジャ
旅行代理店 travel agency	여행대리점	ヨヘン デリジョム
離陸 take off	이륙	イリュク
臨時休暇 special holiday	임시휴가	イムシヒュガ

る

日本語	韓国語	読み
ルームメイト roommate	룸메이트	ルムメイトゥ

れ

日本語	韓国語	読み
例 example	예	イェ
冷蔵庫 refrigerator	냉장고	ネンジャンゴ
冷暖房装置 air conditioner	냉난방장치	ネンナンバン ジャンチ
冷凍庫 freezer	냉동고	ネントンゴ
冷凍食品 frozen food	냉동식품	ネンドン シクプム
歴史的な historical	역사적인	ヨクサジョギン
レジ cash register	계산대	ケサンデ
レシート receipt	영수증	ヨンスジュン
レタス lettuce	양상치	ヤンサンチ
レバー（肝臓） liver	간	カン
練習 practice	연습	ヨンスプ
連続的な continuous	연속적인	ヨンソクジョギン
連絡する connect	하다	ヨルラカダ

ろ

日本語	韓国語	読み
ろうそく candle	촛불	チョップル
浪費 waste	낭비	ナンビ
ロッカー locker	로커	ロコ
ロック（音楽） rock	락	ラク
路地 alley	골목	コルモク
ロープウェイ ropeway	로프 웨이/케이블카	ロプウェイ／ケイブルカ

わ

日本語	韓国語	読み
沸かす boil	끓이다	クリダ
分ける divide	나누다	ナヌダ
輪ゴム rubber band / elastic	고무 밴드	コム　ペンドゥ
忘れる forget	잊다	イッタ
（置き）忘れる leave	잊다	イッタ
渡す hand over	건네주다	コンネジュダ
ワニ革 alligator	악어가죽	アゴガジュク
笑う laugh	웃다	ウッタ
割合 percentage	비율	ピユル
割り引き discount / reduction	할인	ハリン
悪い bad	나쁘다	ナプタ
湾 bay	만	マン

料理図鑑 緊急事態 基本会話 入出国 移動 観光 ショッピング 宿泊 飲食 通信 交流 ピンチ 日韓辞書 韓日辞書 文法 50音順検索

ㄱ

가게	カゲ	店
가격표	カギョクピョ	値札
가까운	カッカウン	近い
가끔	カックム	ときどき
가능한	カヌンハン	可能な
가다	カダ	行く
가득찬	カドゥクチャン	いっぱいの
가렵다	カリョプタ	かゆい
가르치다	カルチダ	教える
가방	カバン	カバン
가벼운	カビョウン	軽い
가수	カス	歌手
가슴	カスム	バスト／胸
가슴앓이	カスマリ	胸やけ
가위	カウィ	ハサミ
가을	カウル	秋
가죽	カジュク	革／皮
가지	カジ	ナス
가지고 있다	カジゴ イッタ	持っている
가치가 있다	カチガ イッタ	価値ある
간	カン	レバー（肝臓）
간단한	カンダナン	簡単な
간장	カンジャン	しょう油
갈비구이	カルビグイ	（カルビ）焼肉
갈아타다	カラタダ	乗り換え／乗り換える
감기	カムギ	風邪
감소하다	カムソハダ	減少する
감자	カムジャ	ジャガイモ
감증서	カムジュンソ	勘定書
갑자기	カプジャギ	突然に
값어치	カポチ	値打ち
갓난아기	カンナンアギ	赤ん坊
강	カン	川
같다	カッタ	等しい
같은	カットゥン	同じ
개인의	ケイネ	個人の
개찰구	ケチャルグ	改札口
거기	コギ	そこ
거리	コリ	距離
거스름돈	コスルムトン	つり銭
거울	コウル	鏡
거의	コイ	ほとんど
거절하다	コジョルハダ	断る
거짓말	コジンマル	嘘
거칠다	コチルダ	荒い
걱정하다	コクジョンハダ	心配する
건강한	コンガンハン	健康な
건너편	コンノピョン	向こう側
건네주다	コンネジュダ	渡す
건물	コンムル	建物
건조기	コンジョギ	乾燥機
걸어서	コロソ	徒歩で
게	ケ	カニ
겨울	キョウル	冬
겨울방학	キョウルバンハク	冬休み
견디다	キョンディダ	耐える
결과	キョルグァ	結果
결정하다	キョルジョンハダ	決定する
결혼	キョロン	結婚
경관	キョングァン	景色
경로	キョンノ	経路
경우	キョンウ	場合
경찰	キョンチャル	警察
계곡	ケゴク	渓谷
계단	ケダン	階段
계산대	ケサンデ	レジ
계산하다	ケサンハダ	計算する
계속하다	ケソカダ	続く
계획	ケホェク	計画
고등학교	コドゥンハクキョ	高校
고르다	コルダ	選ぶ

고상한	コサンハン	上品な
고생	コセン	苦労
고속도로	コソㇰドロ	高速道路
고장중	コジャンジュン	故障中
고적	コジョㇰ	旧跡
고추	コチュ	トウガラシ
고추장	コチュジャン	トウガラシミソ
고통	コトン	痛み
고향	コヒャン	故郷
곧	コッ	すぐに
곧은	コドゥン	真っすぐな
골동품	コㇽドンプㇺ	骨とう品
골목	コㇽモㇰ	路地
골절	コㇽジョㇽ	骨折
공사중	コンサジュン	工事中
공연	コンヨン	公演
공장	コンジャン	工場
공중전화	コンジュンジョヌァ	公衆電話
공항	コンハン	空港
과세	クァセ	課税
과자	クァジャ	菓子
관광	クァングァン	観光
관세	クァンセ	関税
관절을 삠	クァンジョルㇽ ピㇺ	捻挫
광고	クァンゴ	広告
광장	クァンジャン	広場
괜찮다	ケンチャンタ	大丈夫
교사	キョサ	教師
교섭하다	キョソㇷ゚ハダ	交渉する
교육	キョユㇰ	教育
교차로	キョチャロ	交差点
구급차	クグㇷ゚チャ	救急車
구두	クドゥ	靴
구멍	クモン	穴
구입하다	クイㇷ゚ハダ	購入する
구토	クト	嘔吐
국	クㇰ	スープ
국내선	クンネソン	国内線
국립	クンニㇷ゚	国立
국수	クㇰス	麺
국적	クㇰジョㇰ	国籍
국제선	クㇰジェソン	国際線
국제전화	クㇰジェジョヌァ	国際電話
굴	クㇽ	カキ（貝）
굽다	クㇷ゚タ	焼く
궁전	クンジョン	宮殿
궤양	クェヤン	潰瘍
귀	クィ	耳
귀걸이	クィコリ	イヤリング
귀금속	クィクㇺソㇰ	貴金属
귀엽다	クィヨㇷ゚タ	かわいい
귀중품	クィジュンプㇺ	貴重品
규제	キュジェ	既製の
규칙	キュチㇰ	規則
그것	クゴッ	それ
그것들	クゴッドゥㇽ	それら
그때	クッテ	そのとき／それから
그리고	クリゴ	そして
그리다	クリダ	描く
그림	クリㇺ	絵
그저께	クジョケ	おととい
극장	クㇰジャン	劇場
금연	クミョン	禁煙
금지하다	クㇺジハダ	禁止する
기간	キガン	期間
기념일	キニョミㇽ	記念日
기다리다	キダリダ	待つ
기름	キルㇺ	油
기분 나쁘다	キブン ナップダ	心地悪い
기분 좋다	キブン チョッタ	心地よい
기쁘다	キップダ	うれしい
기억하다	キオㇰハダ	覚えている

韓国語	読み	日本語
기업	キオプ	企業
기온	キオン	気温
기입하다	キイプハダ	記入する
기침	キチム	くしゃみ／咳
기혼	キホン	既婚の
기회	キフェ	機会
기후	キフ	気候
긴 소매	キン　ソメ	長そで
긴급	キングプ	緊急
김	キム	海苔
김밥	キムパプ	海苔巻き
김치	キムチ	キムチ
깁다	キプダ	縫う
깊다	キプタ	深い
까지	カジ	〜まで
깨우다	ケウダ	起こす
껌	コム	ガム
꽉 조이다	クァク チョイダ	きつい
꿀	クル	ハチミツ
끓이다	クリダ	沸かす
끝내다	クッネダ	終わる／終える

ㄴ

韓国語	読み	日本語
나누다	ナヌダ	分ける
나무	ナム	木
나쁘다	ナプタ	悪い
나사	ナサ	ねじ
난방	ナンバン	暖房
날다	ナルダ	飛ぶ
날씨	ナルシ	天気
날짜	ナルチャ	日付
날카롭다	ナルカロプタ	鋭い
남자／남성의	ナムジャ／ナムソンエ	男／男性の
남쪽	ナムチョク	南
낮은	ナジュン	低い
내과	ネグァ	内科
내리다	ネリダ	（乗物から）降りる
내용	ネヨン	内容
내장	ネジャン	内臓
냄비	ネムビ	鍋
냄새가 나다	ネムセガナダ	匂う／臭う
냉장고	ネンジャンゴ	冷蔵庫
넓다	ノルダ	広い
노래방	ノレバン	カラオケボックス
노력	ノリョク	努力
논	ノン	田んぼ
놀라다	ノルラダ	驚く
놓다	ノッタ	置く
누구	ヌグ	誰
누군가	ヌグンガ	誰か
눈물	ヌンムル	涙
눈썹	ヌンソプ	まゆ
눕다	ヌプタ	横になる
느슨하다	ヌスナダ	緩い
늦다	ヌッタ	遅い（時間）／遅れる

ㄷ

韓国語	読み	日本語
다르다	タルダ	違う
다리	タリ	脚／橋
다시	タシ	再び
다음의	タウメ	次の
다치다	タチダ	ケガをする
닦다	タッタ	拭く
단단하다	タンダンハダ	固い
단순한	タンスナン	単純な
단점	タンジョム	短所
단추	タンチュ	ボタン
닫다	タッタ	閉める／閉まる
달	タル	月
달다	タルダ	甘い
달리다	タルリダ	走る
닭고기	タクコギ	鶏肉
닮았다	タルマッタ	似た
담배	タンベ	タバコ

담요	タムヨ	➡ 毛布
당기다	タンギダ	➡ 引く
당뇨병	タンニョビョン	➡ 糖尿病
닿다	タッタ	➡ 触れる
대답하다	テダパダ	➡ 答える
대사관	テサグァン	➡ 大使館
대창	テチャン	➡ ホルモン（大腸）
대통령	テドンリョン	➡ 大統領
대학생	テハクセン	➡ 大学生
대합실	テハプシル	➡ 待合室
더럽다	トロプタ	➡ 汚い
더운물	トウンムル	➡ 湯
더하다	トハダ	➡ 加わる
덜익은	トリグン	➡ 生の
덥다	トプタ	➡ 熱い／暑い
도둑	トドゥク	➡ 泥棒
도로	トロ	➡ 道路
도망가다	トマンガダ	➡ 逃げる
도시락	トシラク	➡ 弁当
도심	トシム	➡ 都心
도움이 되다	トウミテダ	➡ 役に立つ
도자기	トジャギ	➡ 陶磁器
도착	トチャク	➡ 到着
독	トク	➡ 毒
독방	トクパン	➡ ひとり部屋
독서	トクソ	➡ 読書
독신의	トクシネ	➡ 独身
독특한	トクトゥガン	➡ 独特な
돌아가다	トラガダ	➡ 帰る
돕다	トプタ	➡ 助ける
동굴	トングル	➡ 洞窟
동봉하다	トンボンハダ	➡ 同封する
동양	トンヤン	➡ 東洋
동쪽	トンチョク	➡ 東
돼지고기	テジコギ	➡ 豚肉
되다	テダ	➡ なる
된장	テンジャン	➡ ミソ
두껍다	トゥコップタ	➡ 厚い
두드러기	トゥドゥロギ	➡ じんましん
두 배	トゥベ	➡ 2倍
두통	トゥトン	➡ 頭痛
둔하다	トゥンハダ	➡ 鈍い
둥근	トゥングン	➡ 丸い
드물다	トゥムルダ	➡ 珍しい
듣다	トゥッタ	➡ 聞く
들어가다	トゥロカダ	➡ 入る
등	トゥン	➡ 背中
등기	トゥンギ	➡ 書留
등록	トゥンノク	➡ 登録
따뜻하게 하다	タトゥッハゲハダ	➡ 暖める
따뜻한	タトゥッタン	➡ 暖かい
딸	タル	➡ 娘
땀	タム	➡ 汗
떠나다	トナダ	➡ 去る
떠오르다	トオルダ	➡ 昇る
떡	トク	➡ 餅
떨어뜨리다	トルロットゥリダ	➡ 落とす

ㄹ

로션	ロション	➡ 乳液
립스틱	リプステク	➡ 口紅

ㅁ

마	マ	➡ 麻
마늘	マヌル	➡ ニンニク
마루	マル	➡ 床
마르다	マルダ	➡ やせた
마시다	マシダ	➡ 飲む
마약	マヤク	➡ 麻薬
마을	マウル	➡ 村
마음이 맞다	マウミ マッタ	➡ 気が合う
막걸리	マクコルリ	➡ ドブロク
막대한	マクテハン	➡ 莫大な
막차	マクチャ	➡ 終電

韓国語	読み	日本語
만나다	マンナダ	会う（迎える）
만들다	マンドゥルダ	作る
만족하다	マンジョカダ	満足する
만족한	マンジョカン	得意な
많은	マヌン	たくさんの
말	マル	馬
말하다	マルハダ	言う
맑다	マルクタ	晴れた
맛	マッ	味
맛있다	マシッタ	おいしい
맞다	マッタ	（サイズが）合う
맡다	マッタ	引き受ける
매력적	メリョクジョク	魅力的
매우	メウ	大変に
매장염	メジャンヨム	盲腸／虫垂炎
맥주	メクチュ	ビール
맵다	メプタ	辛い
머리	モリ	髪
먹다	モクタ	食べる
먼	モン	遠い
멋있다	モシッタ	カッコイイ
멋진	モッチン	すてきな
면	ミョン	綿
면	ミョン	麺
면도칼	ミョンドカル	カミソリ
면세	ミョンセ	免税の
명료	ミョンリョ	明瞭な
명소	ミョンソ	名所
몇 개	ミョッケ	いくつか
모기	モギ	蚊
모래	モレ	砂
모양	モヤン	形／模様
모으다	モウダ	集める
모자	モジャ	帽子
모피	モピ	毛皮
목	モク	のど／首
목걸이	モクコリ	ネックレス
목소리	モクソリ	声
목욕탕	モギョクタン	風呂
목적	モクジョク	目的
목표	モクピョ	目標
몸	モム	体
무겁다	ムゴプタ	重い
무릎	ムルプ	ひざ
무엇	ムオッ	何
무지	ムジ	無地
무지개	ムジゲ	虹
무효	ムヒョ	無効
묶다	ムクタ	縛る
문	ムン	門／扉
문어	ムノ	タコ
문제	ムンジェ	問題
문학	ムナク	文学
문화	ムヌァ	文化
물가	ムルカ	物価
물품	ムルプム	物品
미술관	ミスルグァン	美術館
미안하다	ミアナダ	すまない
미인	ミイン	美人
미장원	ミジャンウォン	美容院
미혼	ミホン	未婚
민숙 / 민박	ミンスク／ミンバク	民宿
민족무용	ミンジョクムヨン	民族舞踊
민족음악	ミンジョグウマク	民族音楽
밀가루	ミルカル	小麦粉
밀다	ミルダ	押す
밑바닥	ミッパダク	底

ㅂ

韓国語	読み	日本語
바구니	パグニ	かご
바꾸다	パクダ	取り換える
바늘	パヌル	針
바다	パダ	海

韓国語	読み	日本語
바람	パラム	風
바쁘다	パプダ	忙しい
바위	パウィ	岩
바지	パジ	ズボン
박물관	パンムルグァン	博物館
반	パン	半分
반감	パンガム	反感
반대측의	パンデチュゲ	反対側の
반도	パンド	半島
반복하다	パンボクハダ	繰り返す
반창고	パンチャンゴ	ばんそうこう
반팔	パンパル	半そで
반품하다	パンボカダ	返品する
받는사람	パッヌンサラム	受取人
받다	パッタ	受け取る
발	パル	足
발견하다	パルギョナダ	見つける
발행	パレン	発行
밝은	パルグン	明るい
밤	パム	クリ
밤	パム	晩
밥	パプ	ご飯
방문하다	パンムンハダ	訪れる／尋ねる
방법	パンボプ	方法
방송	パンソン	放送
방지하다	パンジハダ	防ぐ
방해하다	パンヘハダ	邪魔する
방향	パンヒャン	方角／方向
배	ペ	ナシ
배	ペ	船
배달하다	ペダルハダ	配達する
배우다	ペウダ	学ぶ
배웅하다	ペウンハダ	見送る
배편	ペピョン	船便
백금	ペククム	プラチナ
백화점	ペックァジョム	デパート
뱀	ペム	ヘビ
버스터미널	ポストミノル	バスターミナル
번역하다	ポニョガダ	翻訳する
번화가	ポヌァガ	繁華街
벌레	ポルレ	虫
벌써	ポルッソ	すでに
범위	ポミ	範囲
범죄	ポムジェ	犯罪
벗다	ポッタ	脱ぐ
베개	ペゲ	枕
벨트	ペルトゥ	ベルト
벽	ピョク	壁
변경	ピョンギョン	変更
변명	ピョンミョン	弁解
변비	ピョンビ	便秘
별도요금	ピョルドヨグム	別料金
병	ピョン	ビン
병	ピョン	病気の
병따개	ピョンタゲ	栓抜き
병원	ピョンウォン	病院
보관함	ポグァンハム	(コイン)ロッカー
보내다	ポネダ	送る／届ける
보다	ポダ	見る
보도	ポド	歩道
보석	ポソク	宝石
보이다	ポイダ	見せる
보증금	ポジュングム	保証金
보통의	ポトンエ	普通の
보험	ポホム	保険
복사 인화	ポクサイヌァ	焼き増し
복숭아	ポクスンア	モモ
복어	ポゴ	フグ
복잡한	ポクジャパン	複雑な
복통	ポクトン	腹痛
볶다	ポクタ	炒める
봄	ポム	春

韓国語	読み	日本語
봉투	ポントウ	封筒
부끄럽다	プックロㇷ゚タ	恥ずかしい
부드럽다	プドゥロㇷ゚タ	柔らかい
부득이한	プドゥギハン	不得意な
부르다	プルダ	呼ぶ
부모	プモ	親
부분	プブン	部分
부상	プサン	ケガ
부수다	プスダ	壊す／壊れる
부엌	プオㇰ	台所
북쪽	プㇰチョㇰ	北
북한	プッカン	北朝鮮
분실물취급소	プンシㇽムㇽチェグㇷ゚ソ	遺失物取扱所
분실증명서	プンシㇽジュンミョンソ	紛失証明書
분위기	プヌィギ	雰囲気
불다	プㇽダ	吹く
불편한	プㇽピョナン	不便な
불평하다	プㇽピョンハダ	苦情を言う
붓다	プッタ	注ぐ
붕대	プンデ	包帯
비난	ピナン	非難
비누	ピヌ	石けん
비밀	ピミㇽ	秘密
비밀번호	ピミㇽボノ	暗証番号
비상구	ピサング	非常口
비싸다	ピッサダ	（値段が）高い
비용	ピヨン	費用
비율	ピユㇽ	割合
비행기멀미	ピヘンギモㇽミ	飛行機酔い
빈	ピン	空きの／空の
빈방	ピンバン	空き部屋
빈차	ピンチャ	空車
빈혈	ピニョㇽ	貧血
빌려주다	ピㇽリョジュダ	貸す
빌리다	ピㇽリダ	借りる
빠르다	パㇽダ	早い／速い
뼈	ピョ	骨

ㅅ

韓国語	読み	日本語
사거리	サゴリ	十字路／交差点
사건	サゴン	事件
사고	サゴ	事故
사과하다	サグァハダ	謝る
사다	サダ	買う
사람	サラㇺ	人
사용중	サヨンジュン	使用中
사용하다	サヨンハダ	使う
사장	サジャン	社長
사적	サジョㇰ	史跡
사전	サジョン	辞書
사정	サジョン	事情
사진	サジン	写真
사촌	サチョン	いとこ
사치스러운	サチスロウン	贅沢な
사회	サフェ	社会
산	サン	山
산부인과	サンブイングァ	産婦人科
살다	サㇽダ	住む／生きる
상급	サングㇷ゚	上級
상냥하다	サンニョンハダ	やさしい
상단	サンダン	上段
상담하다	サンダㇺハダ	相談する
상상하다	サンサンハダ	想像する
상세	サンセ	詳細
상인	サンイン	商人
상자	サンジャ	箱
상점가	サンジョㇺガ	商店街
상하다	サンハダ	腐る
상황	サンファン	状況
새우	セウ	エビ
새해	セヘ	正月
생각나다	センガㇰナダ	思う／考える
생년월일	センニョンウォリㇽ	生年月日

料理図鑑 緊急事態 基本会話 入出国 移動 観光 ショッピング 宿泊 飲食 通信 交流 ピンチ 日韓辞書 韓日辞書 文法 50音順検索

생리용품	センニ ヨンプム	➡ 生理用品
생선	センソン	➡ 魚
샴푸	シャムプ	➡ シャンプー
서다	ソダ	➡ 立つ
서류	ソリュ	➡ 書類
서명	ソミョン	➡ 署名
서비스료	ソビスリョ	➡ サービス料
서점	ソジョム	➡ 本屋
서쪽	ソチョク	➡ 西
선금	ソングム	➡ 前金
선명한	ソンミョン ハン	➡ 鮮やかな
선물	ソンムル	➡ 贈り物
설명	ソルミョン	➡ 説明
설사	ソルサ	➡ 下痢
설사멈추는 약	ソルサモム チュヌン ヤク	➡ 下痢止め
설사약	ソルサヤク	➡ 下剤
설탕	ソルタン	➡ 砂糖
섬	ソム	➡ 島
성	ソン	➡ 姓
성급함	ソングパム	➡ 短気
성별	ソンビョル	➡ 性別
성실한	ソンシラン	➡ 真面目な
성장하다	ソンジャン ハダ	➡ 成長する
세관	セグァン	➡ 税関
세금	セグム	➡ 税金
세제	セジェ	➡ 洗剤
세탁	セタク	➡ 洗濯
셔츠	ショチュ	➡ シャツ
소	ソ	➡ 牛
소가죽	ソカジュク	➡ 牛革
소개하다	ソゲハダ	➡ 紹介する
소독약	ソドンヤク	➡ 消毒薬
소매	ソメ	➡ そで
소매치기	ソメチギ	➡ スリ
소방서	ソバンソ	➡ 消防署
소비자	ソビジャ	➡ 消費者

소포	ソポ	➡ 小包
소화기	ソファギ	➡ 消火器
소화불량	ソファ ブルリャン	➡ 消化不良
속달	ソクタル	➡ 速達
속옷	ソゴッ	➡ 下着
손가락	ソンガラク	➡ 指
손수건	ソンスゴン	➡ ハンカチ
손자	ソンジャ	➡ 孫
솔	ソル	➡ ブラシ
솔직한	スルジカン	➡ 率直な
송영	ソンヨン	➡ 送迎
쇠고기	セコギ	➡ 牛肉
수	ス	➡ 数
수단	スダン	➡ 手段
수도	スド	➡ 首都
수리	スリ	➡ 修理
수면제	スミョンジェ	➡ 睡眠薬
수수료	ススリョ	➡ 手数料
수수한	ススハン	➡ 地味な
수술	ススル	➡ 手術
수제의	スジェエ	➡ 手製の
수화물	スファムル	➡ 手荷物
수화물 인환증	スファムル イヌァンジュン	➡ 荷物預かり証
숙모	スクモ	➡ 伯母／叔母
숙박객	スクパクケク	➡ 宿泊客
숙부	スクプ	➡ 伯父／叔父
숙취	スクチ	➡ 二日酔い
순수한	スンスハン	➡ 純粋な
숟가락	スッカラク	➡ スプーン／匙
숨	スム	➡ 息
숨기다	スムギダ	➡ 隠す
숲	スプ	➡ 森／林
슈퍼마켓	シュポマケッ	➡ スーパー マーケット
스웨터	スウェト	➡ セーター
슬프다	スルプダ	➡ 悲しい
습관	スプグァン	➡ 習慣

料理図鑑 緊急事態 基本会話 入出国 移動 観光 ショッピング 宿泊 飲食 通信 交流 ピンチ 日韓辞書 韓日辞書 文法 50音順検索

韓国語	読み	日本語
습도	スプト	湿度
승객	スンゲク	乗客
승마	スンマ	乗馬
시	シ	市
시간	シガン	時間
시간표	シガンピョ	時刻表
시계	シゲ	時計
시골	シゴル	いなか
시끄럽다	シックロプダ	うるさい
시내	シネ	市内
시다	シダ	すっぱい
시원하다	シウォンハダ	涼しい
시작하다	シジャッカダ	始まる／始める
시장	シジャン	市場
시차	シチャ	時差
시청	シチョン	市役所
시험하다	シホマダ	試す
식당	シクダン	食堂
식료품	シンニョプム	食料品
식사	シクサ	食事
식욕	シギュク	食欲
식중독	シクジュンドク	食あたり
식초	シクチョ	酢
신경통	シンギョントン	神経痛
신고하다	シンゴハダ	申告する
신발	シンバル	履き物
신발끈	シンバルクン	靴ひも
신분증명서	シンブンジュンミョンソ	身分証明書
신사복	シンサボク	背広
신청서	シンチョンソ	申込書
신청하다	シンチョンハダ	申請する
신호	シノ	信号
실	シル	糸
실제로	シルジェロ	実際に
실크	シルク	絹
실패	シルペ	失敗
심장	シムジャン	心臓
심하다	シマダ	ひどい
싸다	サダ	安い
싸다	サダ	包む
쓰다	スダ	苦い
쓰다	スダ	書く
쓰레기	スレギ	ゴミ

ㅇ

韓国語	読み	日本語
아들	アドゥル	息子
아마	アマ	たぶん
아침식사	アチムシクサ	朝食
아파트	アパトゥ	アパート
아프다	アプダ	痛む
악수하다	アクスハダ	握手する
악어가죽	アゴガジュク	ワニ革
안개	アンゲ	霧
안경	アンギョン	めがね
안과의사	アングァウェサ	眼科医
안내 (소)	アンネ（ソ）	案内（所）
안내자	アンネジャ	添乗員
안약	アニャク	目薬
안전벨트	アンジョンベルトゥ	安全ベルト
안전한	アンジョナン	安全な
앉다	アンダ	座る
알다	アルダ	知る
알레르기	アルレルギ	アレルギー
알리다	アルリダ	告知する／知らせる
알맞게	アルマッケ	ちょうど
야채	ヤチェ	野菜
약	ヤク	約
약	ヤク	薬
약국	ヤックク	薬局
약속	ヤクソク	約束
약하다	ヤカダ	弱い
얇다	ヤルタ	浅い・薄い（幅）
양말	ヤンマル	靴下

韓国語	読み	日本語
양상치	ヤンサンチ	レタス
양쪽 다	ヤンチョクタ	両方とも
양친	ヤンチン	両親
어깨	オッケ	肩
어느 것	オヌ ゴッ	どれ
어둡다	オドゥプタ	暗い
어디	オディ	どこ
어렵다	オリョプタ	難しい
어른	オルン	大人
어린이	オリニ	子供
어머니	オモニ	母
어울리다	オウルリダ	似合う
어패류	オペリュ	魚介類（食べ物）
언제	オンジェ	いつ
얼굴	オルグル	顔
얼다	オルダ	凍る
없어지다	オプソジダ	なくなる
엉성함	オンソンハム	おおざっぱ
여관	ヨグァン	旅館
여권번호	ヨグォンボノ	旅券番号
여기	ヨギ	ここ
여러가지의	ヨロカジエ	いろいろな
여름방학	ヨルム バンハク	夏休み
여자／여성의	ヨジャ ／ヨソンエ	女／女性の
여행	ヨヘン	旅行
역	ヨク	駅
연기하다	ヨンギハダ	延期する
연락하다	ヨルラカダ	連絡する
연장	ヨンジャン	延長
열	ヨル	熱
열다	ヨルダ	開ける
열쇠	ヨルセ	鍵
열중하다	ヨルジュン ハダ	夢中になる
염증	ヨムジュン	炎症
영사관	ヨンサグァン	領事館
영수증	ヨンスジュン	領収証
영업	ヨンオプ	営業
영화	ヨンファ	映画
엳다	ヨッタ	薄い（色）
옆	ヨプ	横
예	イェ	例
예매권	イェメグォン	前売券
예쁜	イェップン	きれいな
예상하다	イェサンハダ	予期する
예약	イェヤク	予約
예정	イェジョン	予定
오래되다	オレデダ	古い
오르다	オルダ	登る
오른쪽	オルンチョク	右
오리	オリ	アヒル
오이	オイ	キュウリ
오전	オジョン	午前
오징어	オジンオ	イカ
오후	オフ	午後
온돌방	オンドルバン	オンドル部屋
온천	オンチョン	温泉
올리다	オルリダ	上げる
옳다	オルダ	正しい
왕복	ワンボク	往復
왜	ウェ	何故
왜냐하면	ウェニャ ハミョン	何故ならば
외과	ウェグァ	外科
외국인	ウェグギン	外国人
외치다	ウェチダ	叫ぶ
왼쪽	ウェンチョク	左
요금	ヨグム	料金
요리	ヨリ	料理
욕실	ヨクシル	浴室
욕탕	ヨクタン	浴槽
우산	ウサン	雨傘
우산	ウサン	傘
우송하다	ウソンハダ	郵送する

韓国語	読み	日本語
우연히	ウヨニ	偶然に
우체통	ウチェトン	ポスト
우편요금	ウピョン ヨグム	郵便料金
우표	ウピョ	切手
운반하다	ウンバナダ	運ぶ
운임	ウニム	運賃
운전기사	ウンジョン ギサ	運転手
울다	ウルダ	泣く
웃다	ウッタ	笑う
원인	ウォニン	原因
원하다	ウォナダ	欲しい
위	ウィ	胃
위대한	ウィデハン	偉大な
위장약	ウィジャン ヤク	胃腸薬
위조품	ウェジョプム	偽物
위험	ウィホム	危険
유감	ユガム	流感
유람	ユラム	遊覧
유료도로	ユリョドロ	有料道路
유리창	ユリチャン	窓ガラス
유명한	ユミョンハン	有名な
유원지	ユウォンジ	遊園地
유자	ユジャ	ユズ
유적	ユジョク	遺跡
유지하다	ユジハダ	保つ
유효한	ユヒョハン	有効な
육지	ユクチ	陸
음료수	ウムリョス	飲み物
의견	ウィギョン	意見
의심하다	ウェシムハダ	疑う
의자	ウィジャ	イス
이것	イゴッ	これ
이것들	イゴッドゥル	これら
이기다	イギダ	勝つ
이동하다	イドンハダ	移動する
이발소	イバルソ	理髪店

韓国語	読み	日本語
이빈후과의사	イビヌグァ ウィサ	耳鼻咽喉科医
이	イ	歯
이상한	イサンハン	異常な
이쑤시개	イッスシゲ	つまようじ
이야기	イヤギ	話
이외에	イウェエ	ほかの
이유	イユ	理由
이전에	イジョネ	かつて
이쪽의	イチョゲ	こちら側
이해하다	イヘハダ	理解する
인공의	インゴンエ	人工の
인구	イング	人口
인기있는	インギ インヌン	人気のある
인삼	インサム	(高麗) ニンジン
인상	インサン	印象
인형	イニョン	人形
일	イル	仕事
일기예보	イルギイェボ	天気予報
일반적인	イルバンジョ ギン	一般的な
일방통행	イルバン トンヘン	一方通行
일본총영사관	イルボンチョン ヨンサグァン	日本総領事館
일어나다	イロナダ	起きる／起こる
일품요리	イルプムヨリ	一品料理の
일하다	イラダ	働く
읽다	イクタ	読む
잃어버리다	イロボリダ	失う
임신	イムシン	妊娠
입	イプ	口
입구	イプグ	入口
입국	イプグク	入国
입국비자	イプグク ビジャ	入国ビザ
입국카드	イプグク カドゥ	入国カード
입금	イプグム	入金
입다	イプダ	着る
입어보다	イボボダ	試着する
입장	イプジャン	入場

입장료	イプジャンリョ	→ 入場料
잇다	イッタ	→ つなぐ
잊다	イッタ	→ (置き)忘れる／忘れる
ㅈ		
자다	チャダ	→ 寝る
자동차	チャドンチャ	→ 自動車
자동판매기	チャドンパンメギ	→ 自動販売機
자랑하다	チャランハダ	→ 誇る
자르다	チャルダ	→ 切る
자릿세	チャリッセ	→ 席料
자매	チャメ	→ 姉妹
자연	チャヨン	→ 自然
자원 봉사자	チャウォンボンサジャ	→ ボランティア
자전거	チャジョンゴ	→ 自転車
자전거임대	チャジョンゴイムデ	→ 貸自転車
자주	チャジュ	→ たびたび
자켓	チャケッ	→ 上着
작년	チャンニョン	→ 去年
작은 새	チャグン セ	→ 小鳥
잔돈	チャンドン	→ おつり／小銭
잘못	チャルモッ	→ 間違い
잘하는	チャラヌン	→ 上手な
잠들다	チャムドゥルダ	→ 眠る
잠옷	チャモッ	→ パジャマ
잡다	チャプタ	→ 取る
잡지	チャプジ	→ 雑誌
장갑	チャンガプ	→ 手袋
장거리 버스	チャンゴリボス	→ 長距離バス
장난감	チャンナンガム	→ おもちゃ
장농	チャンノン	→ タンス
장소	チャンソ	→ 場所
장점	チャンジョム	→ 長所
재능이 있다	チェヌンイイッタ	→ 才能がある
재떨이	チェットリ	→ 灰皿
재료	チェリョ	→ 材料
재미있다	チェミイッタ	→ おもしろい
재발행하다	チェバレンハダ	→ 再発行する
재빨리	チェッパルリ	→ 素早く
재확인하다	チェファギンハダ	→ 再確認する
저기	チョギ	→ あそこ
저녁식사	チョニョクシクサ	→ 夕食
저울	チョウル	→ はかり
적극적인	チョククジョギン	→ 積極的な
적당한	チョクタンハン	→ 適当な
적임	チョギム	→ 責任
전공	チョンゴン	→ 専攻
전기	チョンギ	→ 電気
전등	チョンドゥン	→ 電灯
전망대	チョンマンデ	→ 展望台
전문대학	チョンムンデハク	→ 短大
전방의	チョンバンエ	→ 前方の
전부	チョンブ	→ すべて／すべての
전언	チョノン	→ 伝言
전염병	チョニョムビョン	→ 伝染病
전지	チョンジ	→ 電池
전체	チョンチェ	→ 全体
전통적인	チョントンジョギン	→ 伝統的な
전화박스	チョヌァバクス	→ 電話ボックス
절	チョル	→ 寺
절약하다	チョリャカダ	→ 節約する
점심	チョムシム	→ 昼食
점심시간	チョムシムシガン	→ 昼休み
점원	チョムォン	→ 店員
접근	チョプグン	→ 接近
접다	チョプタ	→ 折る
접시	チョプシ	→ 皿
접착제	チョプチャクジェ	→ 接着剤
젓가락	チョッカラク	→ 箸
정류소	チョンリュソ	→ 停留所
정말로	チョンマルロ	→ ほんとうに
정면	チョンミョン	→ 正面
정보	チョンボ	→ 情報

韓国語	読み	日本語
정상	チョンサン	頂上
정상적인	チョンサンジョギン	正常な
정식	チョンシㇰ	定食
정신과의	チョンシングァイ	精神科医
정원	チョンウォン	庭
정중하게	チョンジュンハゲ	ていねいに
정직한	チョンジガン	正直な
정확하게	チョンホァㇰハゲ	正確に
제한	チェハン	制限
조개	チョゲ	貝
조건	チョゴン	条件
조금	チョグㇺ	少し
조르다	チョルダ	締める
조모	チョモ	祖母
조미료	チョミリョ	調味料
조부	チョブ	祖父
조사	チョサ	調査／検査
조사하다	チョサハダ	調べる
조용한	チョヨンハン	静かな
조정하다	チョジョンハダ	調整する
조직	チョジㇰ	組織
조카	チョカ	甥
존경하다	チョンギョンハダ	尊敬する
좁다	チョプタ	狭い
종류	チョンリュ	種類
종이	チョンイ	紙
좋아하다	チョアハダ	好き
좋은	チョウン	よい
좌석	チャソㇰ	座席
주다	チュダ	与える
주류	チュリュ	酒類
주문하다	チュムンハダ	注文する
주부	チュブ	主婦
주사	チュサ	注射
주소	チュソ	住所
주요한	チュヨハン	主要な
주유소	チュユソ	ガソリンスタンド
주의	チュイ	用心
주장하다	チュジャンハダ	主張する
주차하다	チュチャハダ	駐車する
주화	チュファ	硬貨
죽	チュㇰ	粥
준비	チュンビ	準備
줄다	チュルダ	縮む
중간	チュンガン	真ん中
중급	チュングㇷ゚	中級
중역	チュンヨㇰ	重役
중요한	チュンヨハン	重要な
중학교	チュンハㇰキョ	中学校
즐거운	チュルゴウン	楽しい
증가	チュンガ	増加
증거	チュンゴ	証拠
증명서	チュンミョンソ	証明書
증상	チュンサン	症状
지갑	チガㇷ゚	財布
지급／지불	チㇰㇷ゚／チブル	支払い
지급／지불하다	チㇰパダ／チブルハダ	支払う
지도	チド	地図
지름길	チルㇺギル	近道
지면	チミョン	地面
지방의	チバンエ	地方の
지배인	チベイン	支配人
지식	チシㇰ	知識
지역	チヨㇰ	地域
지적인	チジョギン	知的な
지정석	チジョンソㇰ	指定席
지폐	チペ	紙幣
지하	チハ	地下
지하철	チハチョル	地下鉄
직업	チゴㇷ゚	職業
직통버스	チㇰトンボス	直通バス
진짜	チンチャ	本物の

韓国語	読み	日本語
진찰	チンチャル	診察
진통제	チントンジェ	鎮痛剤
질	チル	質
질문	チルムン	質問
짐	チム	荷物
짐꾼	チムクン	ポーター
집	チプ	家
짙다	チッタ	濃い
짜다	チャタ	塩辛い
짧다	チャルダ	短い
찌개종류	チゲチョンニュ	鍋物
찌다	チダ	蒸す
찜질	チムジル	湿布

ㅊ

韓国語	読み	日本語
차	チャ	車
차	チャ	茶
착륙	チャンニュク	着陸
참기름	チャムキルム	ゴマ油
참치	チャムチ	マグロ
찾다	チャッタ	探す
책	チェク	本
처방전	チョバンジョン	処方せん
천둥	チョンドゥン	雷
천식	チョンシク	ぜん息
천천히	チョンチョニ	ゆっくりと
철사	チョルサ	針金
첫차	チョッチャ	始発電車
청결한	チョンギョラン	清潔な
청량음료	チョンリャンウムリョ	清涼飲料
청구서	チョングソ	請求書
청소	チョンソ	掃除
체온	チェオン	体温
체재하다	チェジェハダ	滞在する
체조	チェジョ	体操
초과	チョグァ	超過
초급	チョグプ	初級
초등학교	チョドゥンハッキョ	小学校
초밥	チョパプ	寿司
촛불	チョップル	ろうそく
촬영금지	チャリョンクムジ	撮影禁止
최근	チェグン	最近
최대의	チェデエ	最大の
최소의	チェソエ	最小の
추가의	チュガエ	追加の
축구	チュック	サッカー
축제	チュクチェ	祭
축하하다	チュッカハダ	祝う
출구	チュルグ	出口
출국카드	チュルグクカドゥ	出国カード
출발	チュルバル	出発
출발시간	チュルバルシガン	出発時刻
출입금지	チュリプクムジ	立入禁止
출혈	チュリョル	出血
춤추다	チュムチュダ	踊る
춥다	チュプタ	寒い
충분한	チュンブナン	充分な／充分に
충전	チュンジョン	(交通カードの)チャージ
취급주의	チェグプジュイ	取り扱い注意
취미	チミ	趣味
취소하다	チソハダ	取り消す
치과의사	チグァイサ	歯科医
치료하다	チリョハダ	治療する
치약	チヤク	歯みがき粉
치통	チトン	歯痛
친절하다	チンジョラダ	優しい
친절한	チンジョラン	親切な
친정	チンジョン	実家
친척	チンチョク	親戚
칫솔	チッソル	歯ブラシ

ㅋ

韓国語	読み	日本語
칼라	カルラ	えり
캔슬대기	ケンスルテギ	キャンセル待ち

料理図鑑
緊急事態
基本会話
入出国
移動
観光
ショッピング
宿泊
飲食
通信
交流
ピンチ
日韓辞書
韓日辞書
文法
50音順検索

韓国語	読み	日本語
커피숍	コピショプ	喫茶室
케이블카	ケイブルカ	ロープウェイ
코	コ	鼻
콘센트	コンセントゥ	コンセント
콩	コン	マメ
쾌적한	クェジョカン	快適な
크기	クギ	大きさ
크다	クダ	（背が）高い
큰	クン	大きい
큰길	クンキル	大通り
큰소리로	クンソリロ	大きな声で

ㅌ

韓国語	読み	日本語
타다	タダ	乗る
타박상	タバクサン	打ち身
타이어	タイオ	タイヤ
탑승	タプスン	搭乗
탑승구	タプスング	搭乗口
탑승권	タプスングォン	搭乗券
태권도	テクォンド	テコンドー
태도	テド	態度
태풍	テプン	台風
택시	テクシ	タクシー
토끼	トッキ	ウサギ
토산품점	トサンプムジョム	みやげ品店
토지	トジ	土地
토하다	トハダ	吐く
통과	トングァ	通過
통로쪽	トンノチュク	通路側
통역하다	トンヨカダ	通訳する
통행금지	トンヘングムジ	通行止め
통화	トンファ	通貨
트렁크	トゥロンク	トランク
트윈룸	トゥウィンルム	ふたり部屋
특별의	トゥクピョレ	特別の
특산물	トゥクサンムル	特産物
특징	トゥクジン	特徴
튼튼한	トゥントゥナン	丈夫な

ㅍ

韓国語	読み	日本語
파리	パリ	ハエ
판	パン	板
팔	パル	腕
팔꿈치	パルクムチ	ひじ
팔다	パルダ	売る
팔찌	パルチ	ブレスレット
펄	ポル	真珠
편견	ピョンギョン	偏見
편도선염	ピョンドソニョム	へんとうせん炎
편도	ピョンド	片道
편리한	ピョルリハン	便利な
편명	ピョンミョン	便名
펼치다	ピョルチダ	広げる
평화	ピョンファ	平和
폐	ペェ	迷惑
폐렴	ペェリョム	肺炎
포도	ポド	ブドウ
포장하다	ポジャンハダ	包装する
포켓	ポケッ	ポケット
포함하다	ポハマダ	含む
폭포	ポクポ	滝
표 파는 곳	ピョパヌンゴッ	切符売り場
표시	ピョシ	表示／目印
표준	ピョジュン	標準
표현하다	ピョヒョナダ	表現する
프런트	プロントゥ	フロント
플러시	プルロシ	フラッシュ
피	ピ	血
피곤한	ピゴナン	疲れた
피다	ピダ	咲く
피부과	ピブグァ	皮膚科
피하다	ピハダ	避ける
피혁제품	ピヒョクジェプム	皮革製品
필요서류	ピリョソリュ	必要書類

ㅎ

韓国語	読み	日本語
하늘	ハヌル	空
하다	ハダ	する
하단	ハダン	下段
한가한	ハンガハン	暇な
한국	ハングク	韓国
한기	ハンギ	寒気
한복	ハンボク	韓服（韓国の民族衣装）
한약	ハニャク	漢（韓）方薬
한옥	ハノク	韓屋（韓国の伝統家屋）
할인	ハリン	割り引き
할인하다	ハリンハダ	値引きする
함께	ハムケ	一緒に
항공권	ハンゴングォン	航空券
항공회사	ハンゴンフェサ	航空会社
항구	ハング	港
항상	ハンサン	いつも
해결	ヘギョル	解決
해안	ヘアン	海岸
해열제	ヘヨルジェ	解熱剤
해초	ヘチョ	海藻
행동	ヘンドン	行動
행사	ヘンサ	行事
행선지	ヘンソンジ	行き先
행운의	ヘンウネ	幸運な
향수	ヒャンス	香水
허가	ホガ	許可
허리	ホリ	腰／ウエスト
헤엄치다	ヘオムチダ	泳ぐ
혀	ヒョ	舌
현금	ヒョングム	現金
현기증	ヒョンギジュン	めまい
혈압	ヒョラプ	血圧
협력	ヒョプニョク	協力
형	ヒョン	型
형제	ヒョンジェ	兄弟
호박	ホバク	カボチャ
호텔	ホテル	ホテル
혼자서	ホンジャソ	ひとりで
혼합	ホンハプ	混合
화난	ホァナン	怒った
화려한	ファリョハン	派手な
화상	ファサン	やけど
화장수	ファジャンス	化粧水
화장실	ファジャンシル	トイレ
화장품	ファジャンプム	化粧品
화재	ファジェ	火事
확실히	ファクシリ	確かに
확인하다	ファギンハダ	確認する／認める
환락가	ファルラッガ	歓楽街
환불	ファンブル	払い戻し
환자	ファンジャ	患者
환전소	ファンジョンソ	両替所
활발	ファルバル	活発
회	フェ	刺身
회계	フェゲェ	会計
회복하다	フェボクハダ	回復する
회사	フェサ	会社
회사원	フェサウォン	会社員
회화	フェファ	会話
효과	ヒョグァ	効果
후방	フバン	後方
훌륭한	フルリュンハン	すばらしい／立派な
휘다	フィダ	曲がる
휴가	ヒュガ	休暇
휴게	ヒュゲ	休息
휴식	ヒュシク	休憩
휴지통	ヒュジトン	くずかご
흐림	フリム	曇り
흡연실	フビョンシル	喫煙室
흥미있는	フンミインヌン	興味深い
희망	ヒマン	希望

ハングルの読み方＆韓国語ミニ文法講座

韓国語の文字

「ハングル／한글」と呼ばれる表音文字。ハングルは文字の名前なので“ハングル語”という表現は誤りであることに注意。基本の母音字10、複合母音字11、子音字19を組み合わせて表記する。基本的な組み合わせ表の一部は総扉を参照。

読み方と発音

以下のカタカナ読みは説明用として、ゆっくりとした発音に基づいて表記。本文中のカタカナ表記とは異なっている場合があるので注意。

基本母音（短母音と半母音）

ㅏ	[ア]	口を大きく開けて“ア”	아가씨	アガッシ	お嬢さん
ㅑ	[ヤ]	口を大きく開けて“ヤ”	야구	ヤグ	野球
ㅓ	[オ]	口を大きく開けて“オ”	어머니	オモニ	お母さん
ㅕ	[ヨ]	口を大きく開けて“ヨ”	여행	ヨヘン	旅行
ㅗ	[オ]	唇を丸く突き出し、とがらせて“オ”	오후	オフ	午後
ㅛ	[ヨ]	唇を丸く突き出し、とがらせて“ヨ”	요리	ヨリ	料理
ㅜ	[ウ]	唇を丸く突き出し、とがらせて“ウ”	우유	ウユ	牛乳
ㅠ	[ユ]	唇を丸く突き出し、とがらせて“ユ”	유리	ユリ	ガラス
ㅡ	[ウ]	唇を平らにし、イと同じ形で“ウ”	으로	ウロ	～で
ㅣ	[イ]	口を横に引いて“イ”	이름	イルㇺ	名前

複合母音（二重母音）

ㅐ	[エ]	口を開いて“エ”＊1	애국	エグㇰ	愛国
ㅒ	[イェ]	口を開いて“イェ”	얘기	イェギ	話
ㅔ	[エ]	口を狭めて“エ”＊1	에서	エソ	～から、で
ㅖ	[イェ]	口を狭めて“イェ”	예술	イェスㇽ	芸術
ㅘ	[ワ]	w＋ㅏ	와인	ワイン	ワイン
ㅙ	[ウェ]	w＋ㅐ	왜성	ウェソン	倭城
ㅚ	[ウェ]	w＋ㅔ	외국	ウェグㇰ	外国
ㅝ	[ウォ]	w＋ㅓ	원	ウォン	ウォン（通貨単位）
ㅞ	[ウェ]	w＋ㅔ	웨딩	ウェディン	ウェディング
ㅟ	[ウィ]	w＋ㅣ	위	ウィ	上
ㅢ	[ウィ]	ㅡ＋ㅣ 唇を平らにし“ウィ”＊2	의자	ウィジャ	椅子

＊1　ㅐとㅔの区別は発音上ではほとんどなくなっている。
＊2　～のという意味のときはエ／ㅔ、語頭以外ではイ／ㅣと同じ発音になる。

子音（平音）

ㄱ［カ／ガ］語頭ではカ行の子音、語中ではガ行の子音、語尾では舌の背を軟口蓋に押さえつけて止め、母音を付けずに“ク”

가방	カバン	かばん	시간	シガン	時間
한국	ハングㇰ	韓国			

ㄴ ［ナ］ ナ行の子音、語尾では舌を口の天井に付けて“ン”（カンナのン）
노래 ノレ 歌 신문 シンムン 新聞

ㄷ ［タ／ダ］ 語頭ではタ行の子音、語中ではダ行の子音、語尾では詰まる音
도라지 トラジ キキョウ 바다 パダ 海
곧 コッ すぐ

ㄹ ［ラ］ ラ行の子音、語尾では舌を口の天井に付けて母音を付けずに“ル”
라면 ラミョン ラーメン 달 タル 月

ㅁ ［マ］ マ行の子音、語尾では唇を結んで母音を付けずに “ム”
마음 マウム 心

ㅂ ［パ／バ］ 語頭ではパ行の子音、語中ではバ行の子音、語尾では唇を結んで母音を付けずに “プ”
밥 パプ ご飯 신발 シンバル 履き物

ㅅ ［サ］ サ行の子音、語尾では詰まる音
소 ソ 牛 버섯 ポソッ キノコ

ㅇ ［ア］ 語頭では何も発音しない。語尾では舌の背を軟口蓋に付けて鼻に抜けさせて “ン” （ハンガのン）
여름 ヨルム 夏 공항 コンハン 空港

ㅈ ［チャ／ジャ］ 語頭ではチ、語中ではジ、語尾では詰まる音（ㄷの語尾と同じ）
지금 チグム 今 여자 ヨジャ 女子
낮 ナッ 昼

ㅎ ［ハ］ ハ行の子音、語尾では語尾では詰まる音（ㄷの語尾と同じ）
허리 ホリ 腰

子音（濃音＝のどを絞って発音）

ㄲ ［ッカ］ 語頭語中ともに濁らず、のどを絞めて “ッカ” （ザッカのカ）、語尾では語尾では詰まる音（ㄱの語尾と同じ）
까지 カジ ～まで

ㄸ ［ッタ］ 語頭語中ともに濁らず、のどを絞めて “ッタ” （バッタのタ）
떡 トック 餅

ㅃ ［ッパ］ 語頭語中ともに濁らず、のどを絞めて “ッパ” （カッパのパ）
오빠 オッパ お兄さん

ㅆ ［ッサ］ 語頭語中ともに濁らず、のどを絞めて “ッサ” （キッサのサ）
쌀 サル 米

ㅉ ［ッパ］［ッチャ］ 語頭語中ともに濁らず、のどを絞めて “ッチャ” （ボッチャンのチ）、語尾では語尾では詰まる音（ㄷの語尾と同じ）
찌개 チゲ 鍋料理

子音（激音＝息を出して発音）

ㅊ ［チャ］ 語頭語中ともに濁らず、息を強く出して “チ”、語尾では語尾では詰まる音（ㄷの語尾と同じ）
차 チャ 車 꽃 コッ 花

ㅋ ［カ］ 語頭語中ともに濁らず、息を強く出したカ行の子音、語尾では語尾では詰まる音（ㄱの語尾と同じ）
커피 コピ コーヒー 부엌 プオク 台所

ㅌ［タ］ 語頭語中ともに濁らず、息を強く出したタ行の子音、語尾では語尾では詰まる音（ㄷ の語尾と同じ）

태양	テヤン	太陽	밭	パッ	畑

ㅍ［パ］ 語頭語中ともに濁らず、息を強く出したパ行の子音、語尾では語尾では詰まる音（ㅂ の語尾と同じ）

파	パ	ネギ	앞	アプ	前

子音発音の注意

同じ子音でも語頭と語中、語末で発音が異なる。また、平音、濃音、激音の区別がある。平音は柔らかく発音する子音で、語頭の場合は無声音（日本語の清音または半濁音）に、語中では有声音（濁音）に発音する。濃音は息を出さずにのどを緊張させて出す子音。語頭でも語注でも濁らない。激音は息を強く出して発音する有気音で、語頭でも語中でも濁らない。音節が子音で終わるものを終声といい、口を閉鎖し母音を付けず、詰まる音に発音する。

ハングルのつづり方

子音と母音を組み合わせて、一字につづる。最高で4つの字母まで1字にすることができる。読む順番は左→右→左下→右下となる。

ㄱ(g)＋ㅏ(a)＝가 (ga)	街
ㄱ(g)＋ㅏ(a)+ㅇ(ng)＝강 (gang)	川

字母が4つ（2字終声）の場合、下の字母はどちらかを読むが、その原則は下記のとおり。

前の子音を読む→ ㅄ ㄳ ㄵ ㄶ ㄽ ㅀ ㄾ ㄼ

後ろの子音を読む→ ㄺ ㄿ ㄻ

ㄱ(g)＋ㅏ(a)+ㅂ(b)＋ㅅ(s)＝값（gab）	カプ	値段
ㄷ(d)＋ㅏ(a)+ㄹ(r)＋ㄱ(k)＝닭 (dag)	タク	鶏

ただし、2字終声のあとに母音で始まる助詞などが続く場合は、下の字母を両方読む。

닭이	タルギ	鶏が

特殊な読み方

終声のあとに母音が来る場合は、連続して発音する。

집이	×チプイ	○チビ	家が

書かれている字母の音どおりに読まない場合がある。代表的な例をいくつか挙げる。

합니다	×ハプニダ	○ハムニダ（本文ではハムミダ）	します
박물관	×パクムルグァン	○パンムルグァン	博物館
착륙	×チャクリュク	○チャンニュク	着陸
신라	×シンラ	○シルラ	新羅
실내	×シルネ	○シルレ	室内

文の作り方

日本語と同様、主語＋目的語＋動詞の語順となる。

나는 일본사람이에요.
ナヌン イルボンサラミエヨ　　私は日本人です。

저는 집에서 공부합니다.
チョヌン ジベソ コンブハムミダ　　私は家で勉強します。

ハムミダ体とヘヨ体

「です・ます」体と「だ・である」体の使い分けに似ているが、旅行会話ではどちらを使っても失礼にはならない。動詞の活用については規則どおりではない複雑な部分が多いので、各種韓国語入門書などを参照。

辞書形	하다	ハダ	する
	이다	イダ	だ
ハムミダ体	합니다	ハムミダ	します
	입니다	イムミダ	です
ヘヨ体	해요	ヘヨ	します
	에요	エヨ	です（語尾を下げて）
疑問の形			
ハムミダ体	입니까?	イムニッカ	ですか？
ヘヨ体	에요	エヨ	ですか?(語尾を上げて)
過去の形			
ハムミダ体	했습니다	ヘッスムニダ	しました
	없었습니다	オプソッスムミダ	ありませんでした
ヘヨ体	했어요	ヘッソヨ	しました
	있어요	イッソヨ	ありました
願望の形			
ハムニダ体	하고 싶습니다	ハゴシプスムミダ	したいです
ヘヨ体	하고 싶어요	ハゴシッポヨ	したいです
依頼と拒否の形			
ハムニダ体	하십시오	ハシプシオ	してください
ヘヨ体	하세요	ハセヨ	してください
ハムニダ体	하지 마십시오	ハジマシプシオ	しないでください
ヘヨ体	하지 마세요	ハジマセヨ	しないでください

漢字語＋하다

韓国語の中には漢字語が多く含まれており、漢字語に하다（ハダ／する）を付けて日本語のサ変動詞のように使うことができる。

사용 サヨン　使用＋하다　＝　사용하다 サヨンハダ　使用する

おもな助詞（てにをは）

は	는 / 은	ヌン／ウン	차는	チャヌン	車は
が	가 / 이	ガ／イ	차가 / 오늘이	チャガ／オヌリ	車が／今日が
を	를 / 을	ルル／ウル	차를 / 오늘을	チャルル／オヌルウル	車を 今日を
の	의	エ	차의	チャエ	車の
も	도	ド	차도	チャド	車も
に	에	エ	차에	チャエ	車に
で(場所)	에서	エソ	일본에서	イルボネソ	日本で
から	에서・부터	エソ・ブト (エソは場所、ブトは時間)	차에서 / 오늘부터	チャエソ／オヌルブト	車から／今日から
まで	까지	カジ	차까지	チャカジ	車まで
だけ	만	マン	차만	チャマン	車だけ
へ	로 / 으로	ロ／ウロ	차로 / 산으로	チャロ/サヌロ	車へ／山へ
で(手段)	로 / 으로	ロ／ウロ	차로 / 펜으로	チャロ／ペヌロ	車で／ペンで
と	하고・와 / 과	ハゴ・ワ／グァ (ハゴは口語)	차하고・차와 / 산과	チャハゴ・チャワ／サングァ	車と／山と
や	나 / 이나	ナ／イナ	차나 / 산이나	チャナ／サニナ	車や／山や

あ

い

か

き

く

さ

す

せ

料理図鑑
緊急事態
基本会話
入出国
移動
観光
ショッピング
宿泊
飲食
通信
交流
ピンチ
日韓辞書
韓日辞書
文法
50音順検索

ち

つ

て

と

な

に

料理図鑑
緊急事態
基本会話
入出国
移動
観光
ショッピング
宿泊
飲食
通信
交流
ピンチ
日韓辞書
韓日辞書
文法
50音順検索

ぬ

ね

の

は

へ

ほ

ま

ゆ

よ

ら

り

る

れ

ろ

わ

飛行機チケット購入メモ

□티켓구입 (チケット購入)

出発日 Year(年) Month(月) Date(日)
출발일 : 년/ 월/ 일

出発空港 到着空港
출발공항 : 도착공항 :

チケットの種類 利用クラス
티켓종류 : □편도 (片道) 이용클래스 : □이코노미 (エコノミー)
□왕복 (往復) □비지니스 (ビジネス)
□퍼스트 (ファースト)

チケット枚数 大人 子供
티켓장수 : 어른 어린이

その他要望
그외 요망사항 :

□티켓구입 (チケット購入)

出発日 Year(年) Month(月) Date(日)
출발일 : 년/ 월/ 일

出発空港 到着空港
출발공항 : 도착공항 :

チケットの種類 利用クラス
티켓종류 : □편도 (片道) 이용클래스 : □이코노미 (エコノミー)
□왕복 (往復) □비지니스 (ビジネス)
□퍼스트 (ファースト)

チケット枚数 大人 子供
티켓장수 : 어른 어린이

その他要望
그외 요망사항 :

□티켓구입 (チケット購入)

出発日 Year(年) Month(月) Date(日)
출발일 : 년/ 월/ 일

出発空港 到着空港
출발공항 : 도착공항 :

チケットの種類 利用クラス
티켓종류 : □편도 (片道) 이용클래스 : □이코노미 (エコノミー)
□왕복 (往復) □비지니스 (ビジネス)
□퍼스트 (ファースト)

チケット枚数 大人 子供
티켓장수 : 어른 어린이

その他要望
그외 요망사항 :

※このページを点線に沿って切り離し、使用してください。窓側希望は「창쪽」、通路側は「통로쪽」と「その他の要望」欄に記入。なお、韓国の国内線は全面禁煙です。

列車チケット購入メモ

☐티켓구입 **(チケット購入)**

出発日 Year (年) Month (月) Date (日)
출발일 : 년/ 월/ 일

乗車駅 (○○駅○時○分発) 降車駅
승차역 : 역 시 분발/하차역 :

列車の種類 (KTX/セマウル号/ムグンファ号/通勤列車)
열차종류 : ☐KTX ☐새마을호 ☐무궁화호 ☐통근열차

チケットの種類 利用クラス
티켓종류 : ☐편도 **(片道)** 이용클래스 : ☐특실 **特室 (グリーン車に相当)**
☐왕복 **(往復)** ☐일반실 **一般室 (普通車に相当)**
☐침대 (상단 / 하단)
寝台 (上段/下段)

チケット枚数 大人 子供
티켓장수: 어른 어린이

その他要望
그외 요망사항 :

☐티켓구입 **(チケット購入)**

出発日 Year (年) Month (月) Date (日)
출발일 : 년/ 월/ 일

乗車駅 (○○駅○時○分発) 降車駅
승차역 : 역 시 분발/하차역 :

列車の種類 (KTX/セマウル号/ムグンファ号/通勤列車)
열차종류 : ☐KTX ☐새마을호 ☐무궁화호 ☐통근열차

チケットの種類 利用クラス
티켓종류 : ☐편도 **(片道)** 이용클래스 : ☐특실 **特室 (グリーン車に相当)**
☐왕복 **(往復)** ☐일반실 **一般室 (普通車に相当)**
☐침대 (상단 / 하단)
寝台 (上段/下段)

チケット枚数 大人 子供
티켓장수: 어른 어린이

その他要望
그외 요망사항 :

☐티켓구입 **(チケット購入)**

出発日 Year (年) Month (月) Date (日)
출발일 : 년/ 월/ 일

乗車駅 (○○駅○時○分発) 降車駅
승차역 : 역 시 분발/하차역 :

列車の種類 (KTX/セマウル号/ムグンファ号/通勤列車)
열차종류 : ☐KTX ☐새마을호 ☐무궁화호 ☐통근열차

チケットの種類 利用クラス
티켓종류 : ☐편도 **(片道)** 이용클래스 : ☐특실 **特室 (グリーン車に相当)**
☐왕복 **(往復)** ☐일반실 **一般室 (普通車に相当)**
☐침대 (상단 / 하단)
寝台 (上段/下段)

チケット枚数 大人 子供
티켓장수: 어른 어린이

その他要望
그외 요망사항 :

※このページを点線に沿って切り離し、使用してください。韓国の鉄道は通勤列車を除き全席指定です。指定席が満席の場合、KTXでは自由席（자유석）、ムグンファ号では立席（입석）券を発売します。セマウル号は立席券を発売しません。

バスチケット購入メモ

□ 티켓구입 (チケット購入)

出発日 Year (年) Month (月) Date (日)
출발일 : 년/ 월/ 일

から まで
부터 까지

チケットの種類
티켓종류 : □ 편도 (片道)
□ 왕복 (往復)

利用クラス
이용클래스 : □ 우등고속 (優等高速)
□ 일반고속 (一般高速)
□ 시외버스 (市外バス)

チケット枚数 大人 子供
티켓장수 : 어른 어린이

その他要望
그외 요망사항 :

□ 티켓구입 (チケット購入)

出発日 Year (年) Month (月) Date (日)
출발일 : 년/ 월/ 일

から まで
부터 까지

チケットの種類
티켓종류 : □ 편도 (片道)
□ 왕복 (往復)

利用クラス
이용클래스 : □ 우등고속 (優等高速)
□ 일반고속 (一般高速)
□ 시외버스 (市外バス)

チケット枚数 大人 子供
티켓장수 : 어른 어린이

その他要望
그외 요망사항 :

□ 티켓구입 (チケット購入)

出発日 Year (年) Month (月) Date (日)
출발일 : 년/ 월/ 일

から まで
부터 까지

チケットの種類
티켓종류 : □ 편도 (片道)
□ 왕복 (往復)

利用クラス
이용클래스 : □ 우등고속 (優等高速)
□ 일반고속 (一般高速)
□ 시외버스 (市外バス)

チケット枚数 大人 子供
티켓장수 : 어른 어린이

その他要望
그외 요망사항 :

※このページを点線に沿って切り離し、使用してください。優等高速は3列シートの長距離バスです。深夜優等高速バス(심야우등고속버스)を運行している区間もあります(運賃は10％割増)。

パーソナルメモ

名前
이름

国籍
국적

住所
주소

電話番号
전화번호

生年月日
생년월일

年齢
연령

血液型
혈액형

緊急連絡先
긴급연락처

滞在中の連絡先
체재 중의 연락처

ホテル名
호텔명

TEL

パスポート番号

クレジットカード番号

トラベラーズチェック番号

海外旅行傷害保険番号

重要連絡先

・クレジットカード会社

・保険会社

・トラベラーズチェック発行会社

※知られてはいけないところはあえて韓国語を入れていません。

地球の歩き方 シリーズ年度一覧

2005年5月現在

地球の歩き方は1年～1年半で改訂されます。改訂時には価格が変わることがあります。表示価格は定価（税込）です。

●最新情報は、ホームページでもご覧いただけます。URL book.diamond.co.jp/arukikata/

地球の歩き方 トラベルライター（旅の文章）通信講座 開講中！詳しくはホームページで URL arukikata.co.jp/kouza/tabibun/

地球の歩き方 ●数字がふたつあるものは改訂版発行時に順次右側の新番号になります

A ヨーロッパ

番号	タイトル	年度	価格
A01	ヨーロッパ	2005～2006	￥1869
A02	イギリス	2004～2005	￥1764
A03	ロンドン	2005～2006	￥1659
A04	スコットランド	2005～2006	￥1764
A05	アイルランド	2004～2005	￥1722
A06	フランス	2005～2006	￥1764
A07	パリ&近郊の町	2005～2006	￥1764
A08	南仏プロヴァンスとコート・ダジュール&モナコ	2004～2005	￥1659
A09	イタリア	2005～2006	￥1764
A10	ローマ	2004～2005	￥1659
A11	ミラノ、ヴェネツィアと湖水地方	2004～2005	￥1659
A12	フィレンツェとトスカーナ	2005～2006	￥1659
A13	南イタリアとマルタ	2005～2006	￥1764
A14	ドイツ	2004～2005	￥1764
A15	ロマンティック街道とミュンヘン	2004～2005	￥1659
A17	ウィーンとオーストリア	2005～2006	￥1764
A18	スイス	2005～2006	￥1659
A19	オランダ／ベルギー／ルクセンブルク	2004～2005	￥1659
A20	スペイン	2005～2006	￥1764
A21	マドリッド トレドとスペイン中部	2004～2005	￥1659
A22	バルセロナ マヨルカ島とスペイン東部	2005～2006	￥1659
A23	ポルトガル	2004～2005	￥1659
A24	ギリシアとエーゲ海の島々&キプロス	2005～2006	￥1764
A25	中欧	2005～2006	￥1890
A26	チェコ／ポーランド／スロヴァキア	2005～2006	￥1764
A27	ハンガリー	2005～2006	￥1659
A28	ブルガリア／ルーマニア	2005～2006	￥1764
A29	北欧	2005～2006	￥1764
A30	バルトの国々	2005～2006	￥1764
A31	ロシア	2004～2005	￥1974
A32	シベリア&シベリア鉄道とサハリン	2005～2006	￥1869
10 A33	ヨーロッパのいなか	1999～2000	￥1722

B 南北アメリカ

番号	タイトル	年度	価格
B01	アメリカ	2004～2005	￥1869
B02	アメリカ西海岸	2005～2006	￥1764
B03	ロスアンゼルス	2005～2006	￥1764
B04	サンフランシスコ	2004～2005	￥1764
B05	シアトル&ポートランド	2005～2006	￥1764
B06	ニューヨーク	2005～2006	￥1764
B07	ボストン&ニューイングランド	2004～2005	￥1827
B08	ワシントンD.C.	2005～2006	￥1764
B09	アメリカ東部とフロリダ	2005～2006	￥1764
B11	シカゴ	2004～2005	￥1764
B12	アメリカ南部 アトランタ他	2004～2005	￥1764
B13	アメリカの国立公園	2005～2006	￥1869
B14	テーマで旅するアメリカの魅力的な町	2004～2005	￥1764
B15	アラスカ	2005～2006	￥1764
B16	カナダ	2004～2005	￥1764
B17	カナダ西部 カナディアン・ロッキーとバンクーバー	2004～2005	￥1659
B18	カナダ東部 ナイアガラと赤毛のアンの島	2005～2006	￥1659
B19	メキシコ	2004～2005	￥1869
B20	中米 グアテマラ他	2005～2006	￥1974
B21	ブラジル	2004～2005	￥2079
B22	アルゼンチン／チリ	2004～2005	￥2079
B23	ペルー	2004～2005	￥2079
B24	カリブ海の島々（バハマ、キューバ他）	2004～2005	￥1827

（75カリブ海 I、76カリブ海 II を合本）

C 太平洋&インド洋の島々&オセアニア

番号	タイトル	年度	価格
C01	ハワイ I オアフ島&ネイバーアイランド	2005～2006	￥1764
C02	ハワイ II マウイ島 ハワイ島 カウアイ島 モロカイ島 ラナイ島&ホノルル	2004～2005	￥1659
C03	サイパン	2005～2006	￥1449
C04	グアム	2005～2006	￥1449
C05	タヒチ／イースター島／クック諸島	2005～2006	￥1764
C06	フィジー／サモア／トンガ	2005～2006	￥1764
C07	ニューカレドニア／バヌアツ	2005～2006	￥1554
C08	モルディブ	2005～2006	￥1764
114 C09	マダガスカル/モーリシャス/セイシェル	2002～2003	￥1932
C10	ニュージーランド	2005～2006	￥1764
C11	オーストラリア	2004～2005	￥1869
C12	オーストラリア東海岸	2005～2006	￥1764
C13	シドニー	2004～2005	￥1512

D アジア

番号	タイトル	年度	価格
D01	中国	2005～2006	￥1869
D02	上海 杭州・蘇州	2005～2006	￥1764
D03	北京	2005～2006	￥1659
D04	大連と中国東北地方	2005～2006	￥1764
D05	広州・桂林と華南	2004～2005	￥1764
D06	雲南・四川・貴州と少数民族	2004～2005	￥1722
D07	西安とシルクロード	2005～2006	￥1764
D08	チベット	2004～2005	￥1764
D09	香港／マカオ	2005～2006	￥1764
D10	台湾	2005～2006	￥1764
D11	台北	2004～2005	￥1554
D12	韓国	2004～2005	￥1764
D13	ソウル	2005～2006	￥1449
D14	モンゴル	2005～2006	￥1827
D15	シルクロードと中央アジアの国々	2005～2006	￥1974
D16	東南アジア	2002～2003	￥1722
D17	タイ	2005～2006	￥1764
D18	バンコク	2004～2005	￥1554
D19	マレーシア／ブルネイ	2005～2006	￥1764
D20	シンガポール	2005～2006	￥1554
D21	ベトナム	2004～2005	￥1764
D22	アンコールワットとカンボジア	2005～2006	￥1764
D23	ラオス	2005～2006	￥1764
D24	ミャンマー	2004～2005	￥1764
D25	インドネシア	2004～2005	￥1659
D26	バリ島	2005～2006	￥1764
D27	フィリピン	2005～2006	￥1764
D28	インド	2004～2005	￥1869
D29	ネパール	2005～2006	￥1869
D30	スリランカ	2003～2004	￥1722
D31	ブータン	2005～2006	￥1827
48 D32	パキスタン	2001～2002	￥1722

E 中近東&アフリカ

番号	タイトル	年度	価格
E01	ドバイとアラビア半島の国々	2004～2005	￥1827
E02	エジプト	2005～2006	￥1764
E03	イスタンブールとトルコの大地	2005～2006	￥1869
E04	ヨルダン／シリア／レバノン	2004～2005	￥1890
83 E05	イスラエル	2002～2003	￥1617
E06	イラン	2005～2006	￥1869
E07	モロッコ	2004～2005	￥1827
E08	チュニジア	2004～2005	￥1827
E09	東アフリカ エチオピア/ケニア/タンザニア/ウガンダ	2004～2005	￥1932
E10	南アフリカ	2004～2005	￥1932

地球の歩き方　リゾート

No.	タイトル	価格
301	マウイ島	￥1722
302	カウアイ島	￥1722
303	ハワイ島	￥1722
304	フロリダ	￥1827
305	ケアンズとグレートバリアリーフ	￥1722
307	ハワイ・ドライブ・マップ	￥1838
308	プーケット／サムイ島／ピピ島／クラビ	￥1722
309	オアフ島	￥1722
310	ペナン／ランカウイ	￥1722
311	ラスベガス	￥1722
313	カンクン&ロス・カボス	￥1722
314	バリ島	￥1722
315	ロスアンゼルス	￥1722
316	セブ/ボラカイ	￥1722
317	ダイビング旅行完全ガイド	￥1995
318	グアム	￥1512
319	パラオ	￥1617
320	子供と行くハワイ	￥1554
321	子供と行くグアム	￥1554
322	ゴールドコーストとシドニー	￥1722

地球の歩き方　プラス・ワン

No.	タイトル	価格
401	ヨーロッパ・ドライブ旅行	￥1722
402	アメリカ・ドライブ旅行	￥1617
403	ニューヨーク暮らすような旅	￥1617
404	大リーグ観戦ガイド	￥1785
405	欧州サッカー観戦ガイド	￥2100
406	ハワイ　バスの旅	￥998
407	見て読んで旅するインド	￥1722

地球の歩き方　BY　TRAIN

No.	タイトル	価格
1	ヨーロッパ鉄道の旅	￥1785
2	スイス鉄道の旅	￥1890
3	ドイツ&オーストリア鉄道の旅	￥1890
4	フランス鉄道の旅	￥1890
5	イギリス鉄道の旅	￥1890
6	イタリア鉄道の旅	￥1890
7	スペイン&ポルトガル鉄道の旅	￥1890
8	北米大陸鉄道の旅	￥1890
	ヨーロッパ鉄道ハンドブック	￥1260

トーマスクック・ヨーロッパ鉄道時刻表・日本語解説版

年4回　3、6、9、12月　各月の中旬発行　￥2200

地球の暮らし方　海外生活マニュアル

1	イギリス	2004~2005	￥2310
2	フランス	2004~2005	￥2310
3	ニューヨーク	2004~2005	￥2310
4	カリフォルニア	2004~2005	￥2310
5	オーストラリア	2005~2006	￥2310
6	中国	2003~2004	￥2310
7	カナダ	2004~2005	￥2310
8	ニュージーランド	2005~2006	￥2310
9	香港	2002~2003	￥2310
10	ハワイ	2004~2005	￥2310
11	ロングステイ	2004~2005	￥2310

地球の歩き方　成功する留学

A	アメリカ語学留学	2004~2005	￥1995
B	イギリス・アイルランド留学	2004~2005	￥1995
C	世界の仲間と本気で学ぶ アメリカ大学・大学院留学	2005~2006	￥2625
D	カナダ留学	2004~2005	￥1995
E	スペイン留学	2003~2004	￥2520
F	フランス留学	2004~2005	￥2310
G	ドイツ・オーストリア・スイス留学	2001~2002	￥2520
H	ワーキングホリデー完ペキガイド	2005~2006	￥1575
I	イタリア留学	2003~2004	￥2520
J	オーストラリア・ニュージーランド留学	2004~2005	￥1995
K	小・中・高校生の留学	2001~2002	￥1575
L	中国・韓国・アジア留学	2002~2003	￥2625
M	海外専門学校留学	2003~2004	￥2520
O	国際派就職・転職ガイド	2001~2002	￥2520
P	イギリス大学留学	2000~2001	￥2520

地球の歩き方　ポケット

1	ハワイ	2004~2005	￥900
2	グアム	2005~2006	￥900
3	ケアンズ&シドニー	2004~2005	￥900
4	バリ島	2005~2006	￥900
5	香港	2004~2005	￥900
6	北京&上海	2005~2006	￥900
7	台北	2004~2005	￥900
8	ホーチミン	2004~2005	￥900
9	バンコク	2004~2005	￥900
10	ソウル	2005~2006	￥900
11	釜山／慶州	2004~2005	￥900
12	シンガポール	2005~2006	￥900
13	ロンドン	2005~2006	￥900
14	パリ	2005~2006	￥900
15	イタリア	2004~2005	￥900
16	マドリッド&バルセロナ　アンダルシア	2005~2006	￥900
17	ロンドン／パリ／ローマ	2004~2005	￥900
18	ウィーン／プラハ／ブダペスト	2005~2006	￥900
19	ニューヨーク	2005~2006	￥900
20	ロスアンゼルス&ラスベガス	2005~2006	￥900

新登場　地球の歩き方　トラベル会話

No.	タイトル	価格
1	米語+英語	￥1000
2	フランス語+英語	￥1200
3	ドイツ語+英語	￥1200
4	イタリア語+英語	￥1200
5	スペイン語+英語	￥1200
6	韓国語+英語	￥1200
7	タイ語+英語	￥1200

地球の歩き方　旅の会話集

No.	タイトル	価格
1	ヨーロッパ6か国語	￥1305
7	ロシア語／英語	￥1509
8	ヒンディー語・ネパール語／英語	￥1512
9	留学&ホームステイ	￥999
10	アラビア語／英語	￥1509
11	インドネシア語／英語	￥1203
12	中国語／英語	￥1509
15	ハンガリー・チェコ・ポーランド語／英語	￥1509
16	ビジネス出張英会話	￥1203

地球の歩き方　旅する会話術

No.	タイトル	価格
1	アメリカ	￥998
2	ロンドン&イギリス	￥998
3	パリ&フランス	￥1260

英語でしゃべらナイト海外旅行編

旅の現場の英会話　￥1000

地球の歩き方　旅マニュアル

No.	タイトル	価格
252	成功するアメリカ旅行計画	￥1617
253	オーストラリア㊢フリープラン	￥1617
266	成功する中国旅行計画	￥1617
270	タイ楽々旅行術	￥1617
275	ハワイゆったり滞在計画	￥1512
276	ロンドンこだわり滞在計画	￥1617

地球の歩き方　アイ・マップ・ガイド

No.	タイトル	価格
1	ニューヨーク	￥1344
2	ロンドン	￥1344
3	パリ	￥1344

地球の歩き方ムック

ホノルル　ワイキキ&オアフ島（6月発行）	￥1100
ハワイ　オアフ&マウイ・ハワイ（11月発行）	￥1100
グアム　極上楽園バイブル	￥1000
ソウル　よくばり完全ガイド	￥1150
香港　美食と買物悦楽ガイド	￥1260
台湾　とっておき最新ガイド	￥1100
タイ　安らぎと刺激の国	￥1100
イタリア　憧憬の4都市を歩く	￥1100
見て 読んで 旅する 世界遺産 VOL.1~3	￥1470
ヨーロッパ　列車の旅 VOL.2~4	￥1260
ヨーロッパ　花めぐり	￥1260
世界のビーチ&リゾート	￥1100

STAFF

制　　作 Producer: 植木孝 Takashi Ueki
編集／執筆 Editor/Writer: 服部朗宏、橋本好和 Akihiro Hattori, Yoshikazu Hashimoto
翻訳（日本語→英語） Translator(J to E): 黄木美保 Miho Ohgi
翻訳（日本語→韓国語） Translator(J to K): 金 哲模、金 順英 Kim Cheolmo,Kim Sunyoung
英語監修 English Superviser: ドナルド・クレイトン・バートレイ Donald Clayton Bartley
韓国語監修 Korean Superviser: 呉 現善 Oh Hyunsun
写　　真 Photographer: 稲垣徳文、佐藤憲一、玄同社 Norifumi Inagaki,Kenihi Sato,Gendosha
表紙デザイン Cover Designer: 佐藤勝志 Katsushi Sato
デザイン Designer: 坂部陽子（リューム） Yoko Sakabe (Ryumu Inc.)
イラスト Illustrations: オダギリミホ、いわのふ Miho Odagiri,Iwanohu
4コマまんが Four-Panel Cartoon: オダギリミホ Miho Odagiri
校　　正 Proofreading: エッグ舎 Egg-Sha

読者投稿・受付デスク
〒103-0007　東京都中央区日本橋浜町2-61-11　飯森ビル5F
地球の歩き方サービスデスク
「トラベル会話　韓国語＋英語編」投稿係
FAX.（03）5643-8556
http://www.arukikata.co.jp/guidebook/toukou.html

旅カタログ請求先
TEL.（03）3560-2111

地球の歩き方ホームページ（海外旅行の総合情報）
http://www.arukikata.co.jp/

ガイドブック『地球の歩き方』（本の検索＆購入、更新情報、オンライン投稿）
http://www.arukikata.co.jp/guidebook/

地球の歩き方 トラベル会話（6）

韓国語＋英語

2005年5月27日　初版発行

Published by Diamond-Big Co.,Ltd.
3-5-2 Akasaka, Minato-ku, Tokyo, 107-0052 Japan
TEL.（81-3）3560-2117（Editorial Section）
TEL.（81-3）3560-2113　FAX.（81-3）3584-1221（Advertising Section）

著作編集　地球の歩き方編集室
発行所　株式会社ダイヤモンド・ビッグ社
〒107-0052　東京都港区赤坂3-5-2　サンヨー赤坂ビル
編集部　TEL.（03）3560-2117
広告部　TEL.（03）3560-2113　FAX.（03）3584-1221
発売元　株式会社ダイヤモンド社
〒150-8409　東京都渋谷区神宮前6-12-17
販　売　TEL.（03）5778-7240

印刷製本　株式会社ダイヤモンド・グラフィック社　Printed in Japan

ISBN4-478-03638-1